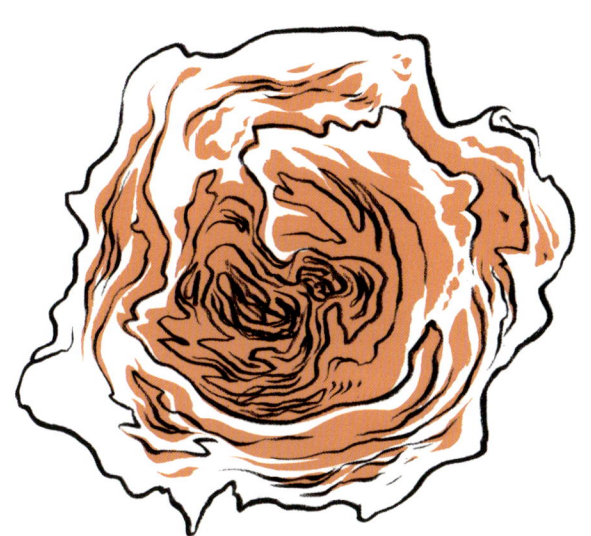

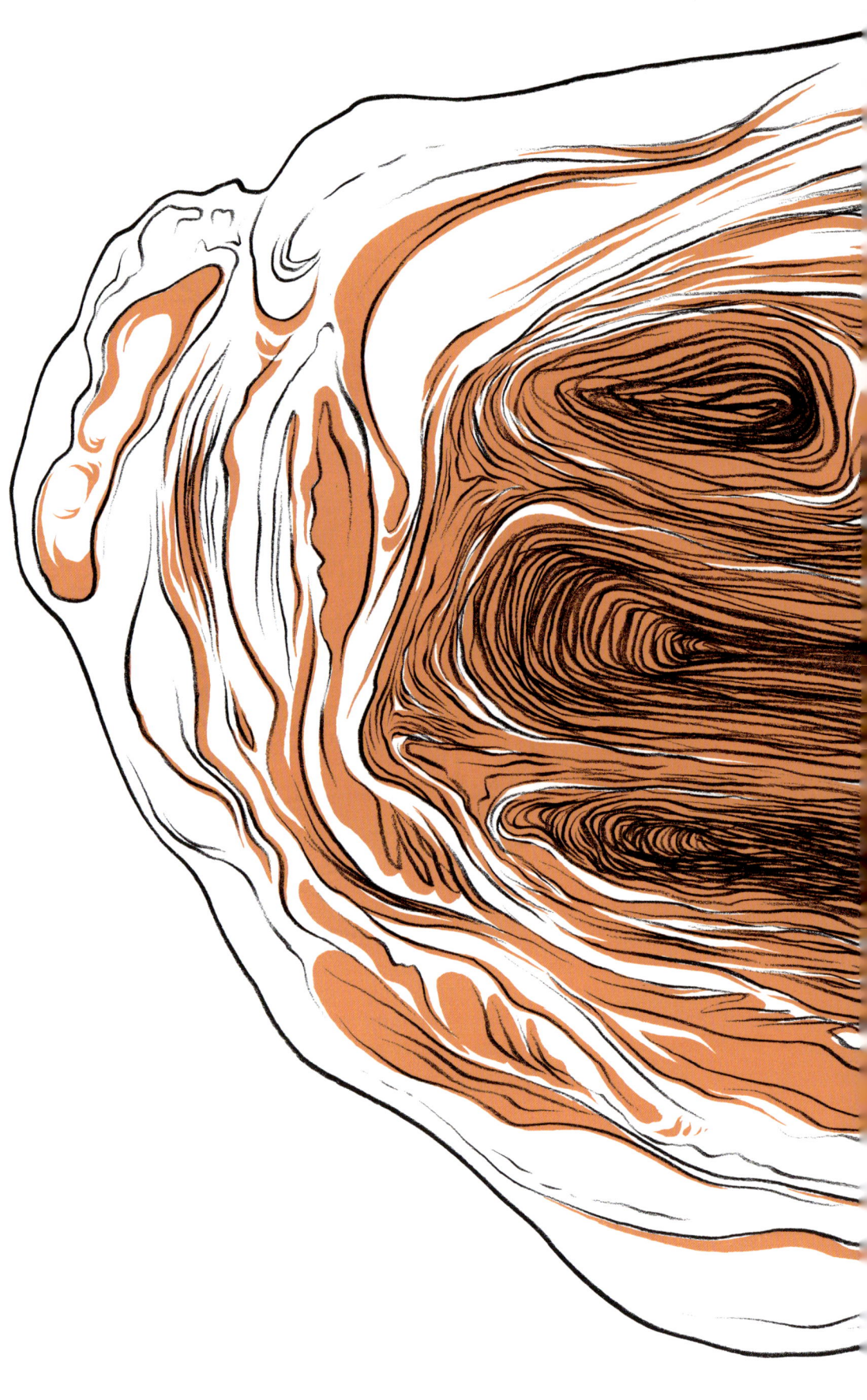

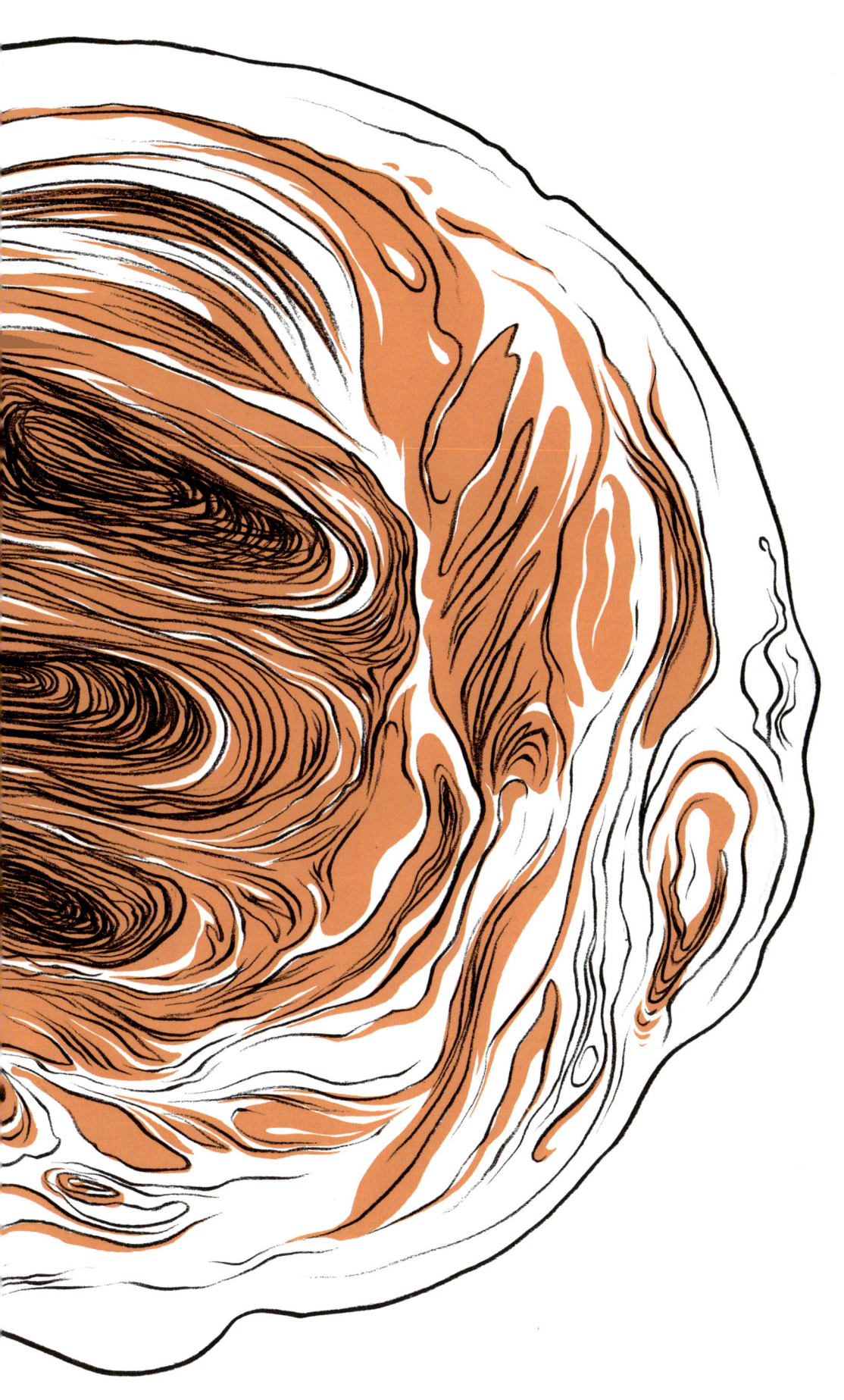

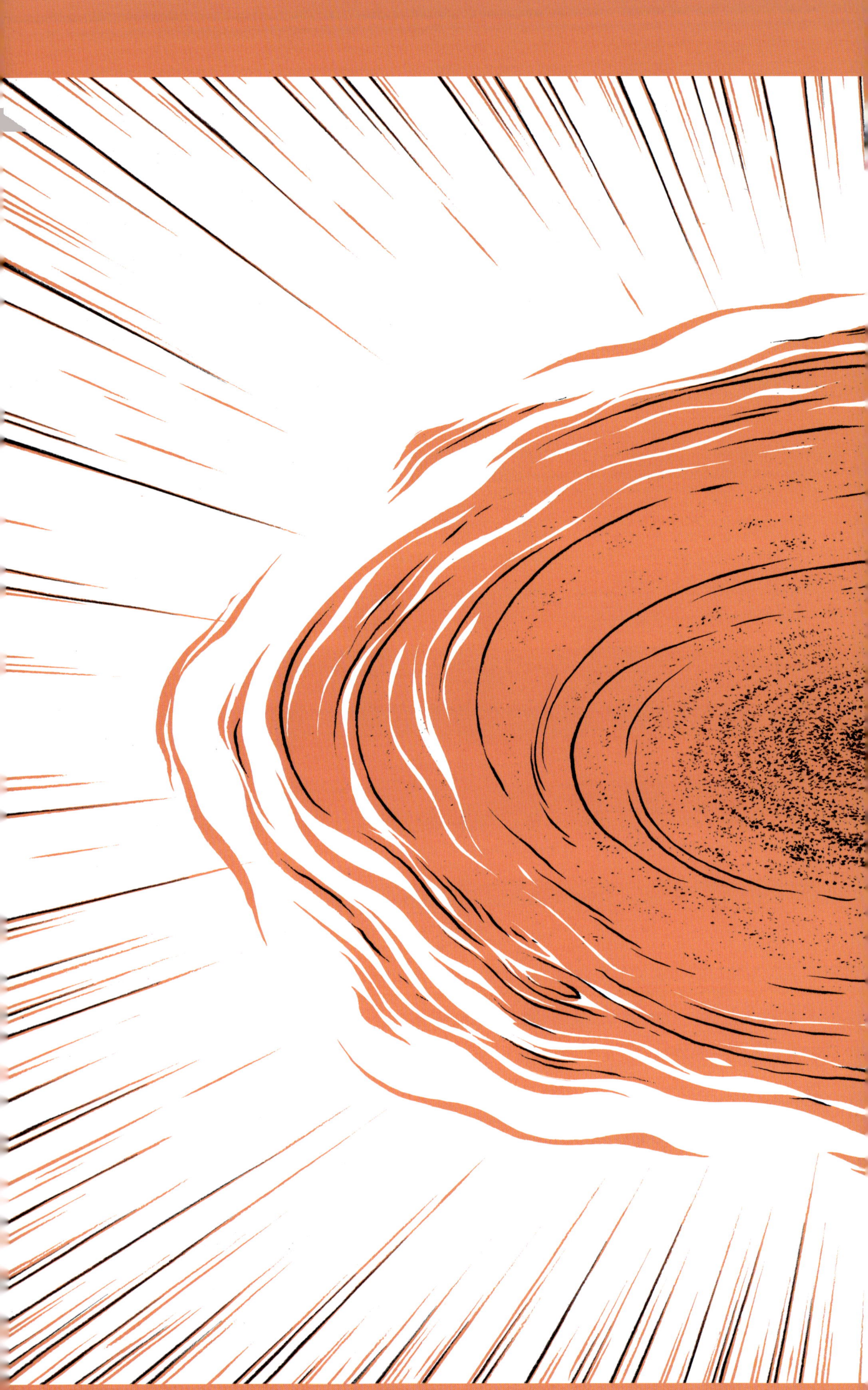

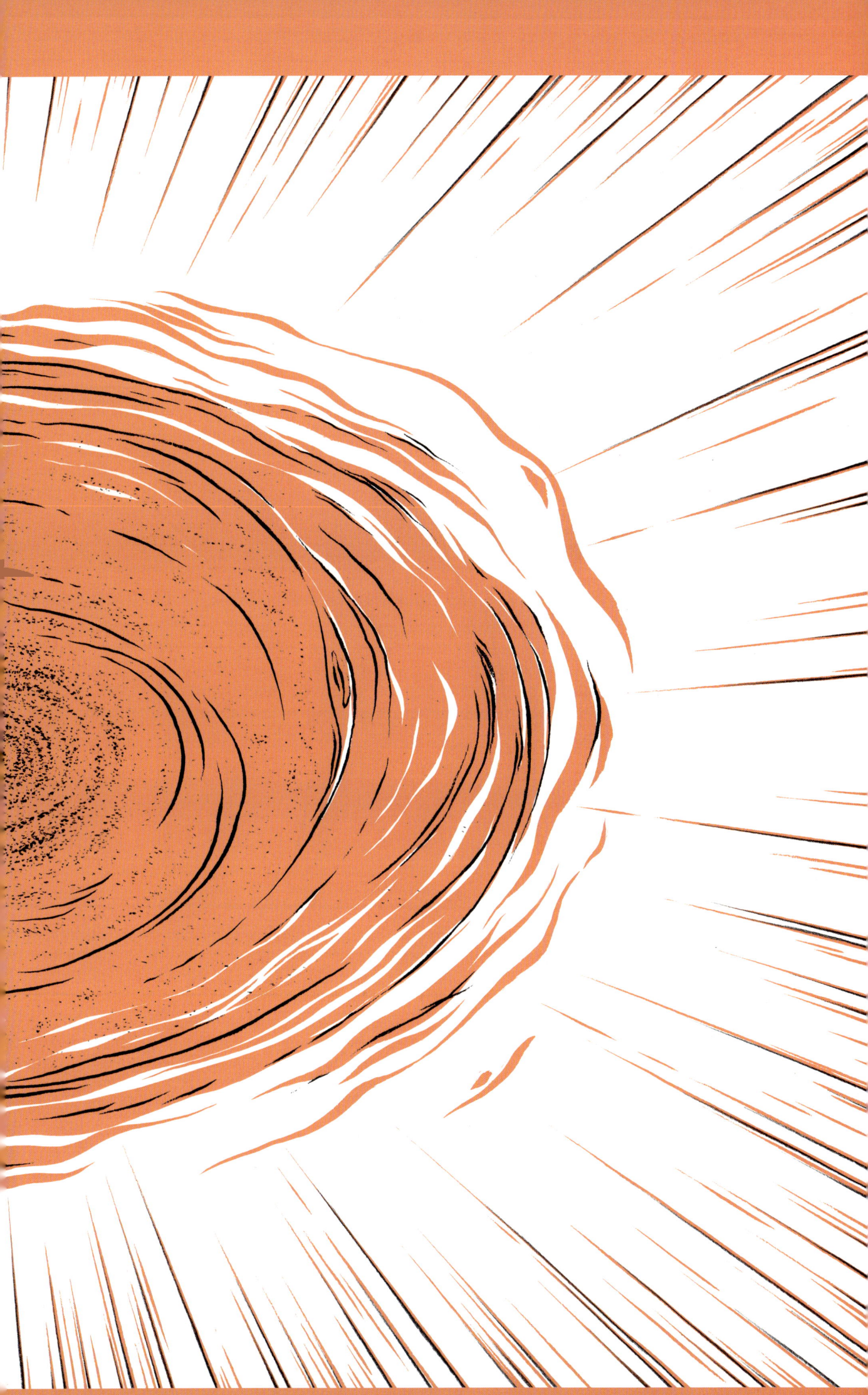

< 宇宙 >

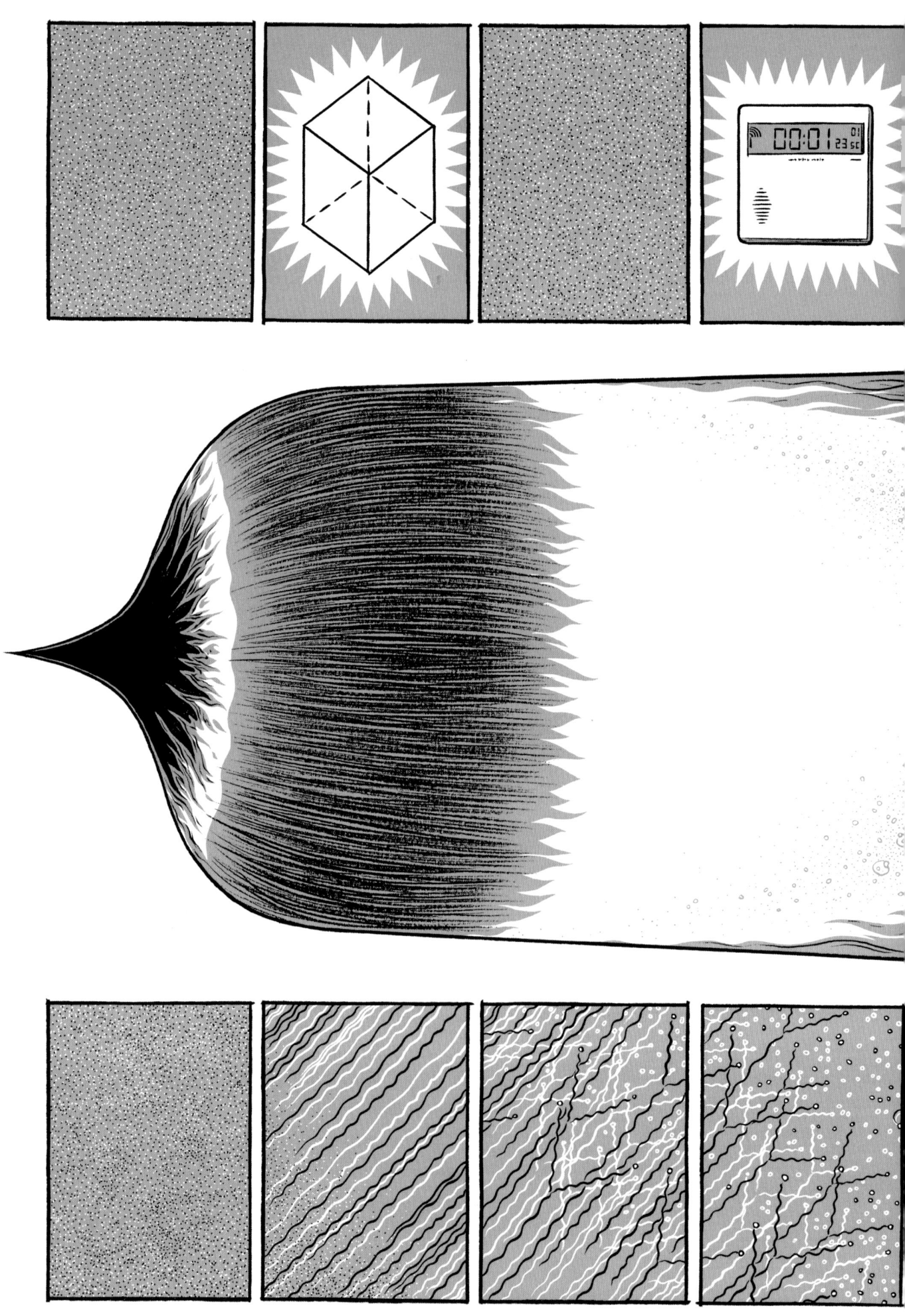

< 宇宙 >

< 宇宙 >

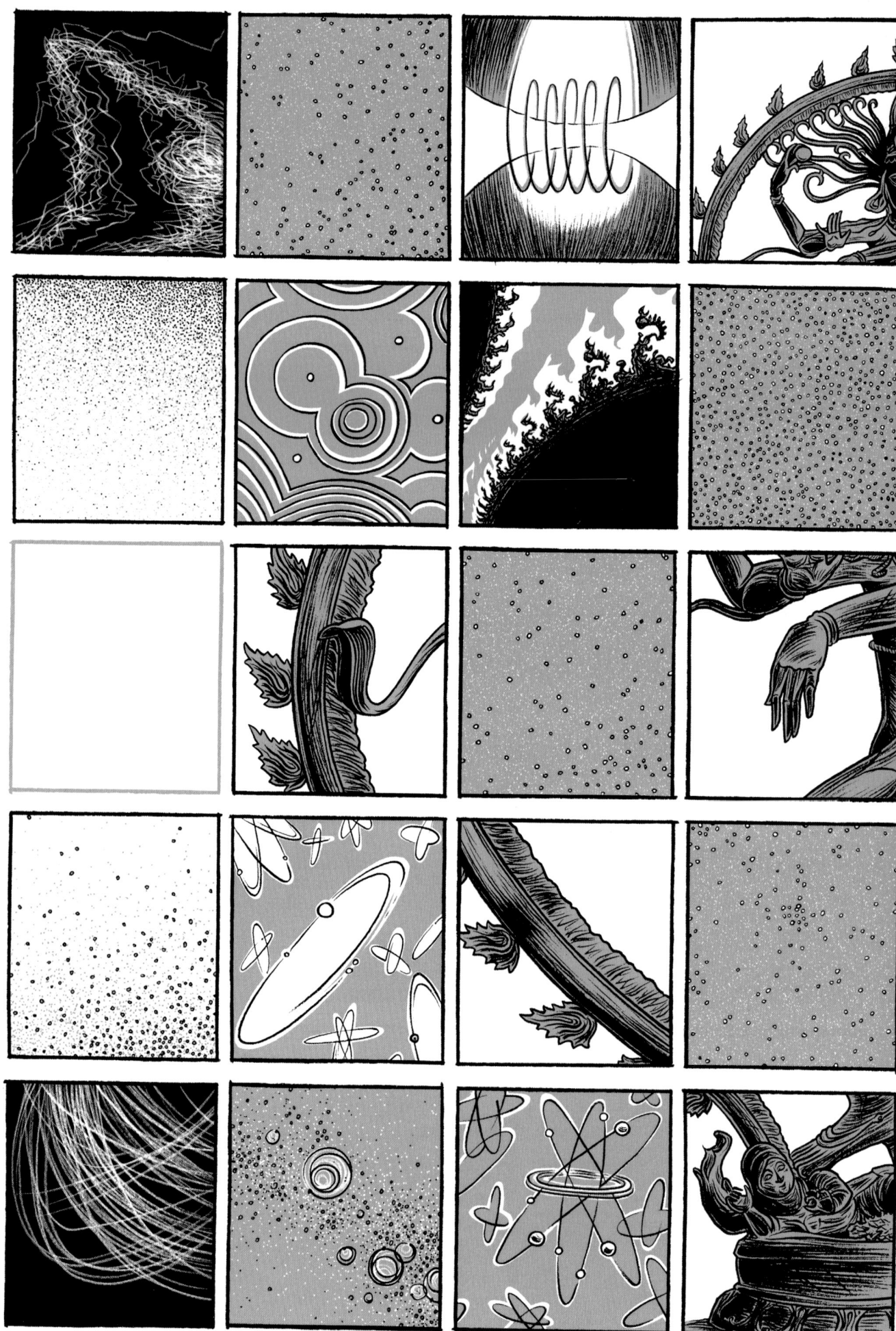

# < 宇宙 >

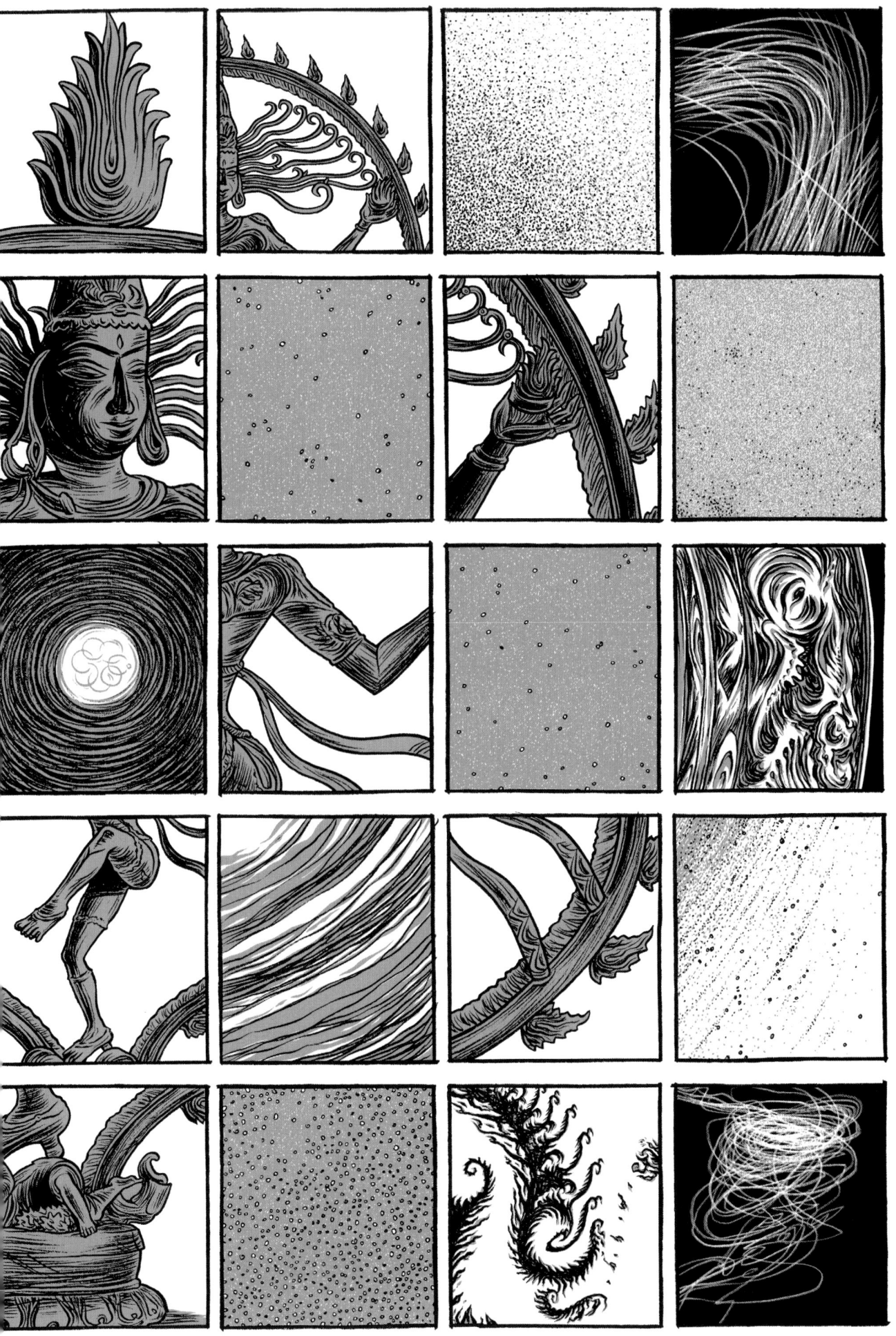

# < 宇宙 >

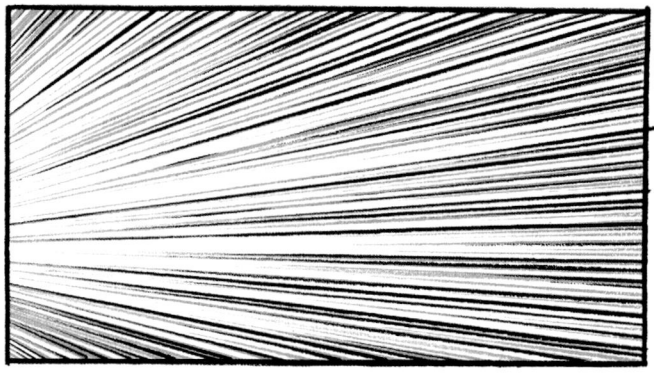

最初,宇宙只有一个起源,那就是奇点。

这个初始状态只有足球大小,温度极高,密度极大。它就是宇宙膨胀的起点。

一个不断膨胀的宇宙诞生了。从此,有了时间和空间。

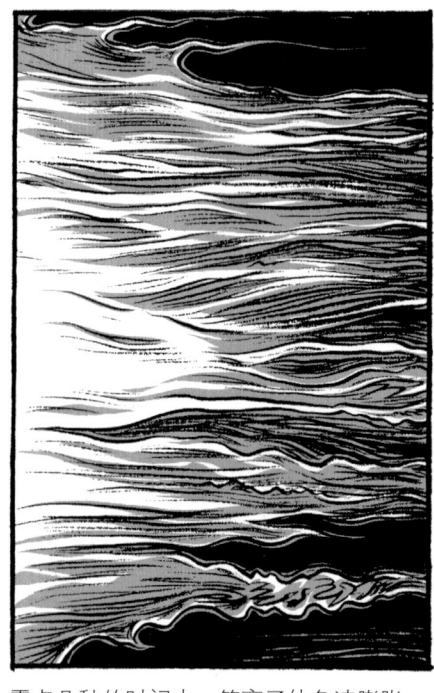

零点几秒的时间内,等离子体急速膨胀。

物质与反物质对立存在,且携带电性相反的电荷。

随着夸克组成的结构趋于稳定,早期宇宙的温度急剧下降。

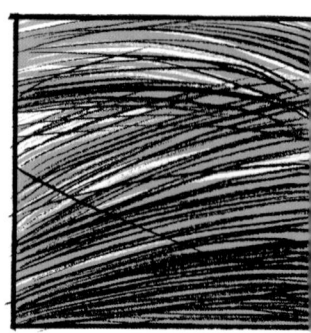

## 宇宙

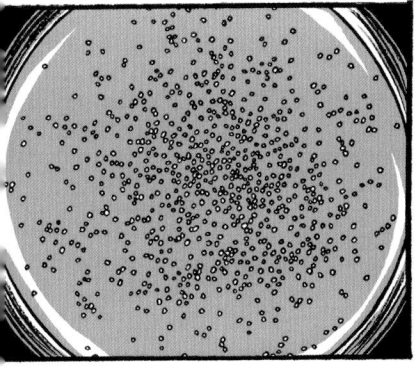

在物理法则的引导下，包含各种成分的

无序旋流逐渐变得有序，形成了结构。

新产生的力平衡经受了辐射的照耀。

每次撞击都会产生新的粒子，亚原子粒子越来越多。

其中有：正负电子对；

介子和重子；

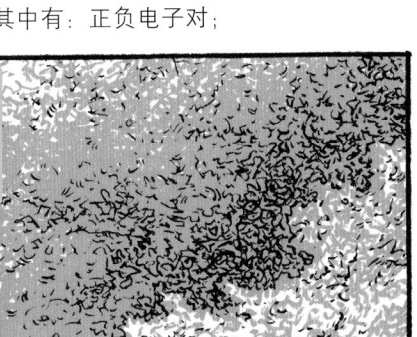

强子和轻子；

μ介子和中微子。

< 宇宙 >

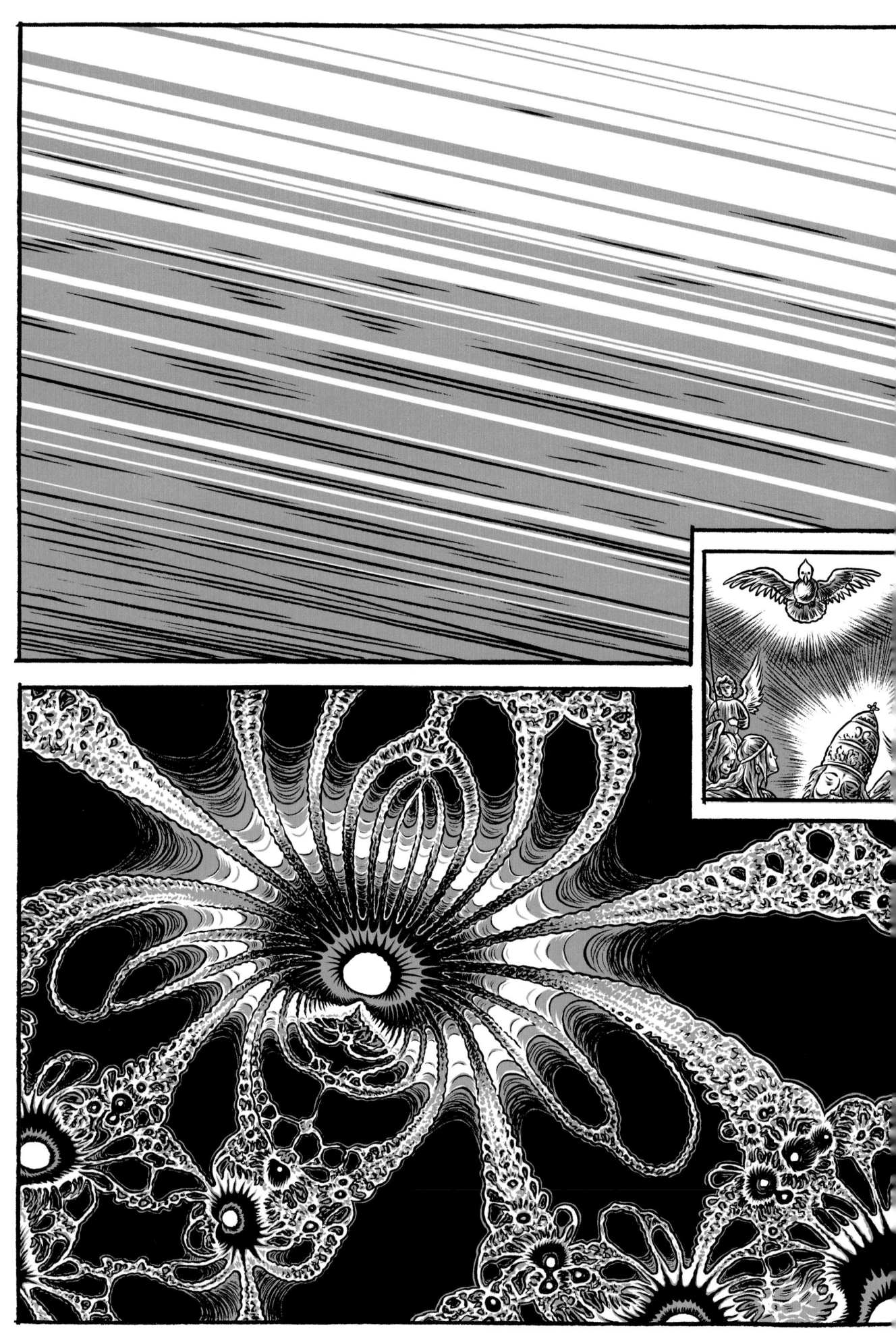

< 宇宙 >

< 宇宙 >

大爆炸发生后不到一刻钟…… ……温度降到了100亿摄氏度,有序的因果关系…… 催生了新的纪元。

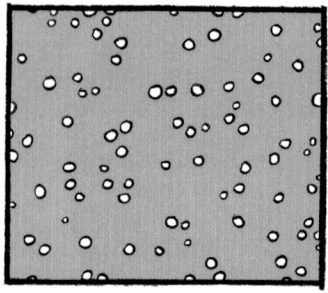
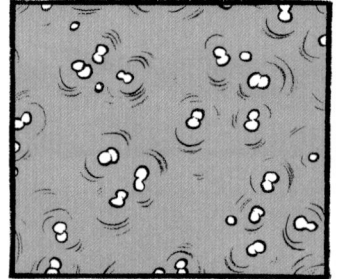
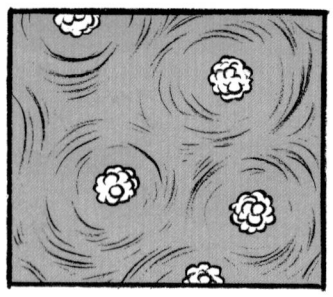

大量粒子汇集,产生了流。

质子和中子聚合,形成更大的物质单位。

物质间开始发生化学反应,这就是原子时代的开端。

# < 宇宙 >

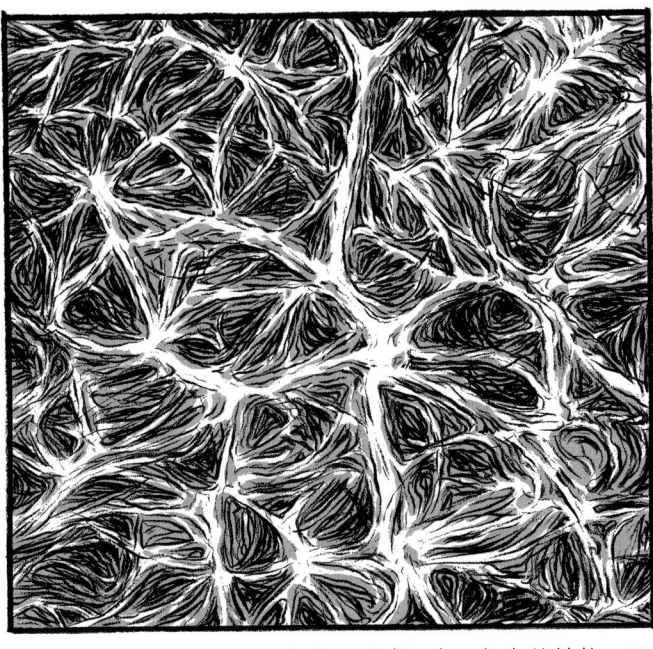

这个时期,物质开始倍增,以可怕的多米诺骨牌效应,无止境地递增。

时间与空间的维度发生了膨胀,形成巨大而复杂的结构,无边无际,好似一团巨大的棉花糖。

混沌状态进一步促进了物质创生进程。

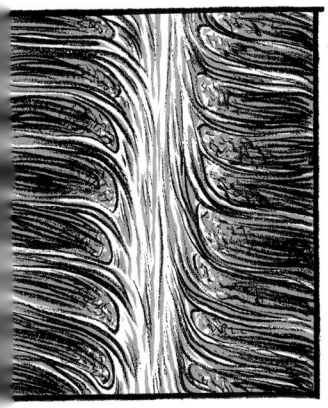

这当中起支配作用的是物理定律。

万物之始:能量与物质,开始分离。

宇宙越变越冷,继而……

……黑暗降临。

< 宇宙 >

< 宇宙 >

< 宇宙 >

100万年的时间转瞬即逝。此时,宇宙变得透明,当中只有一道微弱的射线穿过。这时宇宙的温度已不复最初的炙热,仅几千摄氏度。

此时,形成中的物质正尽全力去创造一种新的力:

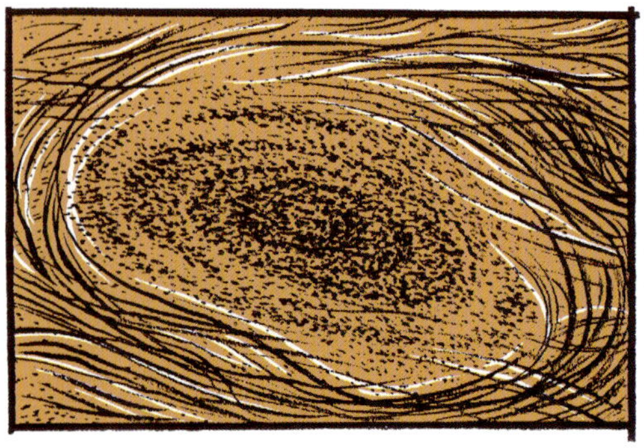

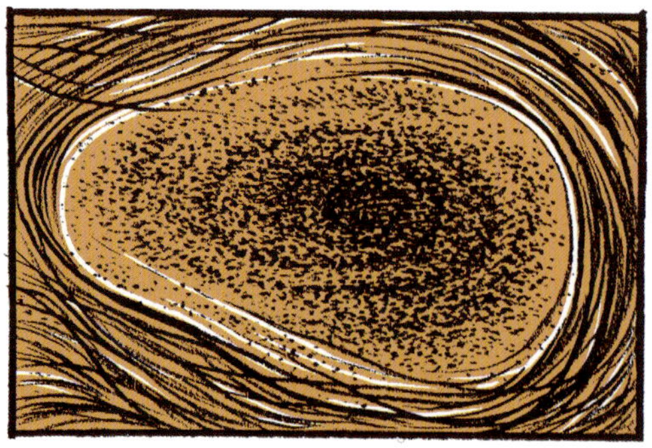

那就是无时无处不在的万有引力。

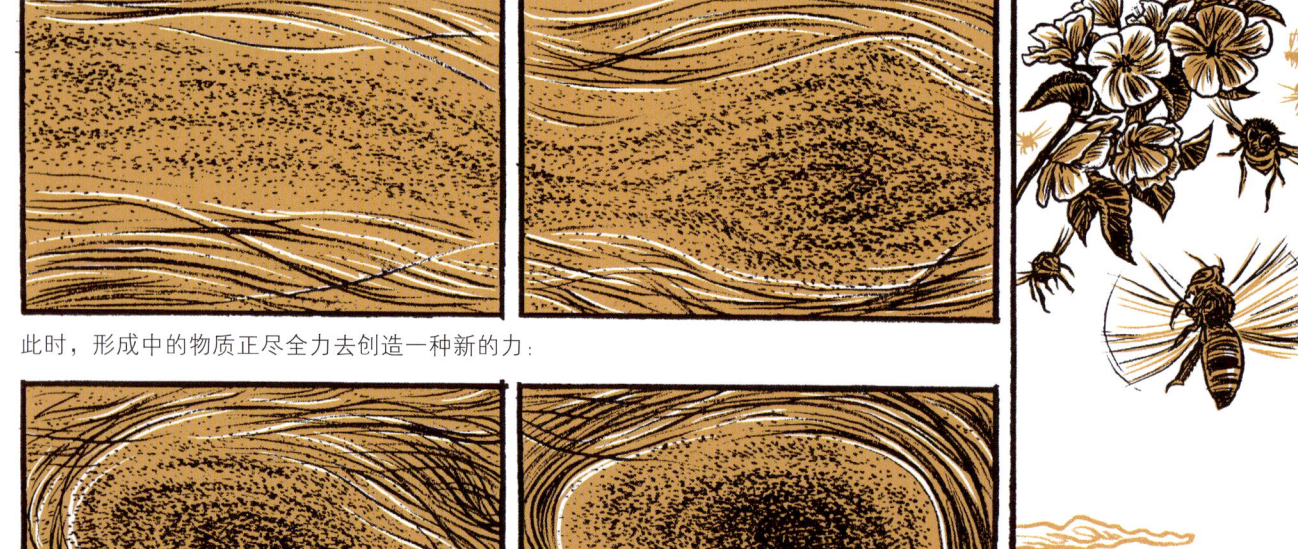

# < 宇宙 >

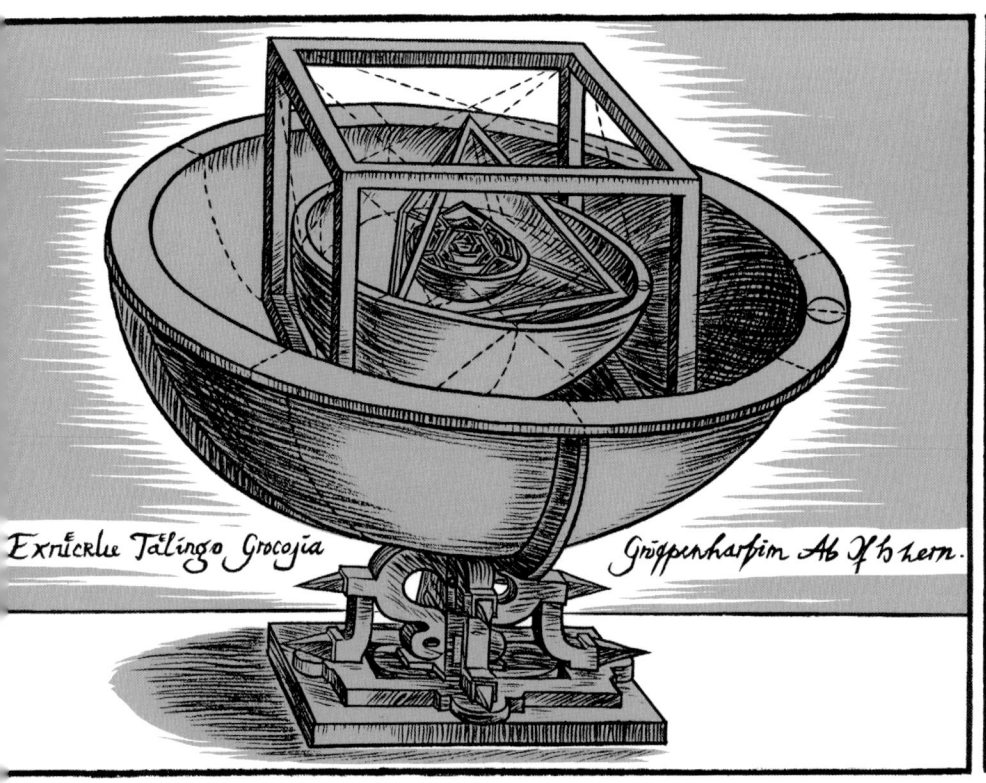

就是万有引力:物理学四大力之一,也是天体力学的基础和驱动力。

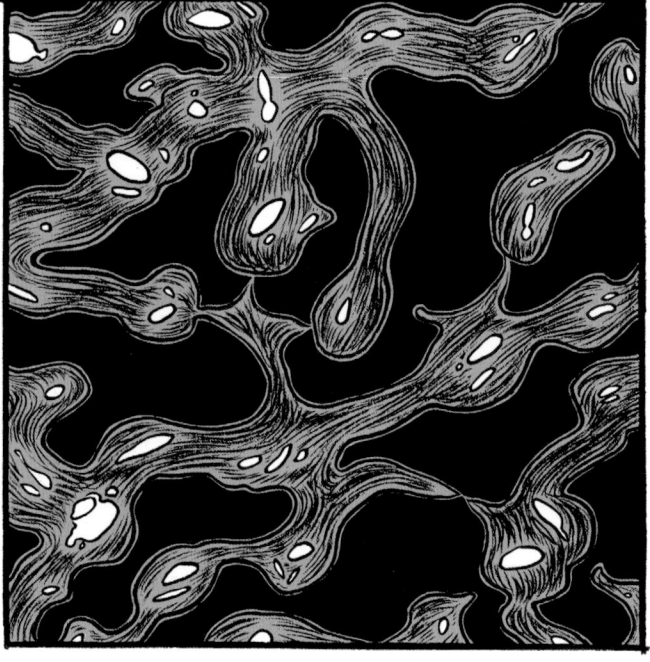

此,氢气、氦气等比重轻的气体形成了独立的物质结构,开始聚合。

物质开始聚集,并在空间交汇处大量堆积,为进一步演化打下基础。

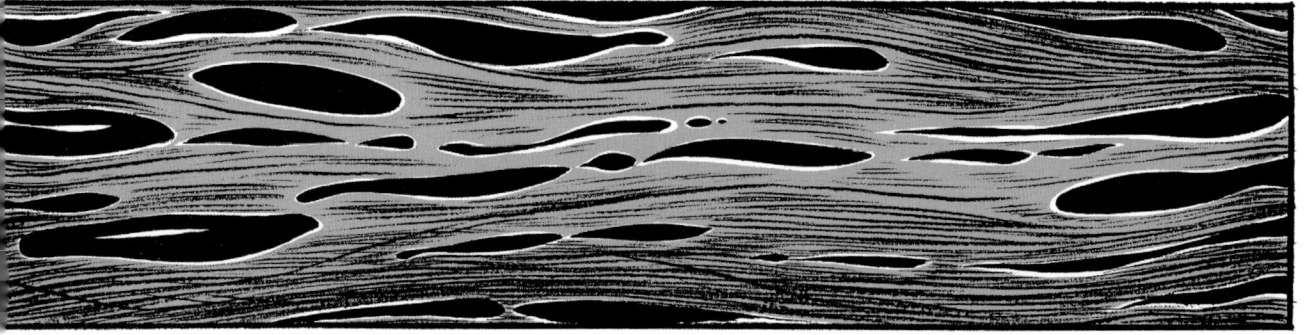

是,还要等2.8亿年,这些原始反应核才会真正活跃起来。

< 宇宙 >

< 宇宙 >

< 宇宙 >

< 宇宙 >

< 宇宙 >

# 宇宙

< 宇宙 >

< 宇宙 >

< 宇宙 >

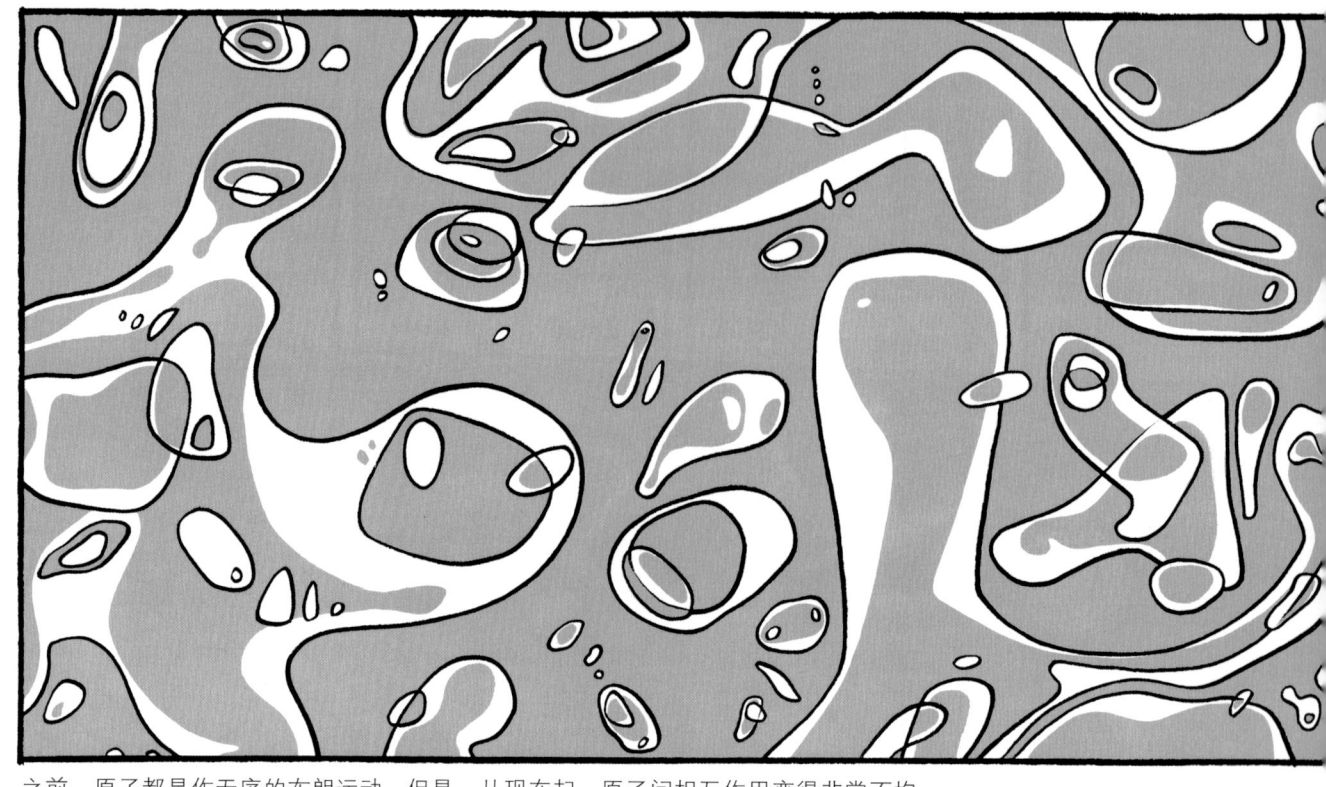

之前,原子都是作无序的布朗运动,但是,从现在起,原子间相互作用变得非常不均一。

引力的作用下,漂浮不定的物质汇集到一起……

……也是在引力的作用下,这些动态的聚合崩塌了。

< 宇宙 >

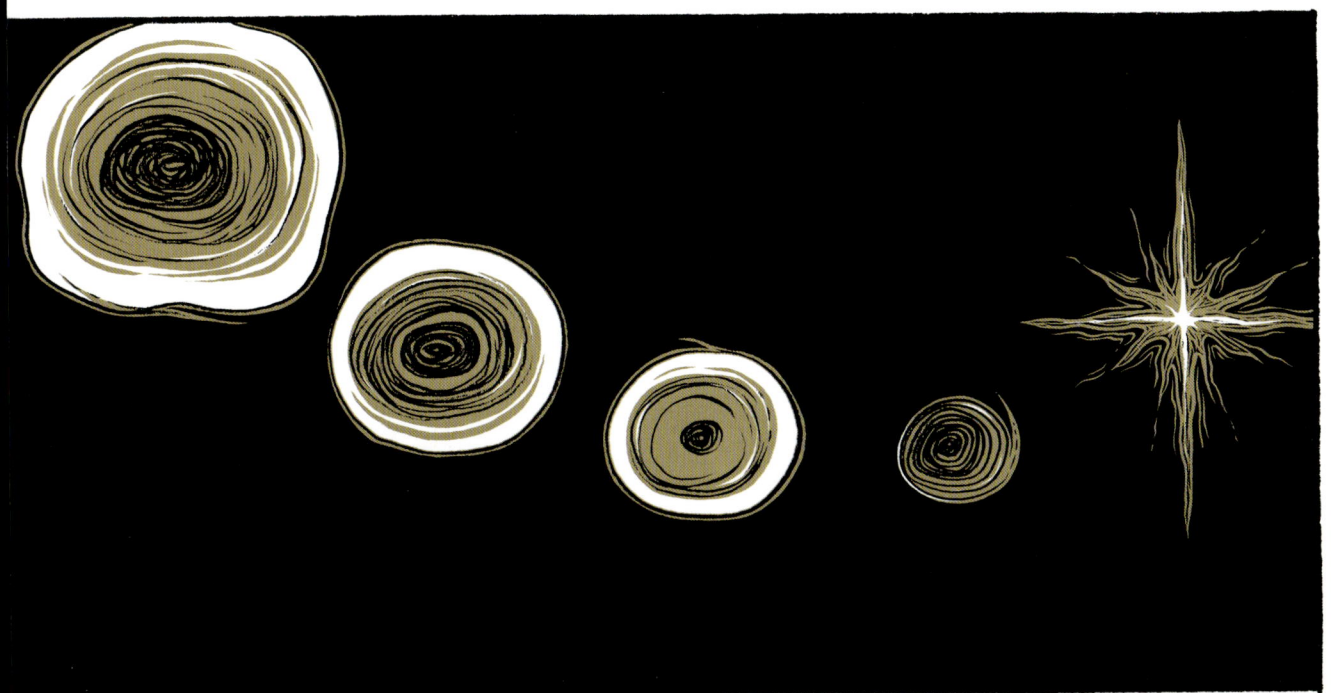

几百万年间,形成了一些温度高达几百万摄氏度的物质核,原子聚变就在核内进行。氢气、氘气等原始气体燃烧反应过后,产生了氦气。这就是原始恒星的形成。

各种各样的恒星出现了,比如白矮星、超红巨星,还有类似太阳的黄星。

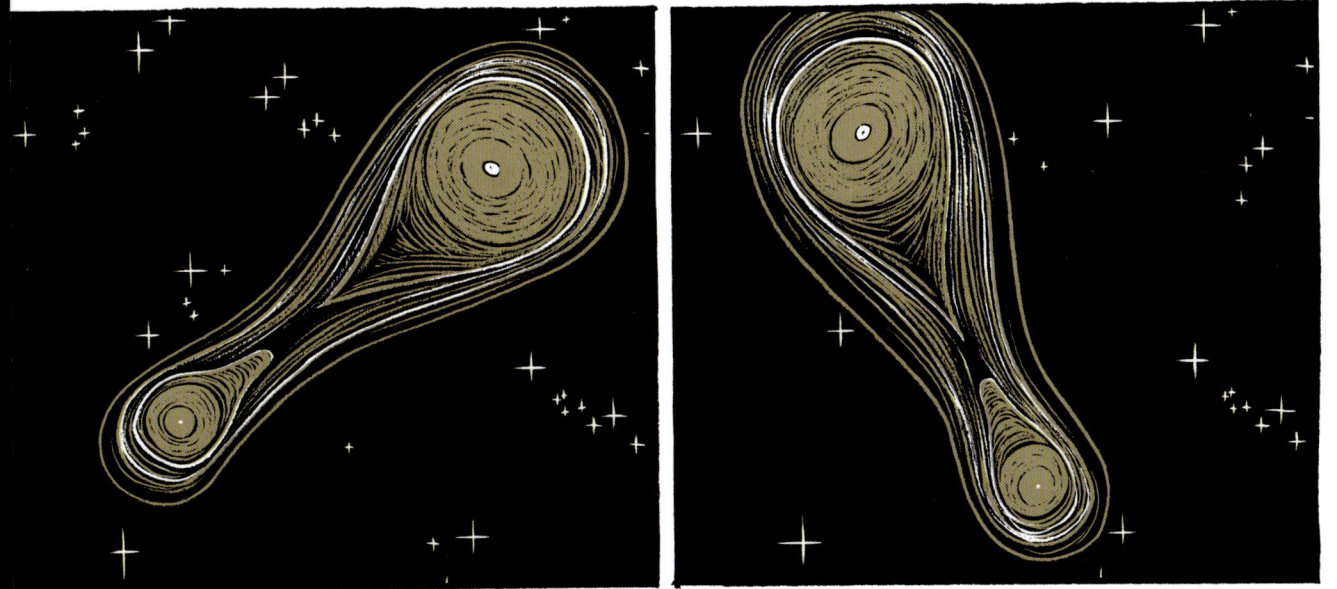

最初的恒星系统也形成了,例如双星系统:它由两颗恒星构成,恒星间由力学纽带连接。

< 宇宙 >

燃烧结束，恒星的生命也就终结了。恒星聚变产生了质量更大的新原子。

也有的恒星开始膨胀，变为巨大的超新星，最终变成一坨金属。到此，它们的生命也终结了。

更大的恒星则变成脉冲星。

或自我吞噬，最终变成巨大的黑洞。

< 宇宙 >

# 〈 宇宙 〉

原始恒星形成了原星系……

……这些原星系需要20亿—60亿年的时间来进行扩张。

除了各种静静旋转的球形原星系……

……越来越复杂的系统也开始成型。

< 宇宙 >

双重星系。

棒旋星系。

星系团。

旋星系。

个个巨大的黑洞构成了一台看不见的中央"发动机",驱动各个星系不停地运动。

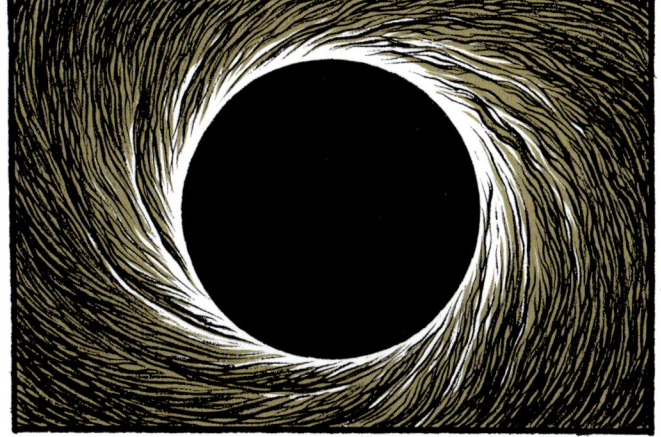

< 宇宙 >

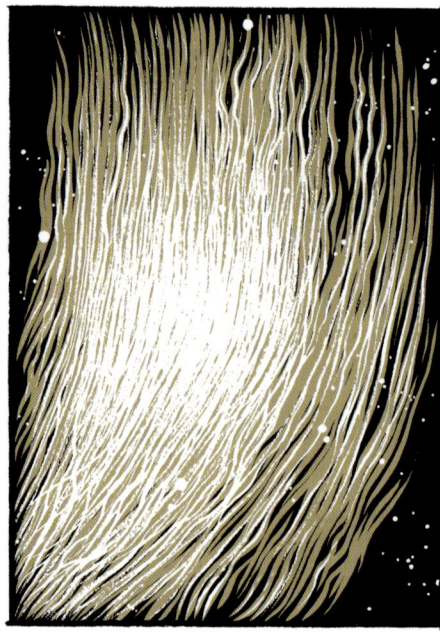
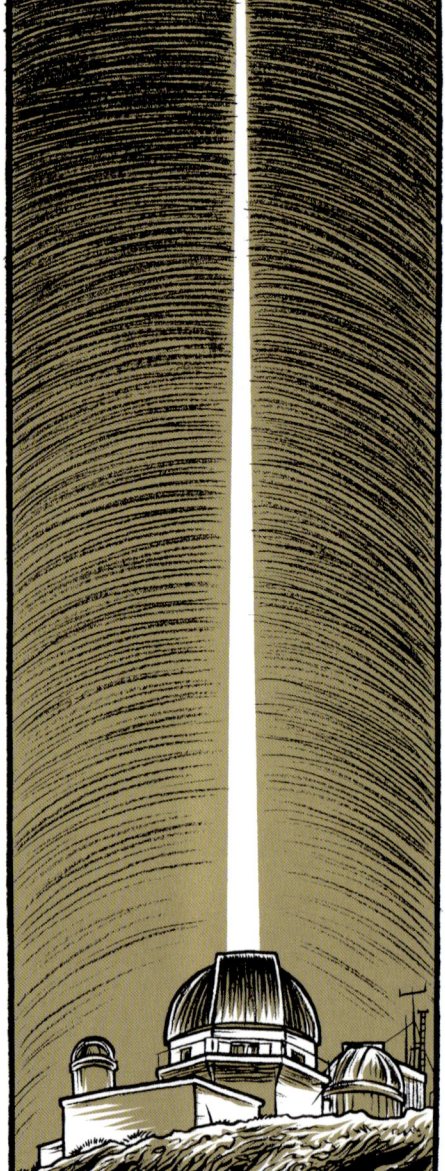

< 宇宙 >

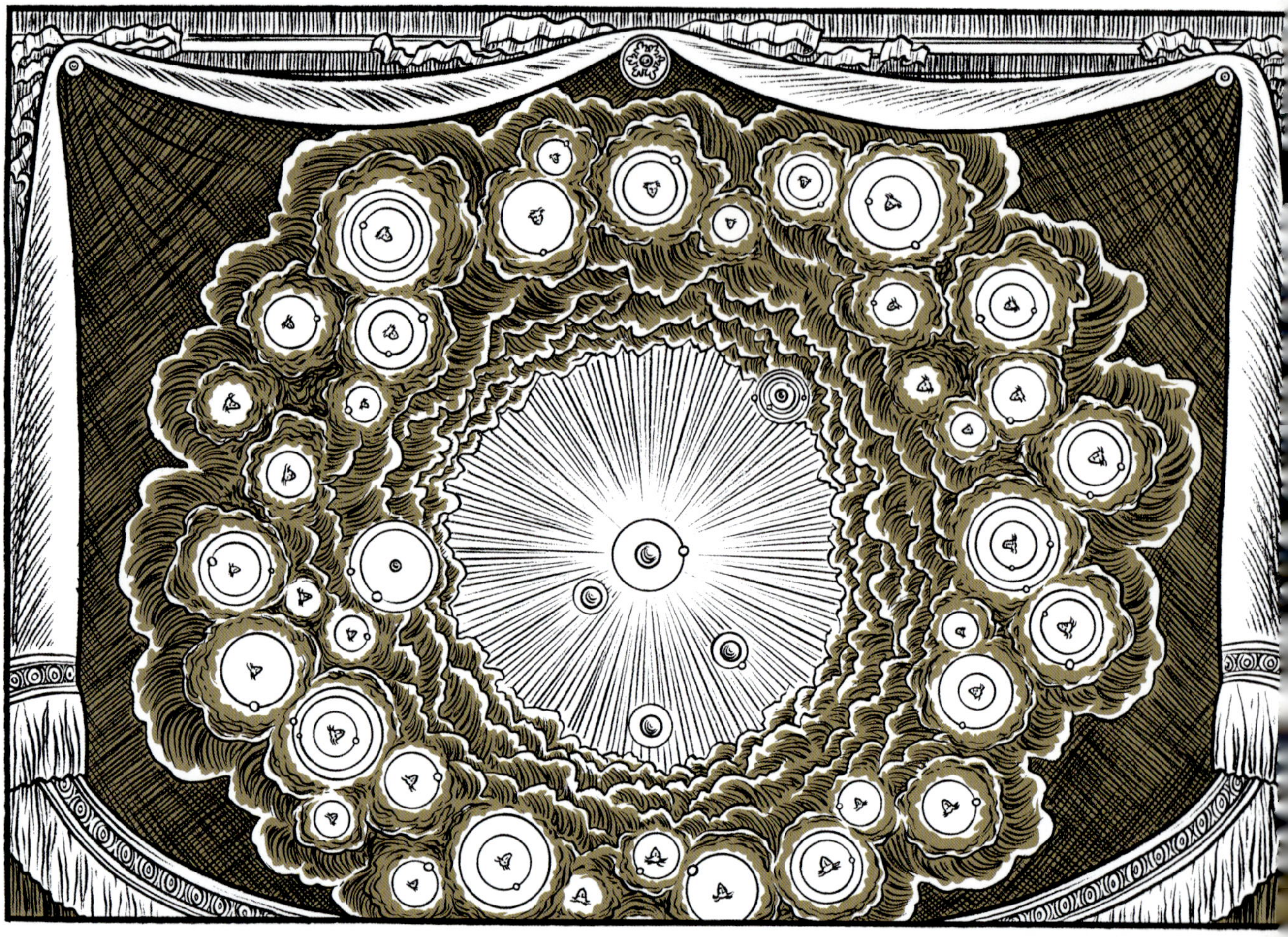

< 宇宙 >

其中有这么一个星系，中等大小，它和其他30个星系一道构成本星系群。

< 宇宙 >

这就是银河系。

# 〈 宇宙 〉

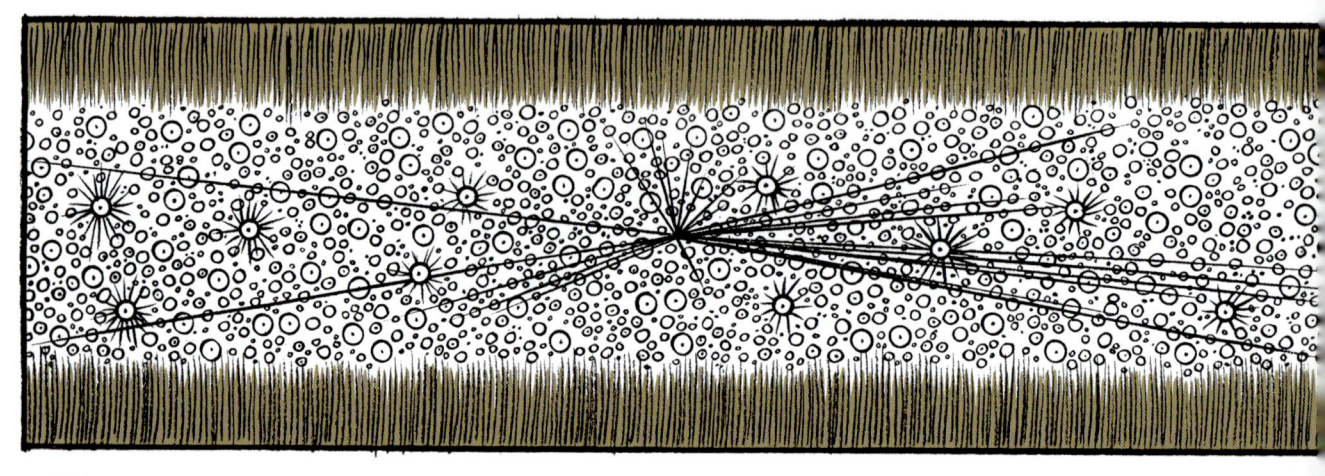

几千亿颗恒星组成了一个发光的大圆盘,并以一种极其壮观的方式自转。

< 宇宙 >

过了60多亿年，某个位于银河系边缘，温度很低的云团解体了。云团成分包括各种轻比重气体和星尘，来自第一代恒星死亡或爆炸后的残骸。

云雾开始收缩。　　　　　　　　　　　核聚变开始了。　　　　　　　　　　一颗新恒星燃烧起来。

< 宇宙 >

这就是太阳。

< 宇宙 >

< 宇宙 >

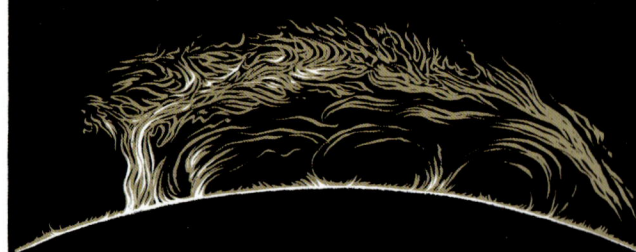

接下来的几百万年间,太阳逐渐稳定下来。

但太阳表面却永远处于躁动不安的状态。

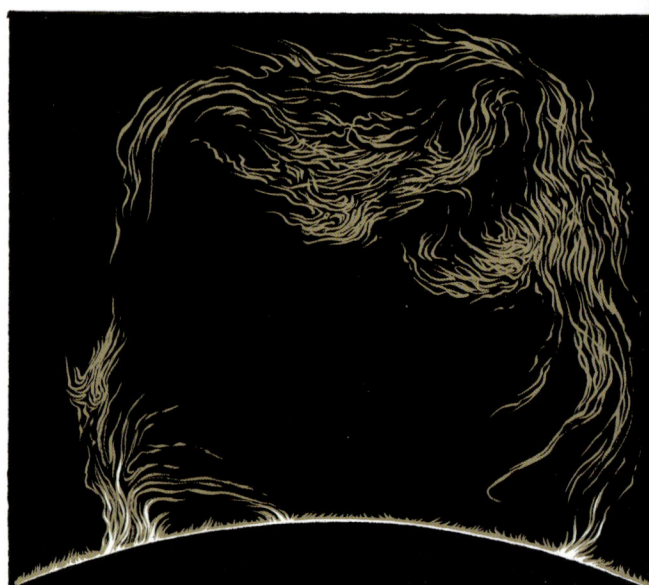

< 宇宙 >

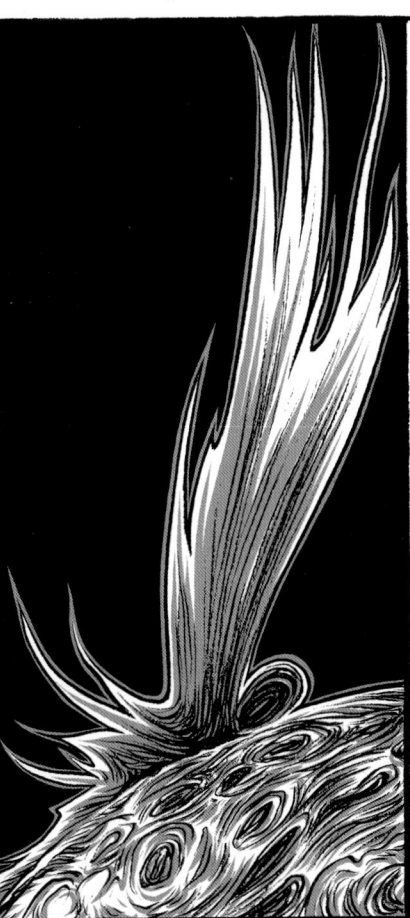

气体风暴将太阳表面撕裂，黑斑遮蔽了太阳的光耀，表面对流则将太阳表面磁化。

< 宇宙 >

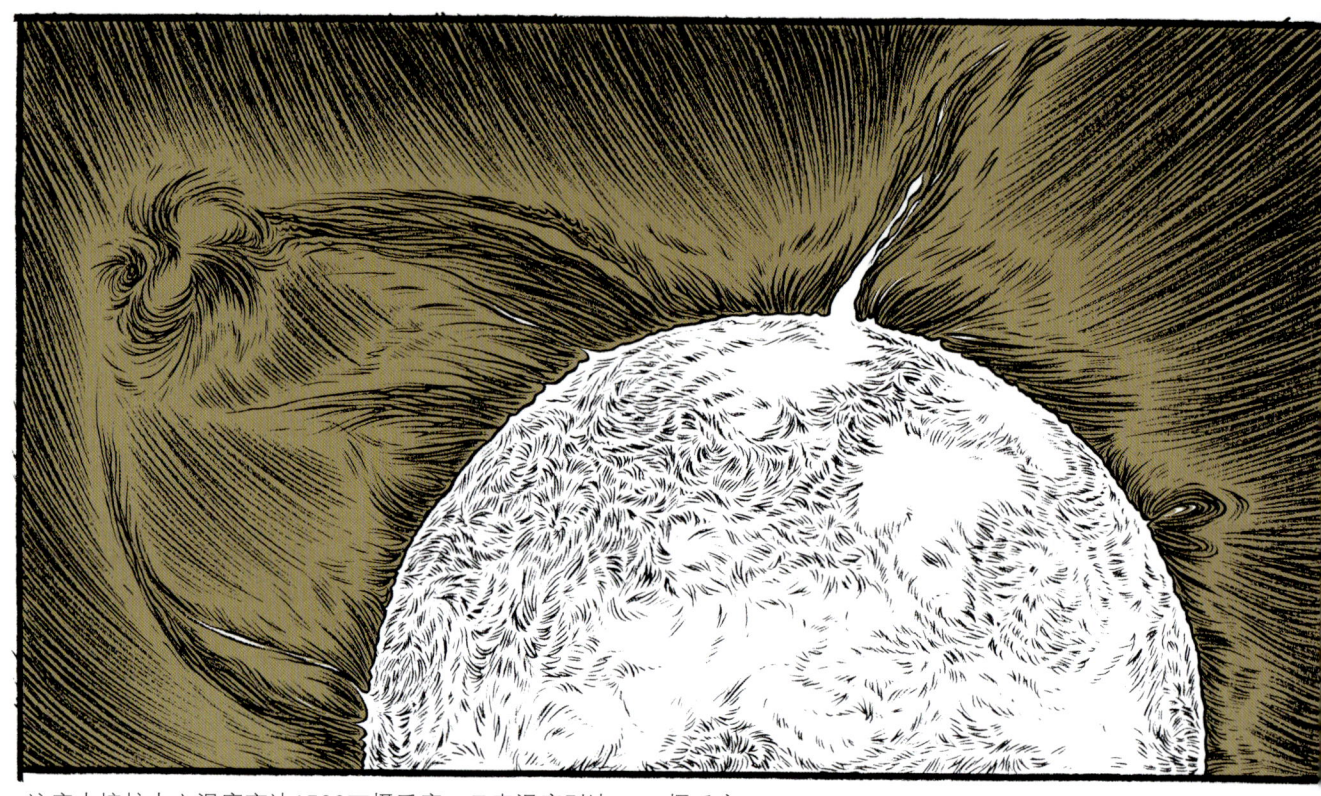

这座大熔炉中心温度高达1500万摄氏度,日表温度则达6000摄氏度。

原始太阳周围包裹着巨大的云团,以太阳为中心旋转。云团逐渐收缩,变成尘埃环。

< 宇宙 >

但是,小型涡流逐渐汇集。

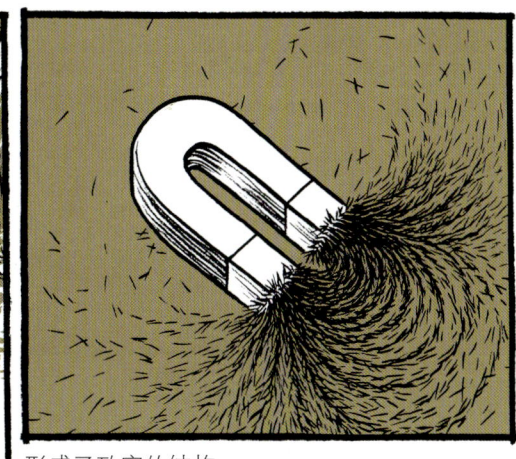

形成了致密的结构。

< 宇宙 >

< 宇宙 >

< 宇宙 >

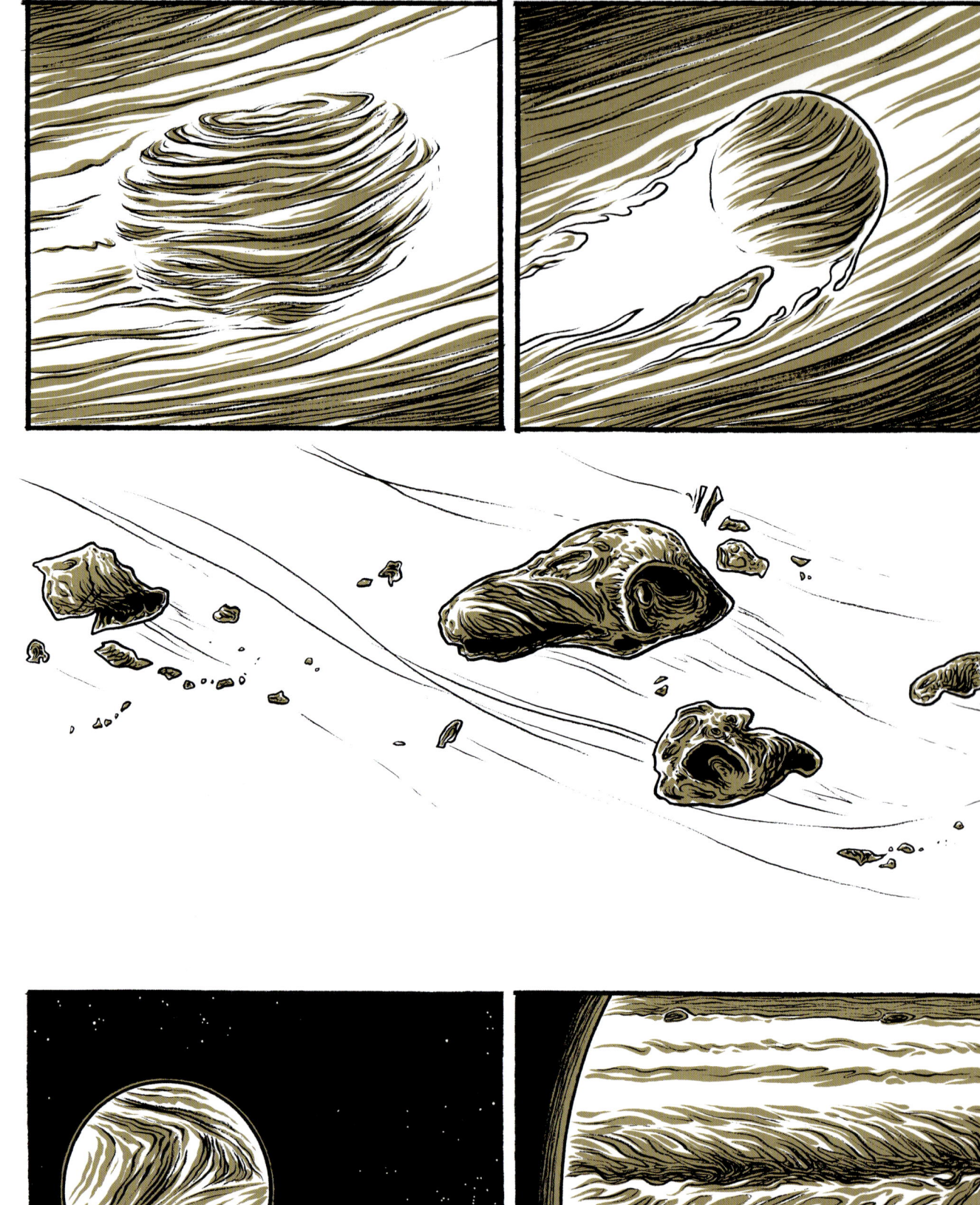

< 宇宙 >

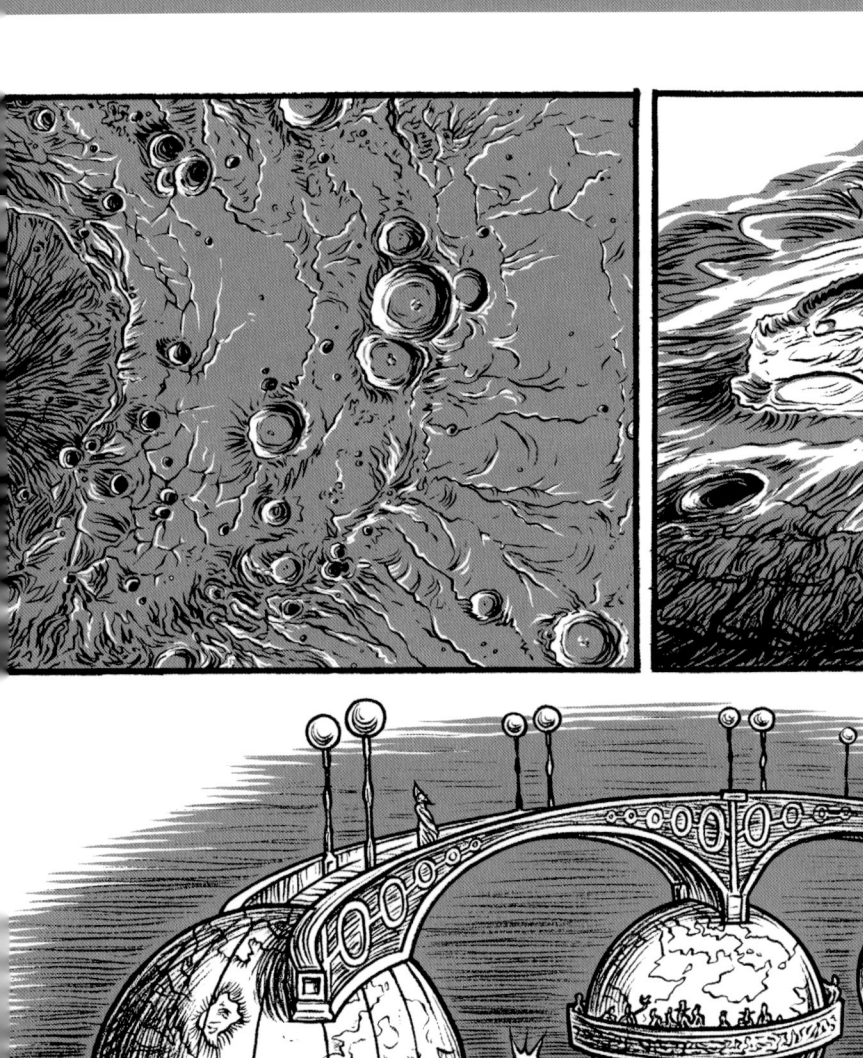

< 宇宙 >

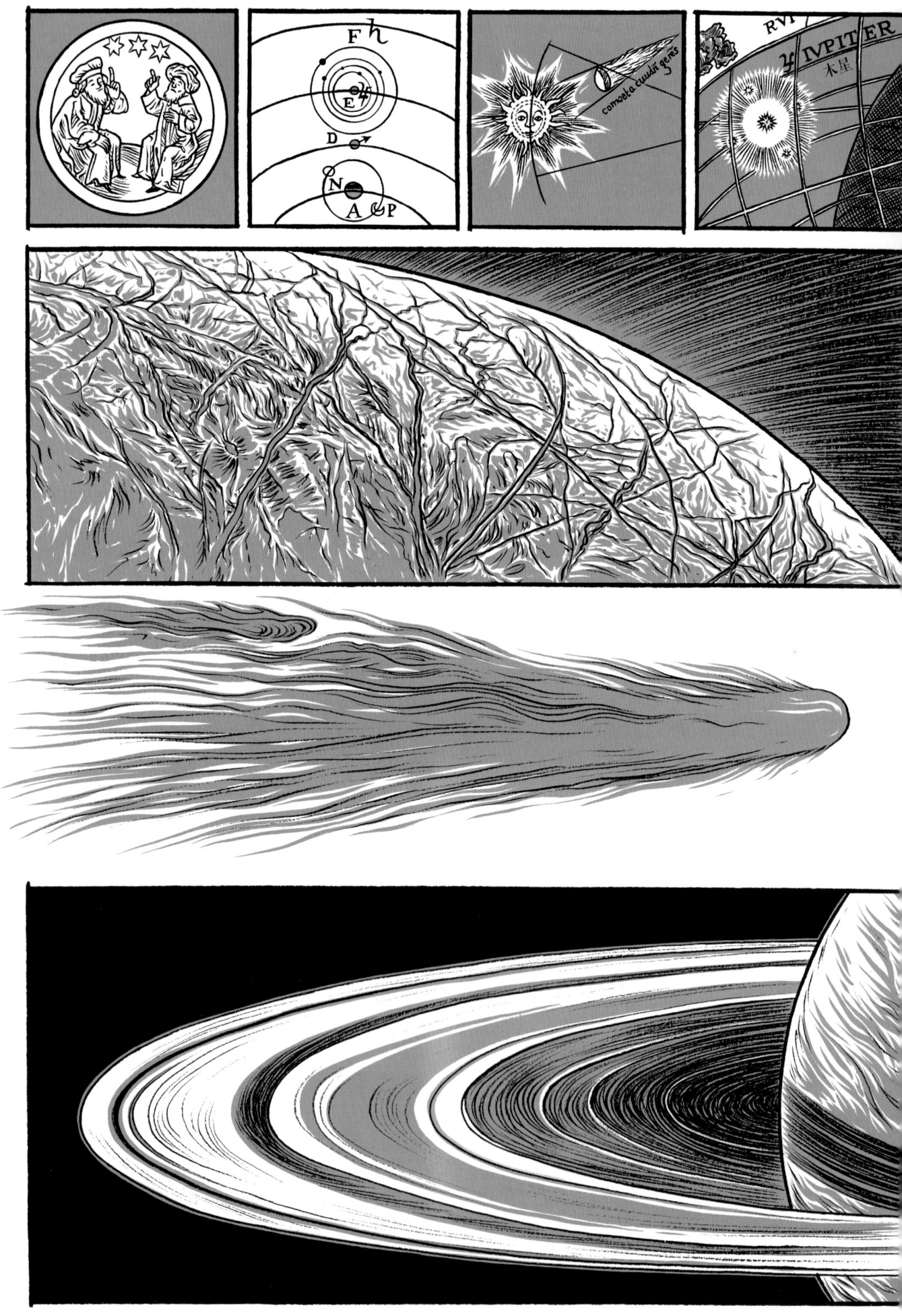

< 宇宙 >

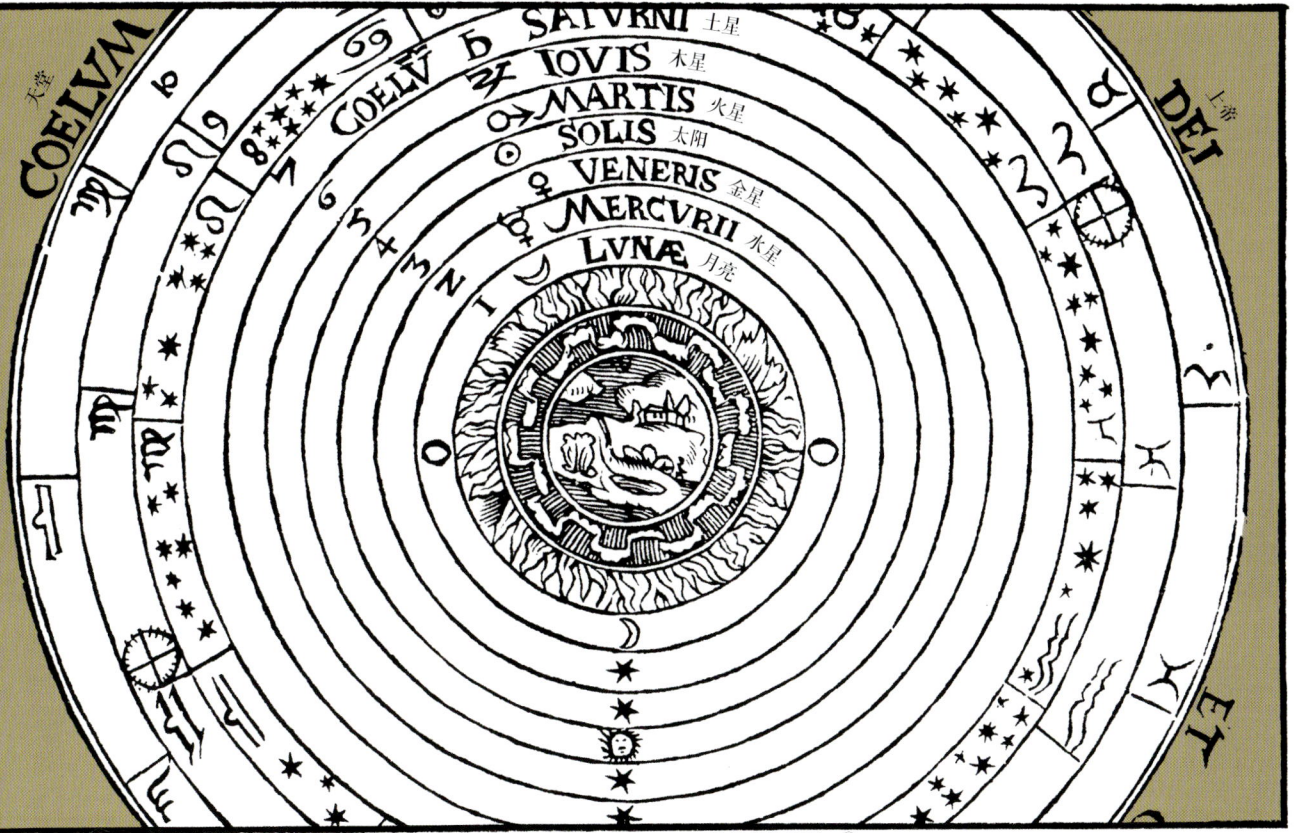

观星者皆惊异。①

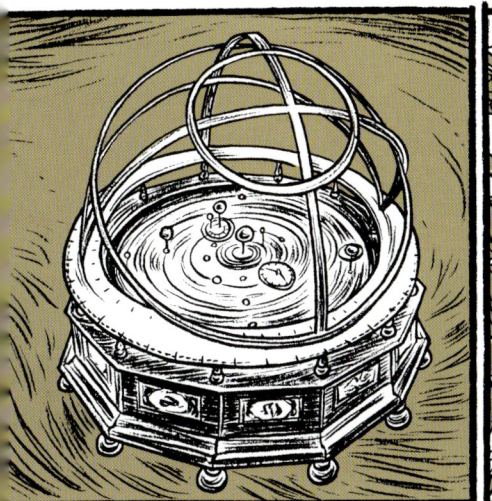

① 此图为贝叶挂毯中的场景之一。挂毯制作于11世纪，现存62米，藏于法国诺曼底。这幅画面记录了1066年4月哈雷彗星出现在天空中的景象。——编注

< 宇宙 >

太阳系各组成元素之间持续相互作用，并逐渐分化。

最初的冰团形成了。

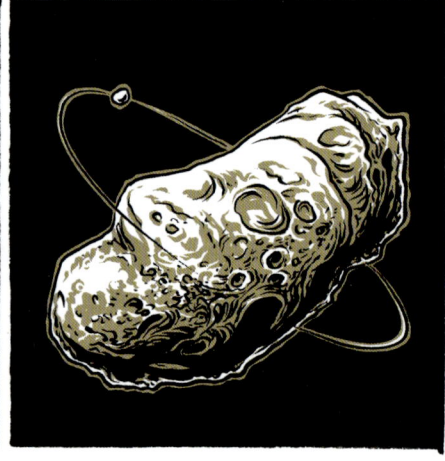

还有流星和小行星。

最终，九大行星[1]形成了。

其中有的行星仍然个头较小，温度炽热，例如水星和金星。

其他的则演变成了质量较大、温度较低的庞大气体行星，比如土星和木星。

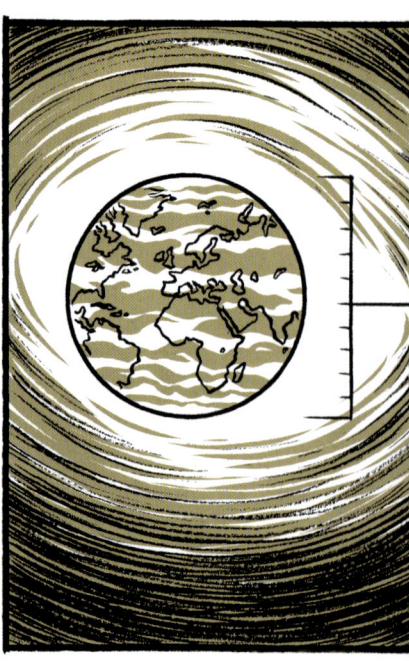

相较于这些星球上极端致命的环境，有一颗行星达到了平衡状态。

[1] 成书时冥王星尚未被定义为"矮行星"，因此此处仍沿用"九大行星"的说法。——编注

< 宇宙 >

这就是地球。

< 宇宙 >

0

宇宙的最初是奇点。

这个初始状态只有足球大小,但温度极高,密度极大。这就是宇宙扩张的起点。

## 1. 宇宙

一个膨胀中的宇宙形成了。温度极高、浑浊的等离子体急速膨胀,就好比爆炸一般,爆炸能量相当于100兆个太阳的能量。从此,有了时间和空间。

**大爆炸$10^{-43}$秒** 普朗克时期。物质与反物质间的平衡被打破,物质占了上风。辐射温度急剧下降。

**大爆炸$10^{-39}$秒** 电弱时期,即统一时期。该阶段充斥着夸克和反夸克。

**大爆炸$10^{-11}$秒** 弱力与电磁力分离。

**大爆炸$10^{-5}$秒** 夸克时期,即强子和轻子时期。夸克转变成质子、中子、介子和重子,伽玛射线合成正负电子对。此时,温度攀升到1000亿摄氏度。

**大爆炸0.01秒** 原子诞生时代。质子与中子结合成氢核、氦核、锂核和氘核。宇宙温度此时降至10亿摄氏度。

**大爆炸开始后3分钟** 射线时期。此时,能量与物质间关系紧密。

**大爆炸开始后30万年** 能量与物质分离。原本不透光的宇宙变得透明,辐射充斥宇宙。此时,温度降至3000摄氏度。轻原子核捕获运动速度慢的电子,形成原子。最早形成的仅包括氢原子,以及四个氢原子组成的氦原子。宇宙此时已经扩张到$10^{20}$公里(大约相当于1000万光年)。

**大爆炸开始后100万年** 黑暗时期。由于宇宙在膨胀,宇宙辐射温度降低,于是,宇宙显得很黑暗。

**大爆炸开始后2.8亿年** 各种基础结构形成时期。物质团形成类星体、星体和星团,就是在这里,特别是当氦在星体中心燃烧时,合成了碳、氧、硅、镁、铁等重原子核。大质量恒星爆炸并变为超新星,超新星将质量较重的元素传给下一代恒星。

**大爆炸开始后7亿年** 最早的星系开始形成。星系本来呈碟状,其中有的被拉长成椭圆形。各种各样的恒星诞生、成长。包括褐矮星、类日恒星、白巨星、蓝超巨星(还有白矮星、超红巨星、脉冲星、双星系统等)。这些恒星的最终宿命是死亡——坍缩成超新星、金属块或是黑洞。

**大爆炸开始后13亿年** 原始气体和死亡恒星的残骸组成了一片星云。在这片星云的基础上,银河系形成了,并不断碰撞、吞并其他恒星群。接下来诞生的几代恒星中间,早期的各个恒星系统及其行星逐渐成型。

**大爆炸开始后70亿年** 暗能量促使宇宙加速膨胀。

**大爆炸开始后87亿年** 银河系与另一星系碰撞,在此机缘下,我们所熟悉的太阳系形成了。一团晦暗的星云脱离外层物质,开始缩聚,逐渐形成最初的太阳。外层物质形成的尘埃环逐渐冷却,形成了冰块、岩块,之后则形成了环状物、小行星云团,以及九大行星——类地行星或是巨大的气体行星,它们中有的拥有卫星和大气层。

**大爆炸开始后92亿年** 星云中心温度达到100万摄氏度——太阳开始燃烧。

< 隐生宙 >

# 冥古宙

冥古宙

< 隐生宙 >

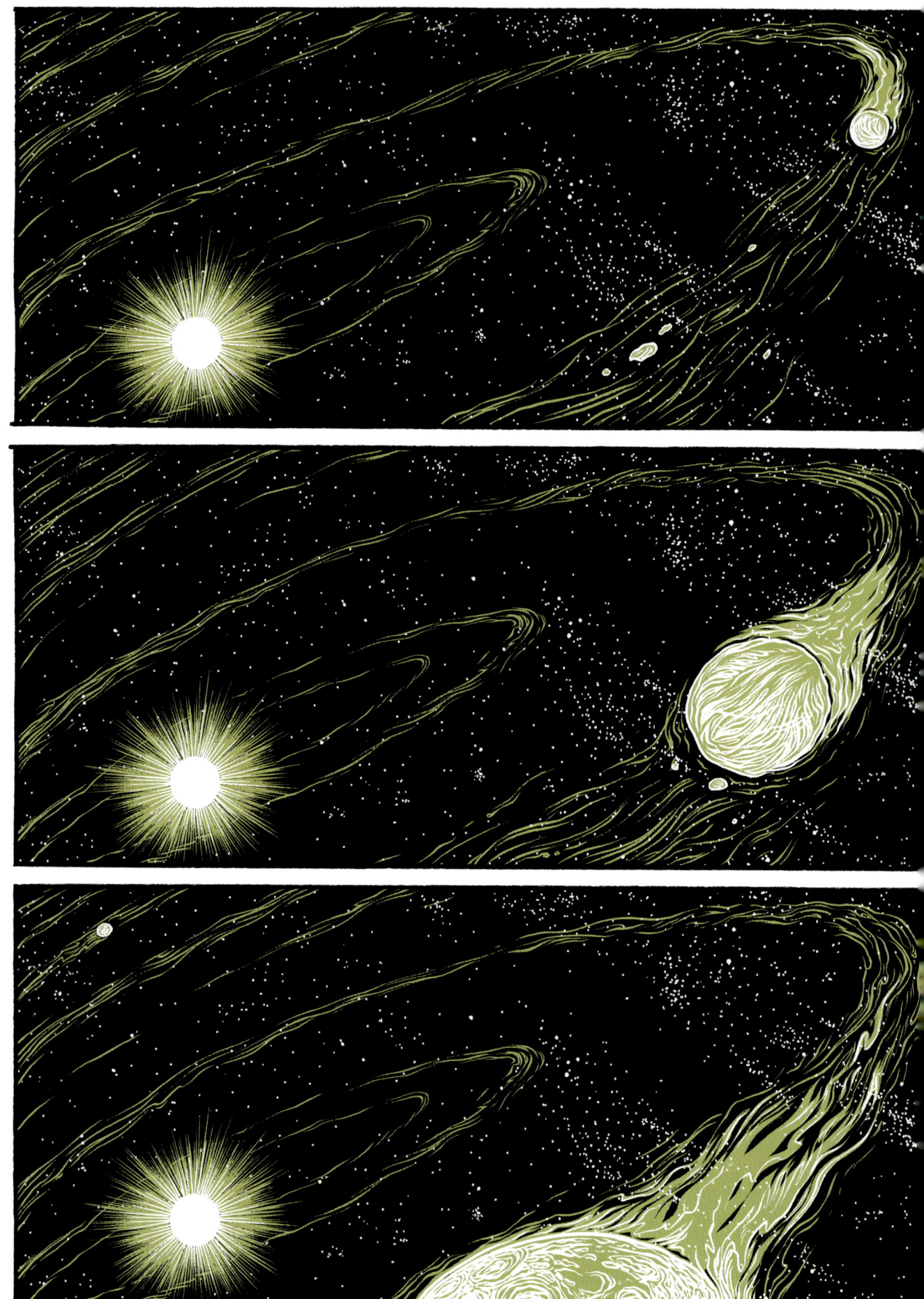

凝聚成型后,年轻的地球开始冷却。地球周围的尘埃环残骸物不断坠落,撞击地球;与此同时,放射性物质也开始分解,加剧了该过程的复杂性。

< 隐生宙 >

< 隐生宙 >

地球成型之初，曾经侥幸逃脱一颗火星大小的原行星的正面撞击。

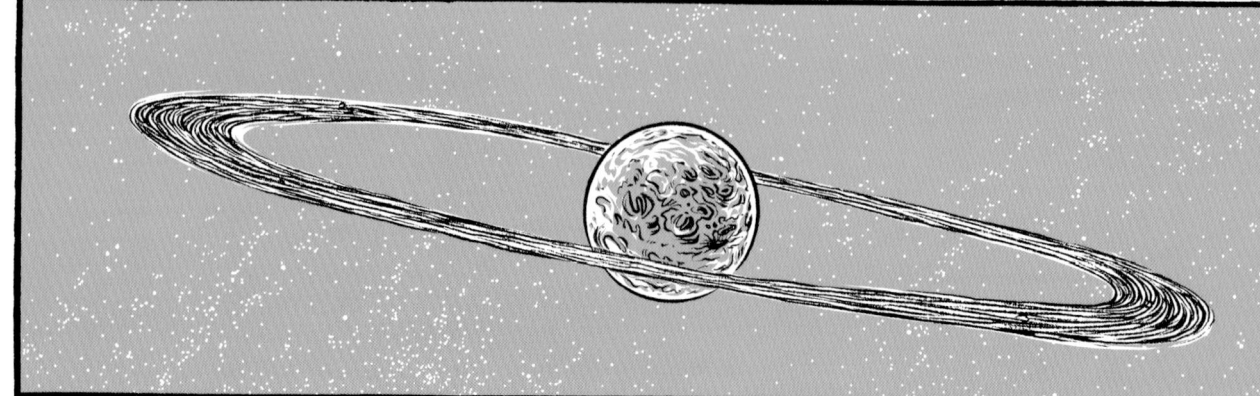

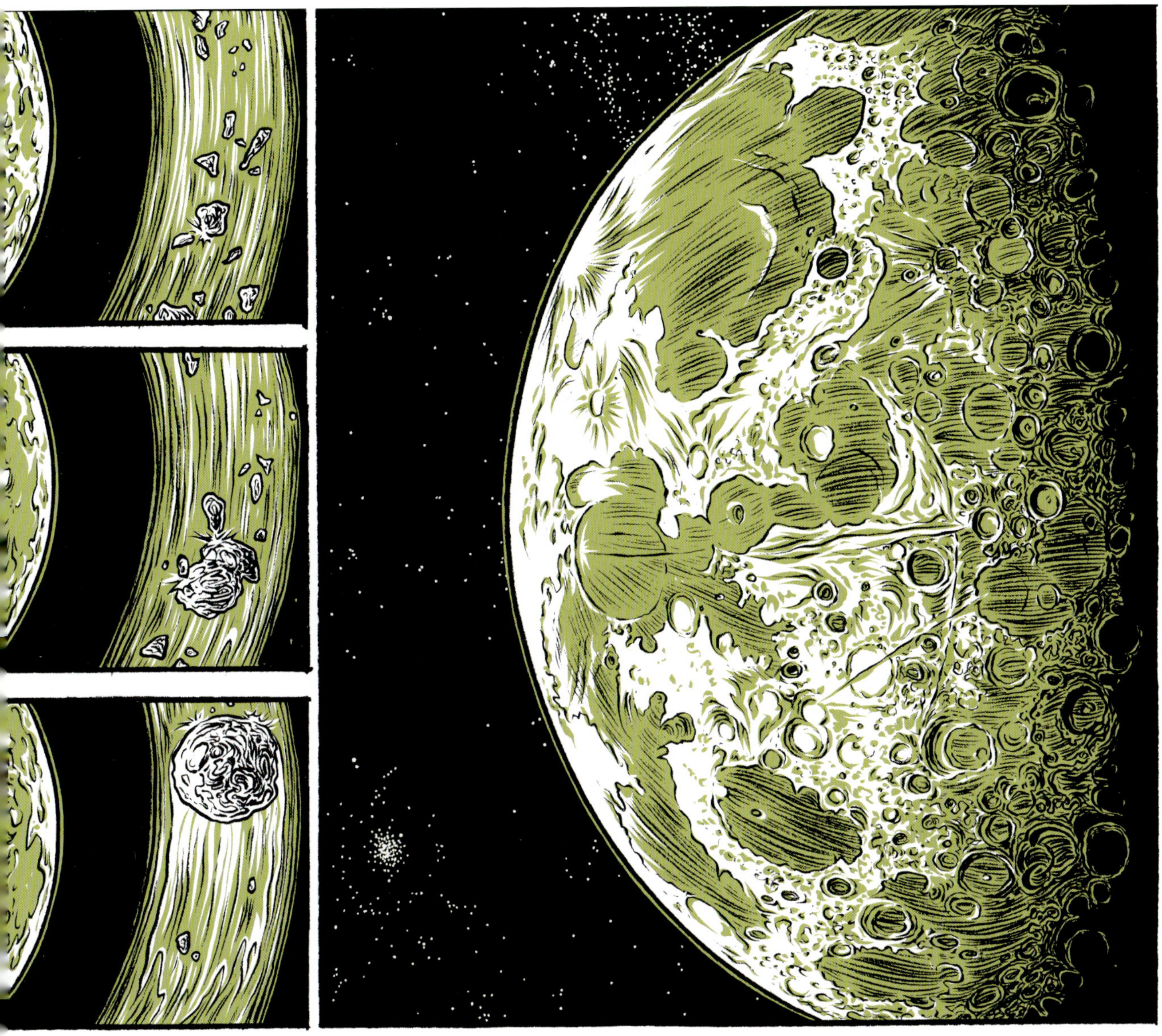

# < 隐生宙 >

原行星擦着原始地球掠过,撞下来一大块液态岩石和矿物质,这一团物质逐渐稳定下来,形成物质环。物质环逐渐坍缩,形成一颗新的天体——这就是月球。

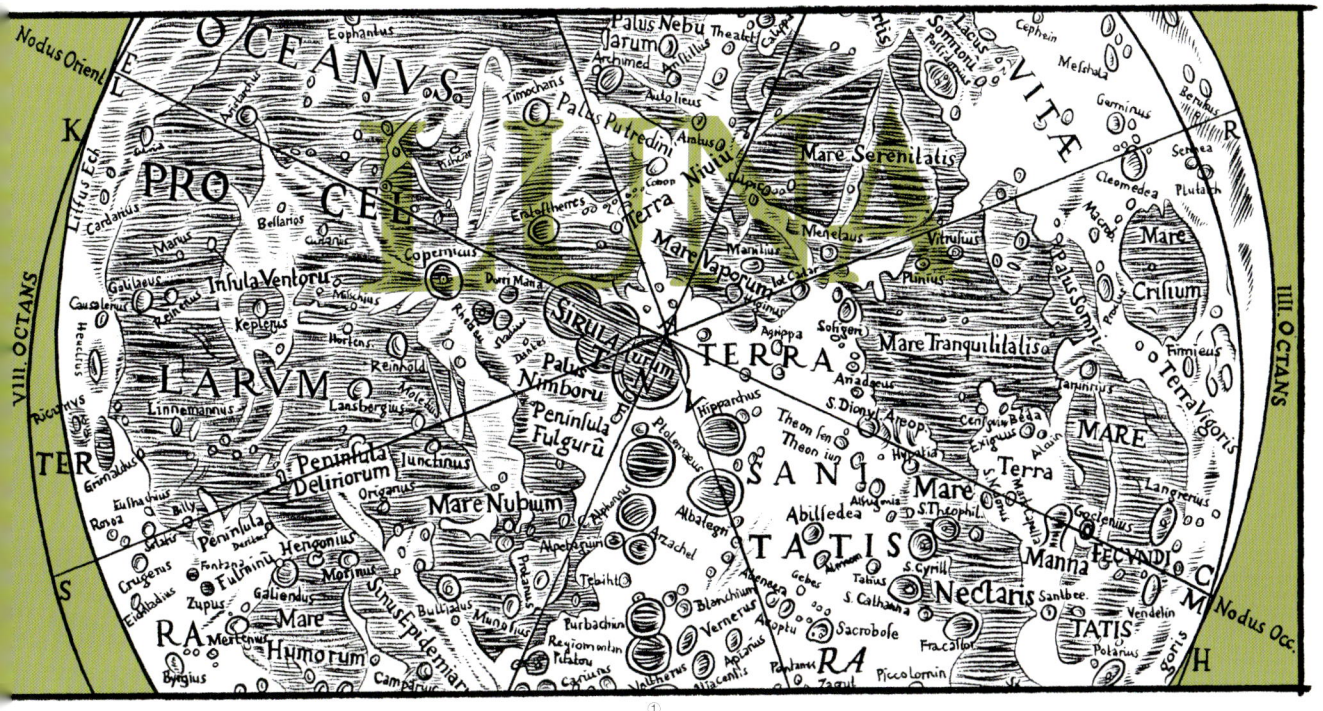

① 此为月球表面图,文字为拉丁语。

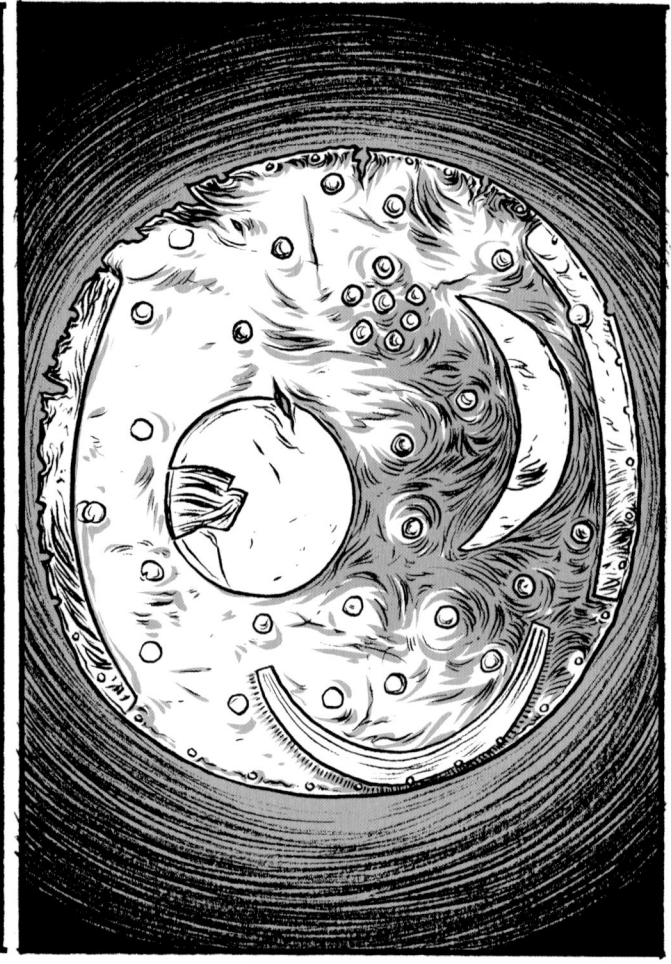

< 隐生宙 >

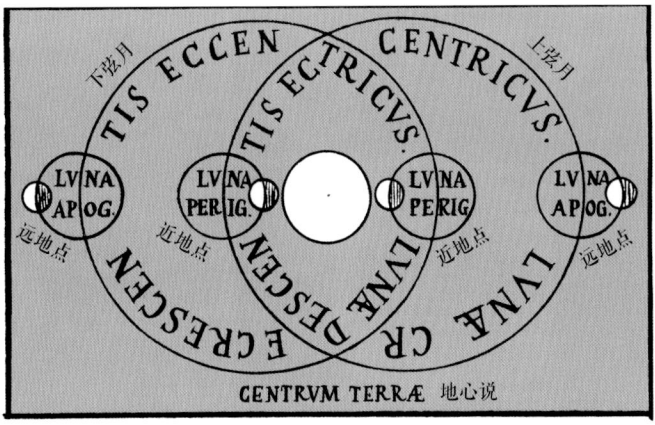

从此，地球有了一颗摇摆不定的卫星作为它的伴星。

这颗卫星会与地球争夺太阳光和引力。

6亿年过去了，月球内部趋于稳定。

地球动荡的表面则仍在继续演化。

< 隐生宙 >

月球对地球的自转起到了制约作用,之前,地球的自转速度大约是现在的5倍。当时,月球距地球3万公里,在引力的作用下绕地球公转,地月距离是现今的十分之一。

太阳系的"动态体系"自此完善了。

①

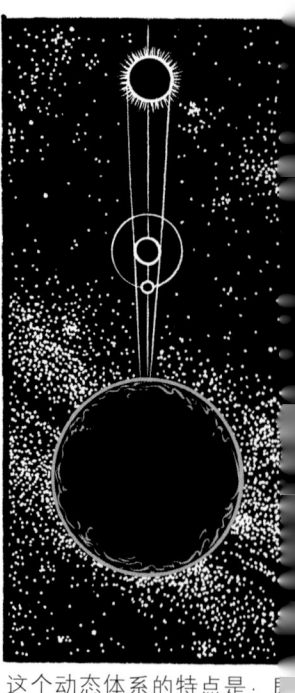

这个动态体系的特点是:即互相依赖,又互相排斥。

① 此图出自《哲学之眼》(*Occulus Philosophia*)一书,1613年成书,现藏德国法兰克福。本图描述了金属之树(Tree of Metals)下,长者(Senior)教导阿道尔夫斯(Adolphus)的场景。下方三角形各个角落的符号为炼金学符号,代表炼金学中的三原质(Tria Prima):硫黄、汞和盐。

# < 隐生宙 >

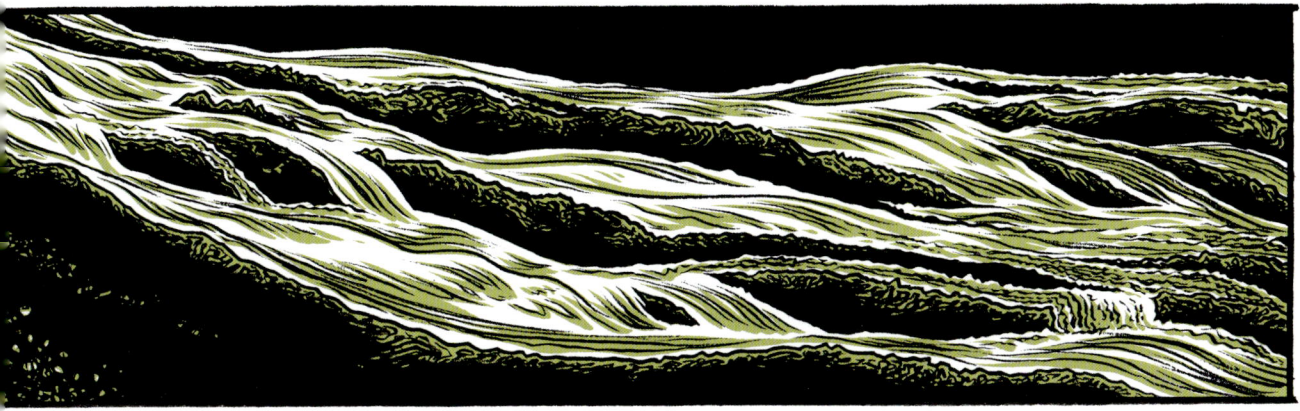

本图为德国耶稣会基尔歇神父（Anathasius Kircher，1602—1680）创作的一幅地图，收录于他所著的《地下世界》（*Mundus Subterraneus*，1678）一书。他相信地球内部充斥着火焰。本图描绘的即是地球内部的火焰。

< 隐生宙 >

< 隐生宙 >

< 隐生宙 >

历史上第一层地壳由轻质硅酸盐构成，非常脆弱，不停地遭遇来自内部和外部的撕裂与破坏。

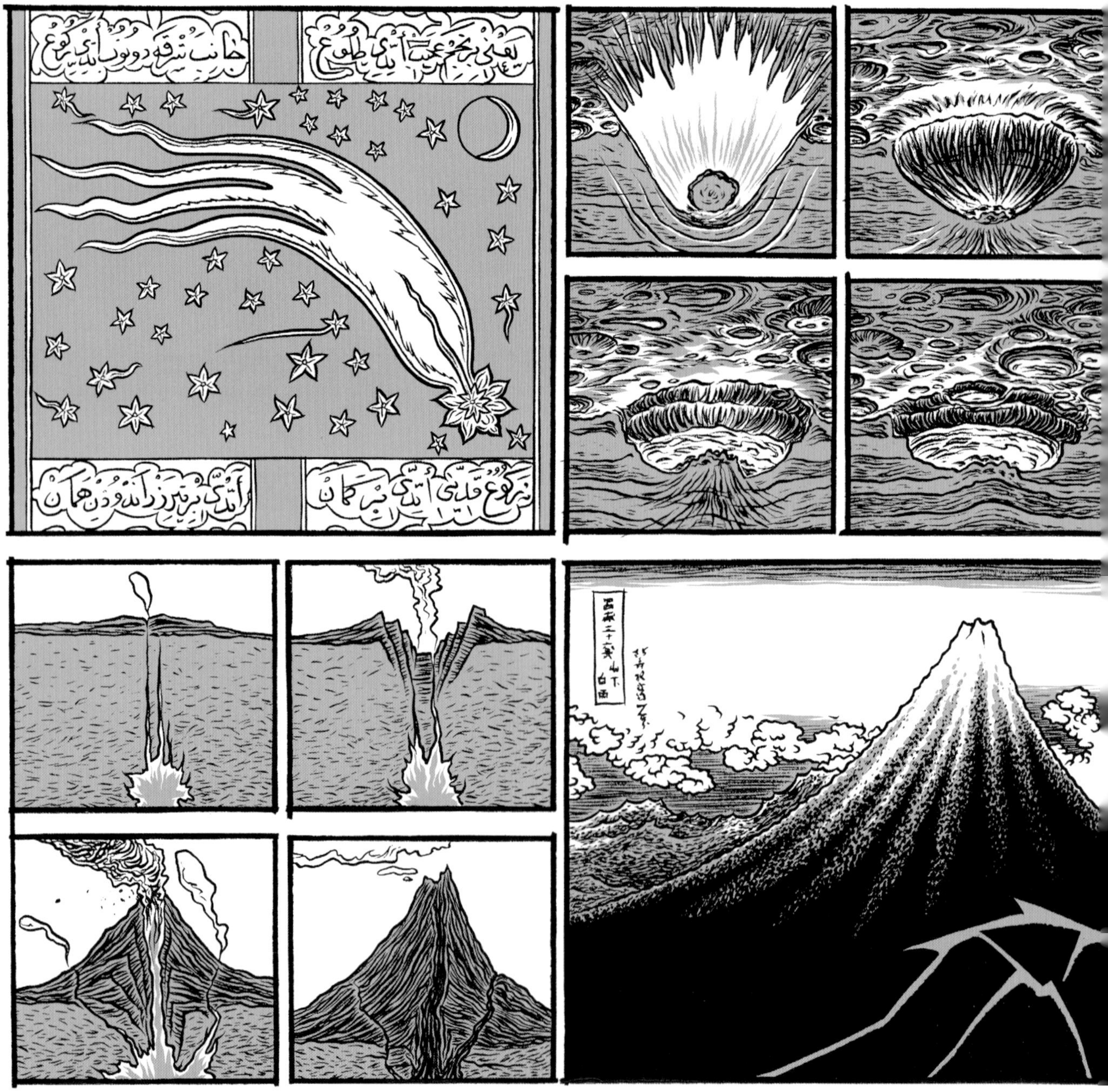

< 隐生宙 >

火山好比一台巨大的搅拌机,不停地将地下深处的岩浆抬升到地面。

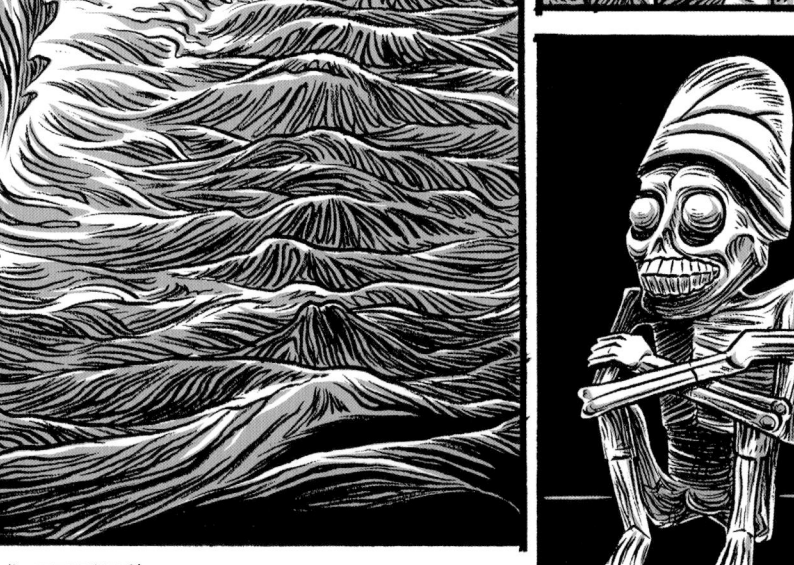

但是岩浆只构成临时的地表。很快,它们又回到原处。

< 隐生宙 >

地表的稳定性不断经受着严峻的考验；它以极慢的速度冷却、巩固。

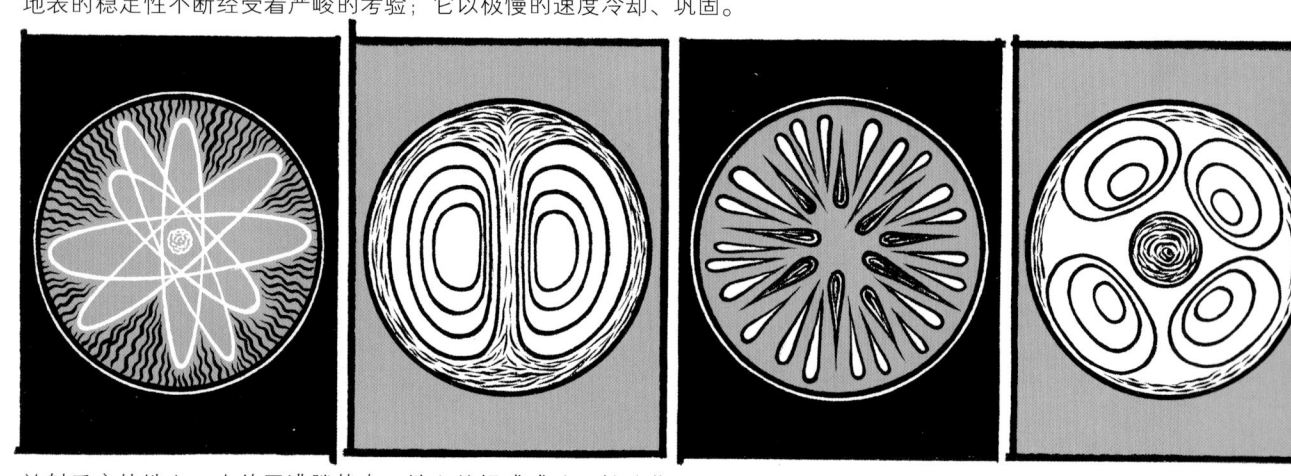

放射反应使地心一直处于沸腾状态，地心的组成成分开始分化。

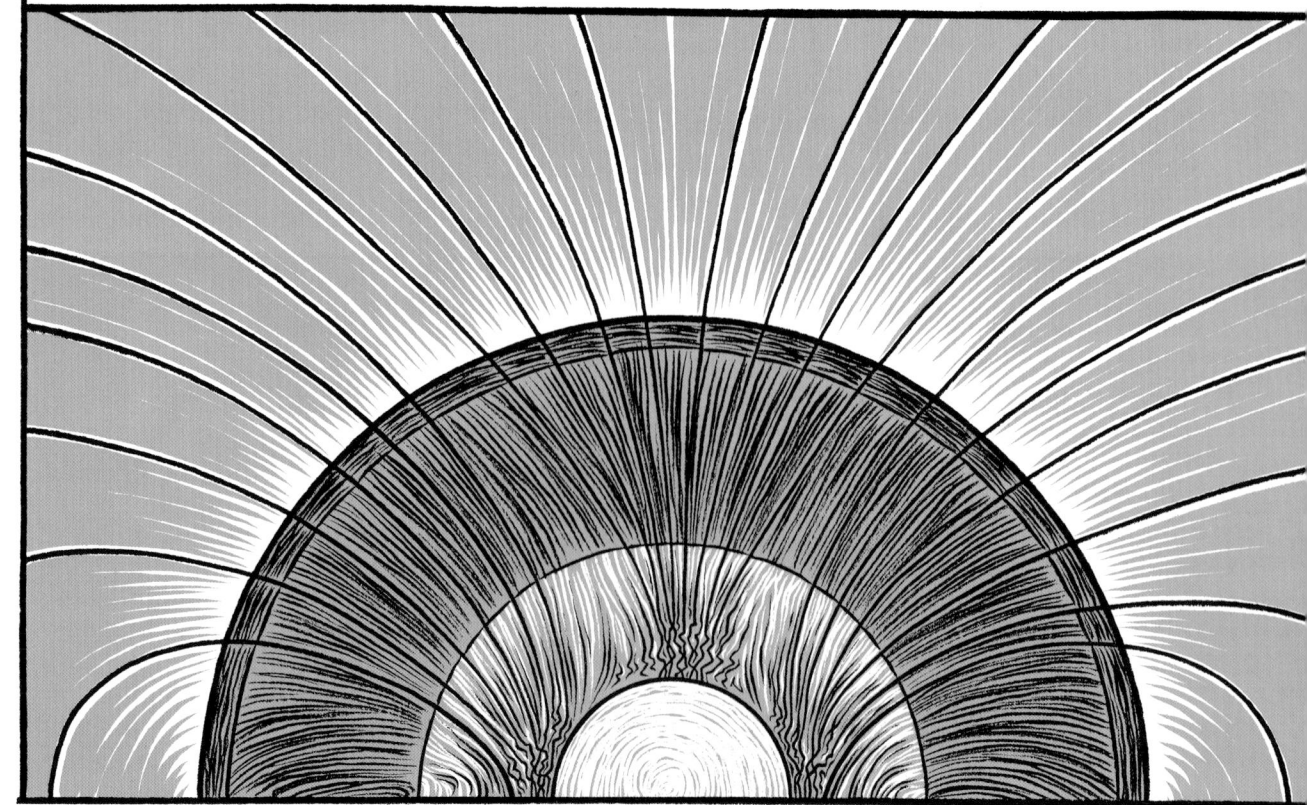

< 隐生宙 >

i转的作用下，很快，地心外层的铁以液态的形式绕着内层的固态铁核旋转。

这就好比一台巨大的发电机，它产生了一个磁场……磁场好比一面盾牌，能抵挡宇宙射线和太阳耀斑。

却挡不住陨石。　　　　　　　　　　　　　　只有月球有时能帮地球挡一挡陨石。

# < 隐生宙 >

此时,地球年龄已逾4亿年,但还是不宜于生命的形成。

它的自转相当快,一天只有5个小时。

原始大气中的氢气早就消失了。

于是,地球成了强烈宇宙射线和其他种冲击的"靶子"。

温度的巨大波动引发了强烈飓风。

全新的大气是二氧化碳和其他气体的混合,是有毒的。

喷出地壳的蒸气进一步加剧温室效应。

< 隐生宙 >

……时,太阳还未进入完全燃烧阶段,因此,地球笼罩在厚重的气体下,又热又暗。

……但最终,地球还是冷却了下来,地表温度降到了100摄氏度以下。

……厚重的云层终于卸下了重负。有史以来第一次,地球上下雨了……

< 隐生宙 >

< 隐生宙 >

< 隐生宙 >

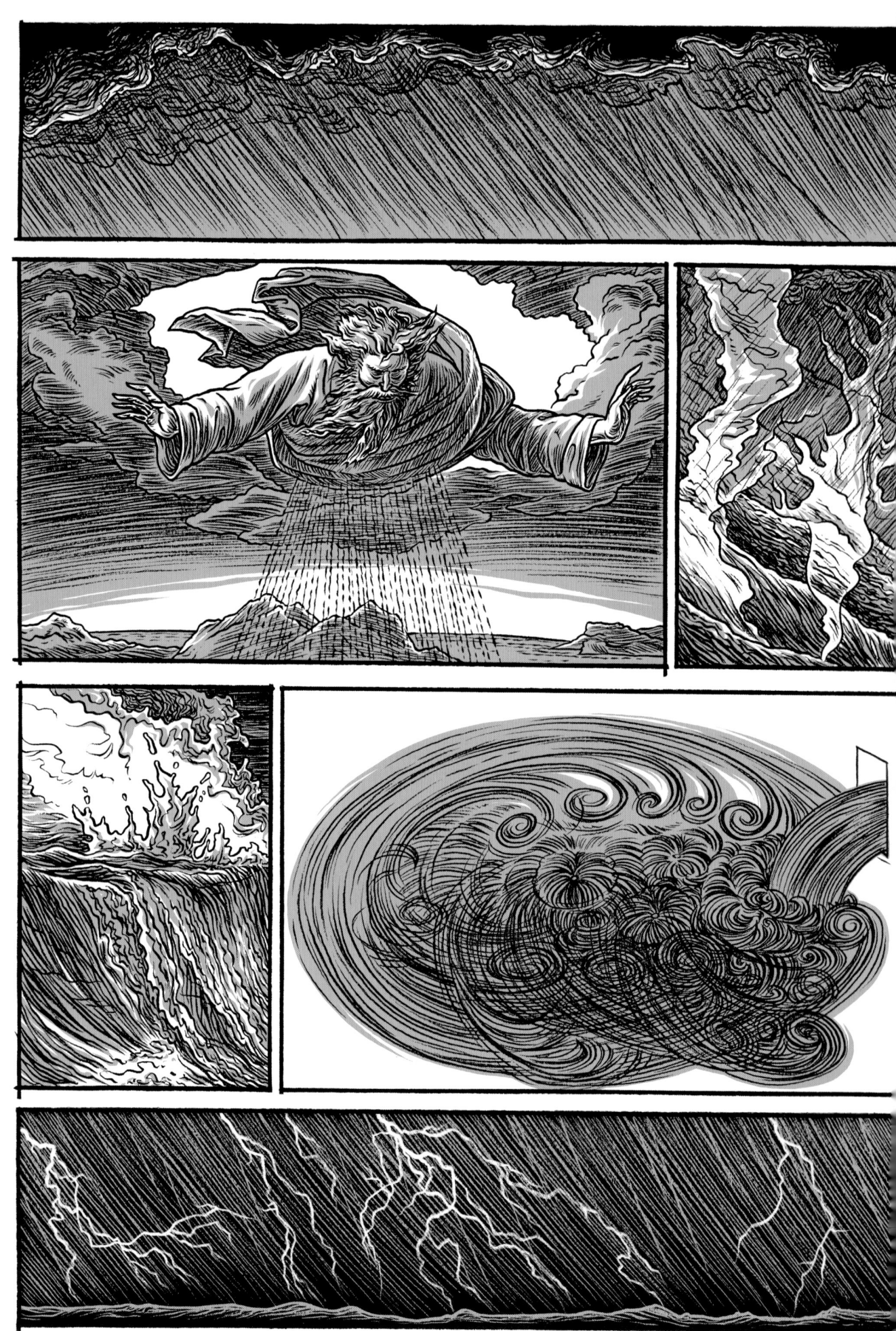

< 隐生宙 >

< 隐生宙 >

大雨倾盆。雨水填满了低洼处，很快满溢。早前熔岩形成的壁垒在大水的压力下不是裂开，就是被冲走。水体的面积越来越大。

< 隐生宙 >

但是，水接触到仍处于白热化状态的地面，就蒸发掉了；原始海洋要到后来才慢慢形成。

< 隐生宙 >

用了几百万年的时间,水终于淹没了相对较低的地面。之前高大的火山山峰,如今成了原始海洋中露出水面的一座座小岛。

< 隐生宙 >

当绝大部分水蒸气都变成雨水，地球表面也几乎都被水覆盖了。

只剩一片地势略高的区域在浪间挺立。　　　　　　　　这就是原始大陆，那时，它还没有名字。

< 隐生宙 >

从此,各个自然元素各就各位,相生相克的斗争早已开始。

< 隐生宙 >

通过水循环的大系统，蒸发、降水和地质侵蚀相互联系起来，整体运转。

< 隐生宙 >

< 隐生宙 >

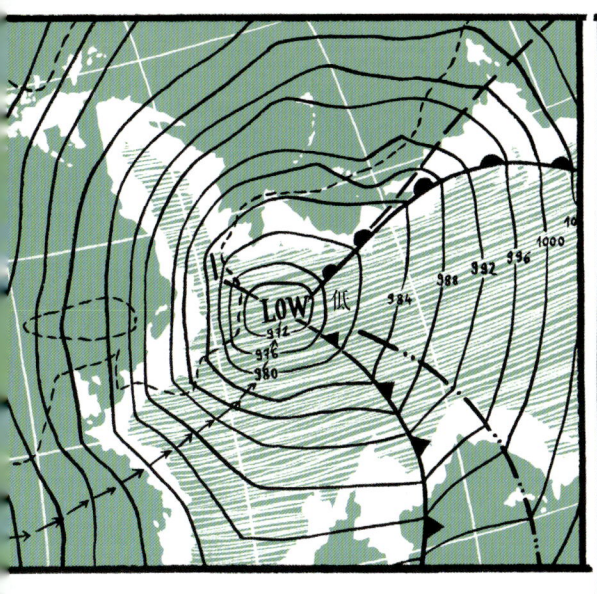

< 隐生宙 >

地壳不断重塑——水和风将熔岩带到地表上的物质侵蚀瓦解；

并将它们堆积到别处。　　就这样，岩石形成了。　　还有各式各样的土壤。

< 隐生宙 >

< 隐生宙 >

在此期间，对流在地幔处形成，并作用于地壳。

岩浆旋转运动，不断拉扯地壳。

岩浆活动激活了板块运动。板块开始运动。

自此，一切都在"动"中；

大陆板块间相互摩擦，有的消失了，有的在别处重生。

# < 隐生宙 >

# 隐生宙

## 2. 冥古宙

**46亿年前** 地球成型。当时，地球大小和火星相当。很快，地球的原始大气释放并逸入太空，它的成分是氢气和氦气。接下来的6亿年间，大量微行星不断撞击地球并被地球吸收，让地球的直径扩大到1.2万公里。

地球侥幸避过了一颗原行星的正面撞击。撞击后，大量物质脱离地球，在地球周围形成一条环带，并逐渐稳定下来。地月系成型。

**46亿—42亿年前** 在微行星的冲击下，能量得到释放。在地球内部放射性元素衰变以及太阳辐射增强的作用下，年轻的地球温度升高。

一个液态金属核（主要成分为铁、硅和镍）从略显黏稠的地幔中分离出来。随着地球的自转，地幔的组成物质开始围绕金属核旋转，从而生成了具有保护作用的地球磁场，很快，随着地幔内物质的旋流，该运动又触发了大陆漂移。

地壳很薄，主要成分为硅酸盐，并不停地受到冰陨石的撞击。这些陨石携带的气体和持续火山活动喷出地幔的蒸气一起形成了新的大气。这时的大气是有毒的，除了70%的水蒸气，主要由氢硫酸、甲烷、氨和二氧化碳构成。游离氧气此时根本就不存在。这颗行星暴露在强辐射下，有着强烈飓风和严重的温室效应作用。

**42亿—40亿年前** 原始岩石地壳成形。当时它还很脆弱，经常遭到各种冲击。强烈的火山运动将熔岩、气体和蒸气带到地表。

行星的地表温度降至100摄氏度左右，暴雨倾盆，伴随着第一片原始海洋的生成，地球水圈出现了。随着水循环的启动，年轻的地壳很快受到侵蚀，早期沉积层开始形成。

**41亿年前** 位于加拿大的片麻岩岩带形成。这是已知最古老的岩石。

**40亿年前** 随着海平面升高，受海洋压力作用以及越来越激烈的地幔运动影响，地壳开始分裂为几个板块。这就是原始大陆的形成。地球内部岩浆流的旋转运动激活了板块运动机制。

**35亿年前** 地球磁场的存在使得已知最古老的岩石磁化。

< 隐生宙 >

# 太古宙

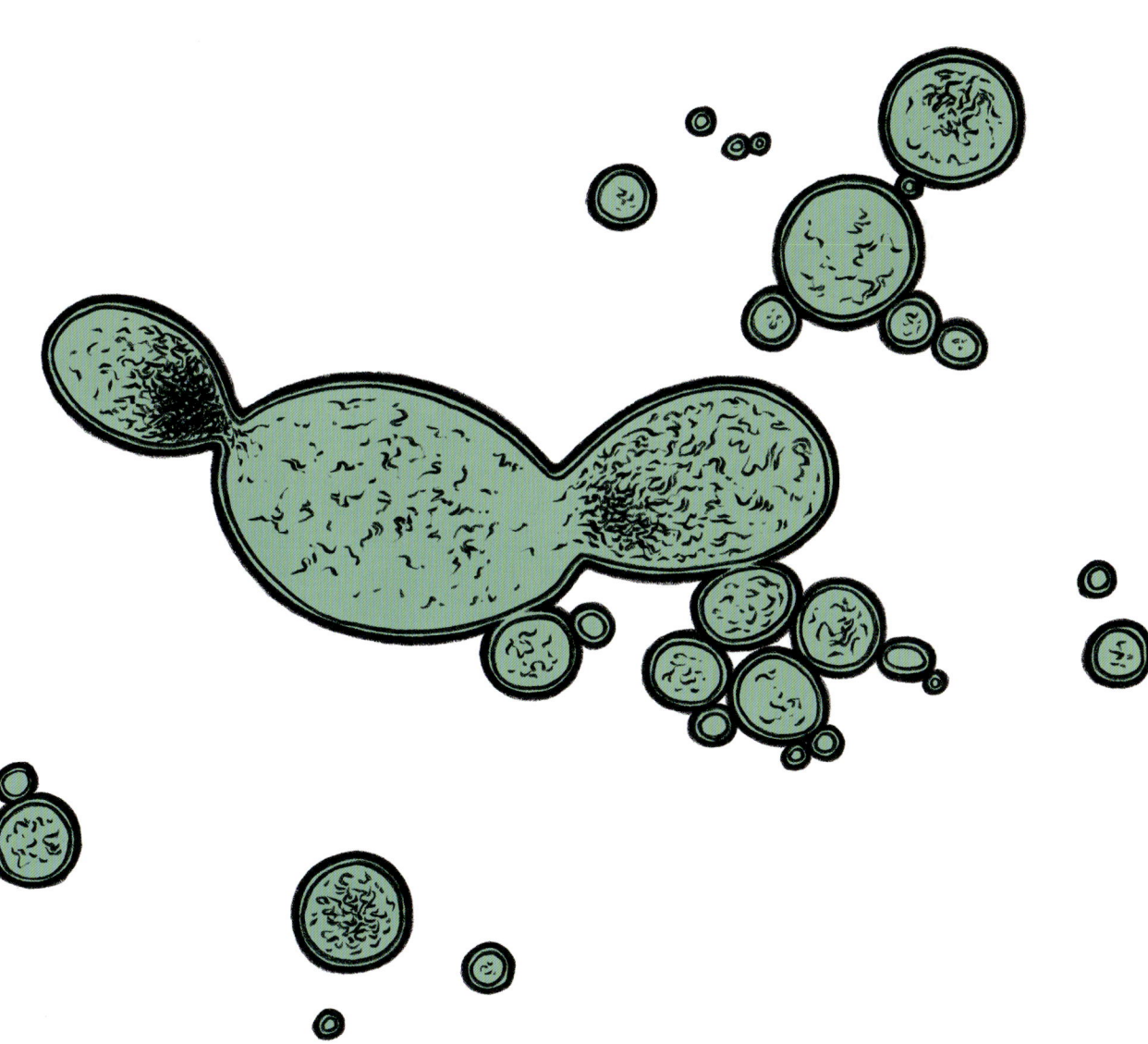

< 隐生宙 >

接下来的几百万年间，在这颗被称作"太阳系第三颗行星"的星球上，并无大事。

大陆板块漂移。

火山制造山脉。

小行星撞击地球，形成陨石坑。

## < 隐生宙 >

但是，一场微观层面上的变革却正在悄然酝酿。这个过程对地球上的过客——人类来讲，是肉眼看不到的。

## < 隐生宙 >

我们不知道,这一切的开始究竟是在沼泽中发生的? 还是在湿润的黏土沉积层中?

是在海底活火山的火山口附近? 还是由其他星体携带来到地球的?

总之,催化作用下,一些活性原子结合到一起,形成了无数复杂的分子。

< 隐生宙 >

费米实验室出品：原始汤①

气、甲烷、硫化氢以及其他气体的恶臭混合体在一个微小的空间中浓缩。

① 费米实验室（Fermilabs）是隶属于美国能源部的一所国家实验室，主要研究领域为高能物理学、粒子物理学。

# 隐生宙

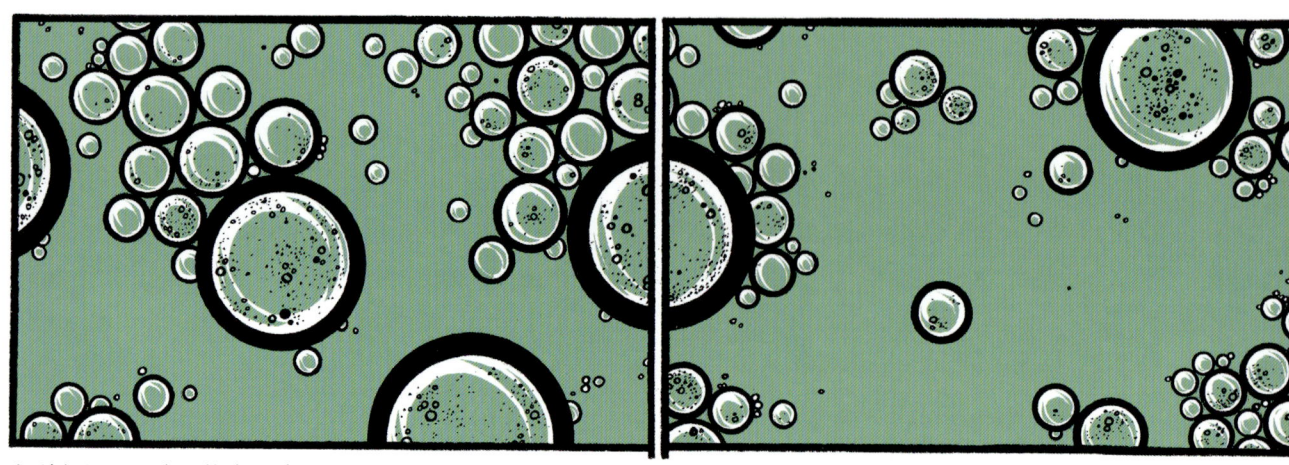

有利条件下，该气体会形成一些分子。后来我们称这些分子为"有机体"。

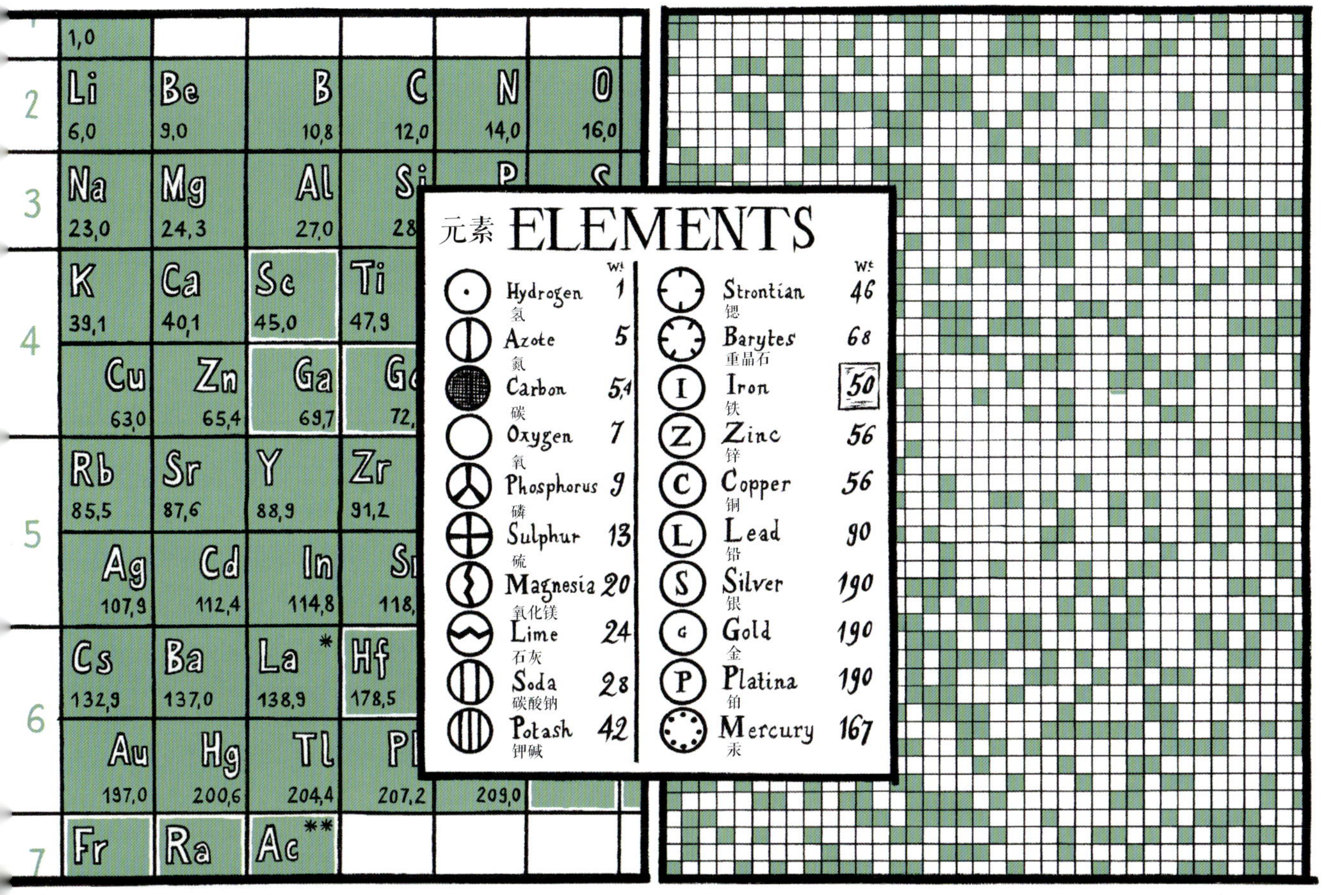

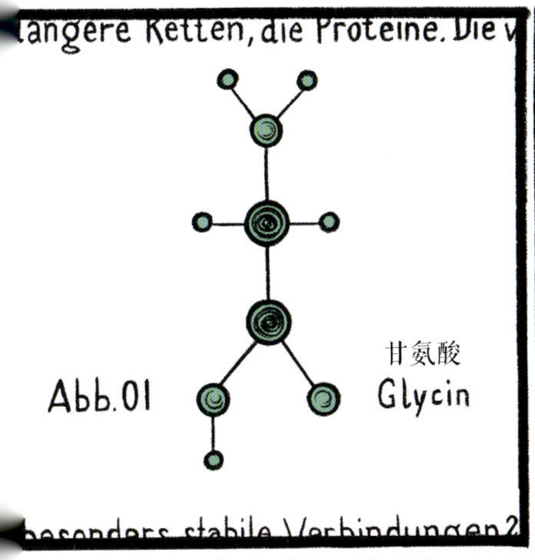

< 隐生宙 >

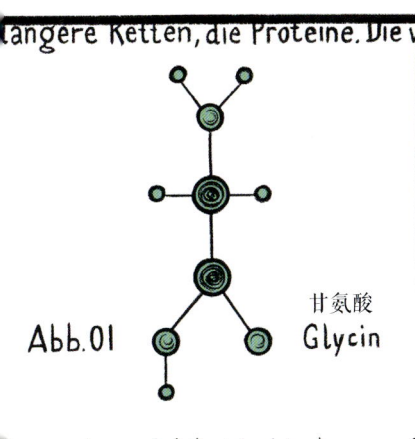

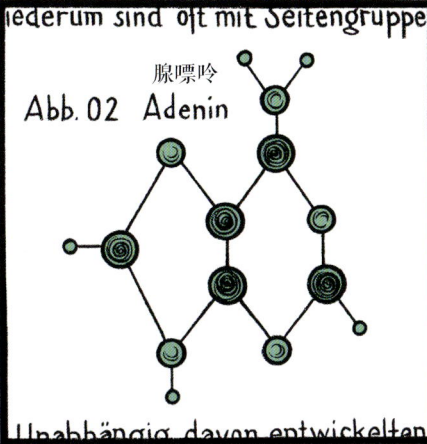

这就是氨基酸、核酸碱基、核苷酸,以及蔗糖等早期糖类的形成。

< 隐生宙 >

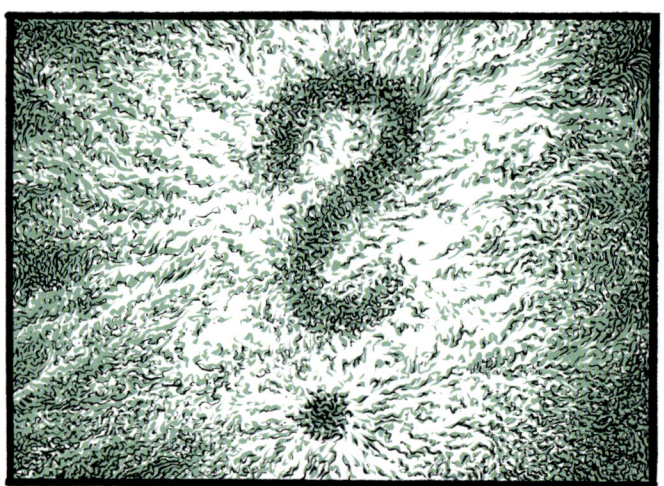

以此为原料，新的组合不断形成。　　　　　　　但在恶劣的环境下，又很快分解掉了。

恶劣的环境中存在着各种威胁：寒冷和炎热、有毒气体、高压，以及各种致命的辐射和电击。

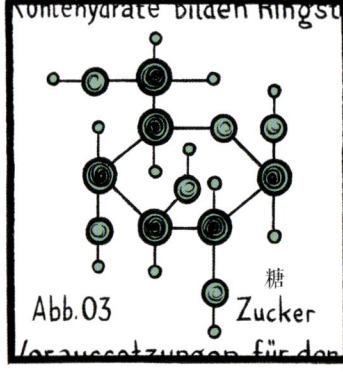

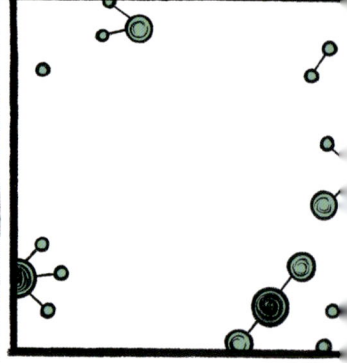

## < 隐生宙 >

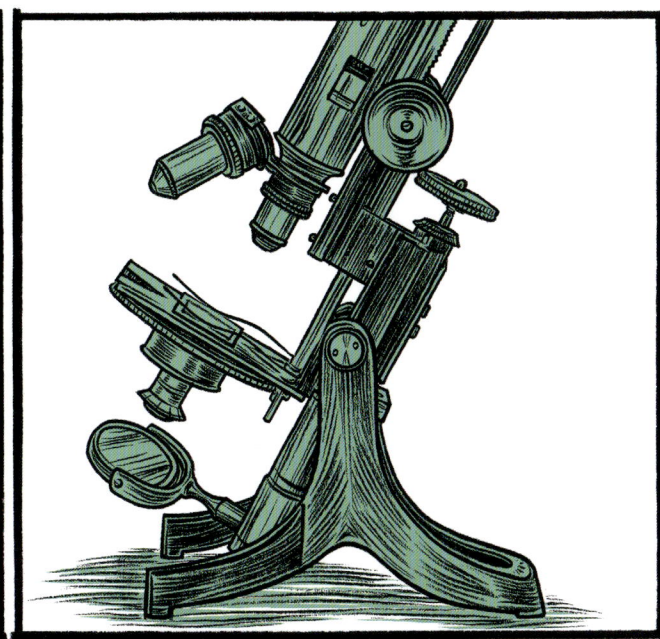

，这一座座巨大的实验室从不停歇。　　　　　　周而复始的类似过程中，新的产物被创造出来。

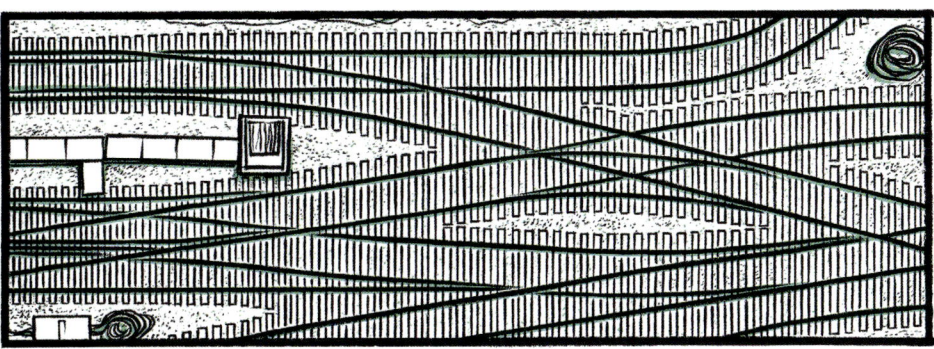

形成的分子链越来越长，越来越稳定，且有能力进行自我复制。

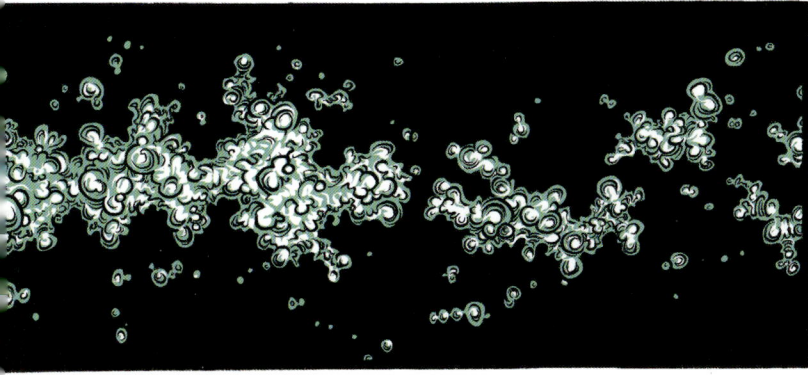

< 隐生宙 >

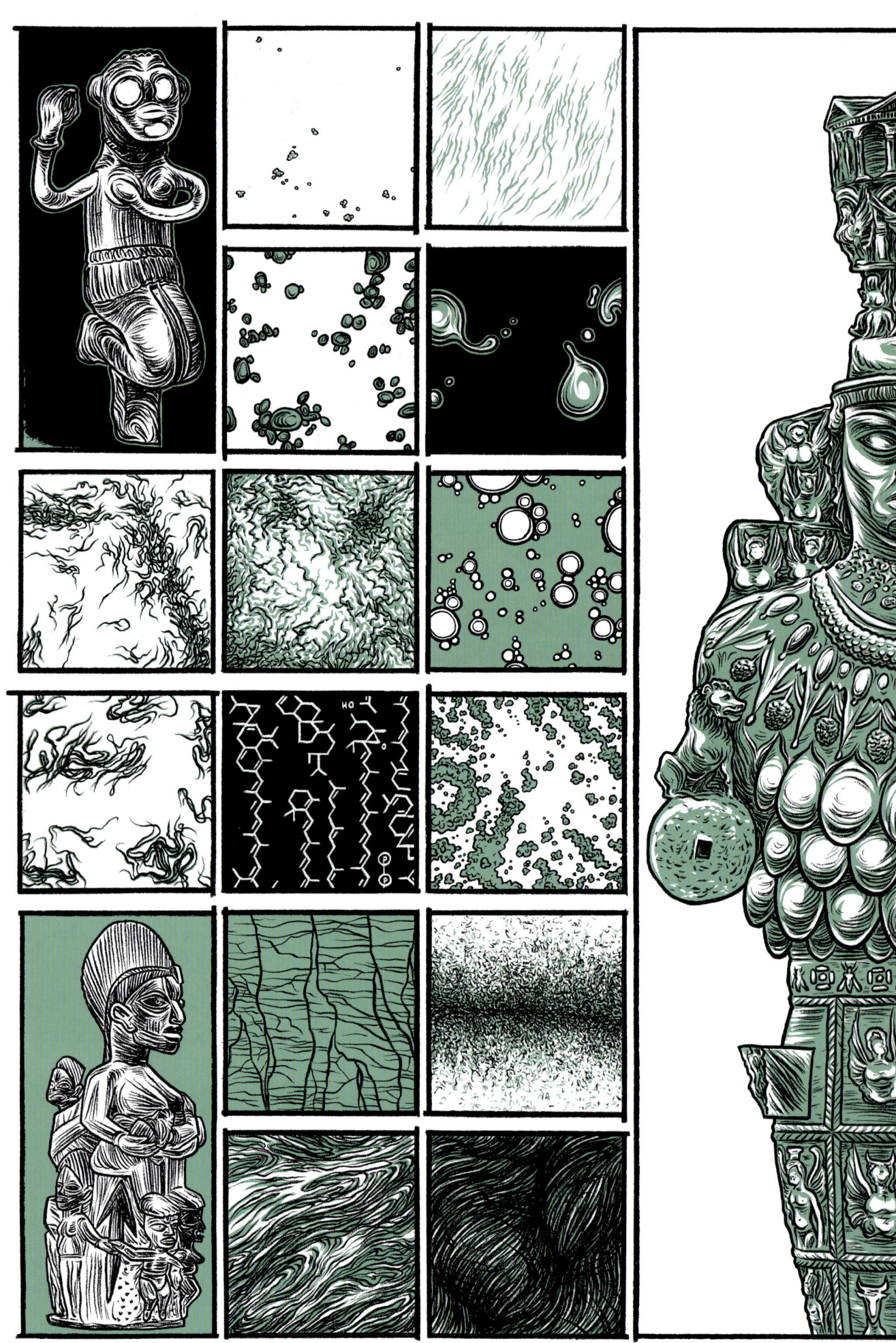

< 隐生宙 >

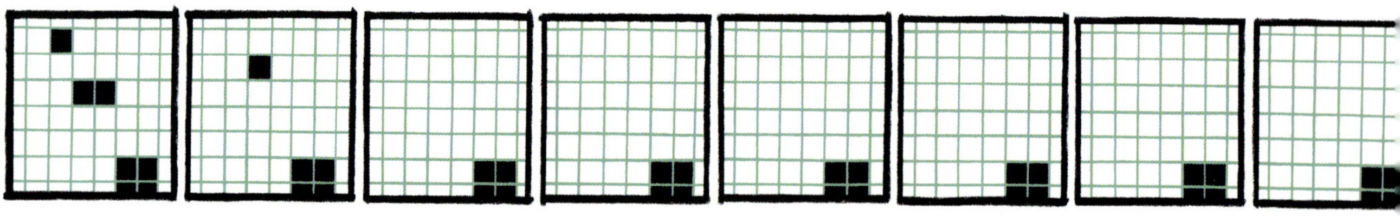

< 隐生宙 >

但这一切从表面上都看不出端倪，还要再等几亿年的时间……

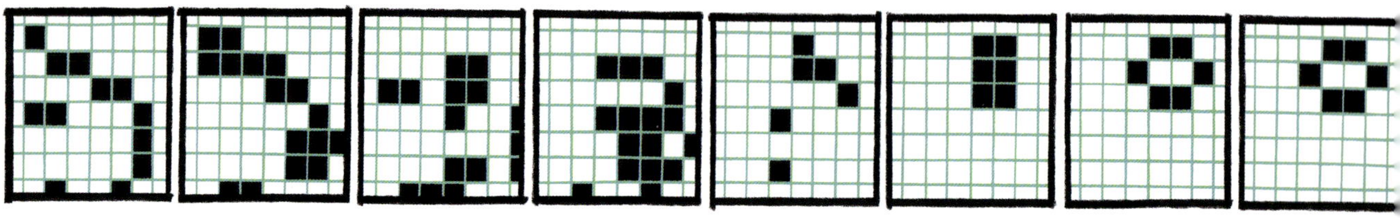

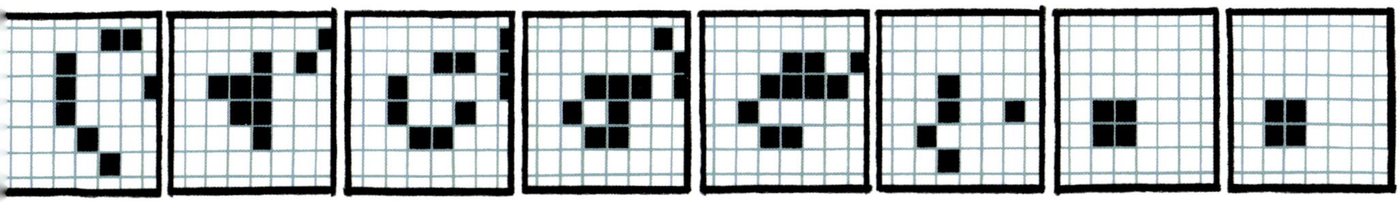

< 隐生宙 >

才能等到原始生命出现"质"的飞跃。然而,看似死寂的表面下,一些事情正在悄然发生。

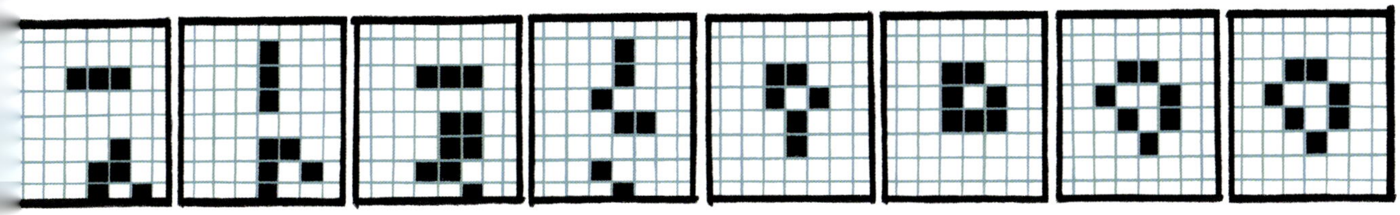

< 隐生宙 >

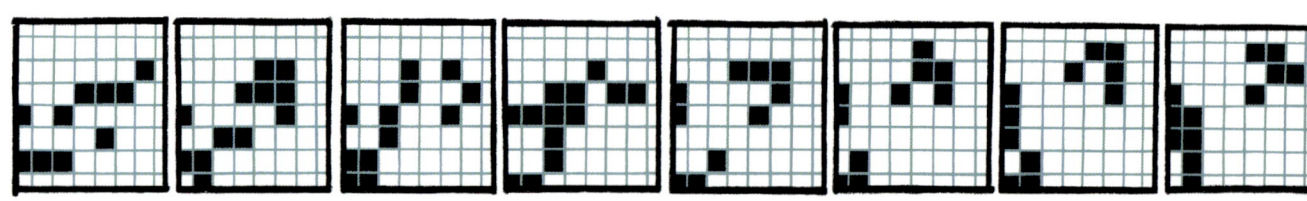

稳定的核糖核酸（RNA）链形成了，并依靠其原始的脂肪膜，对抗恶劣的环境。

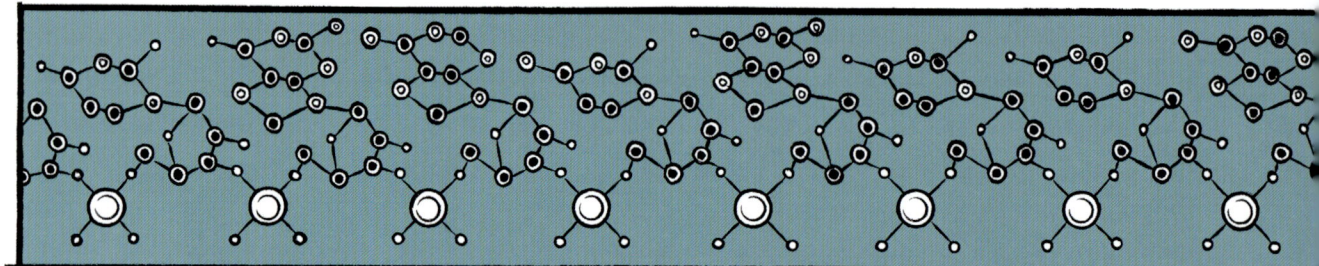

它们生长、分解。

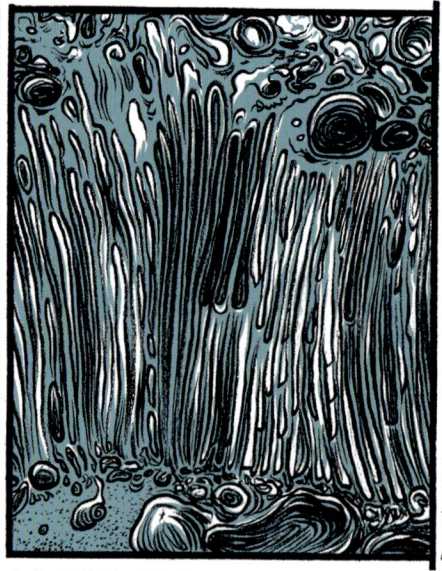
它们吸收物质和能量。

同时，也不断完善着自身的结构。

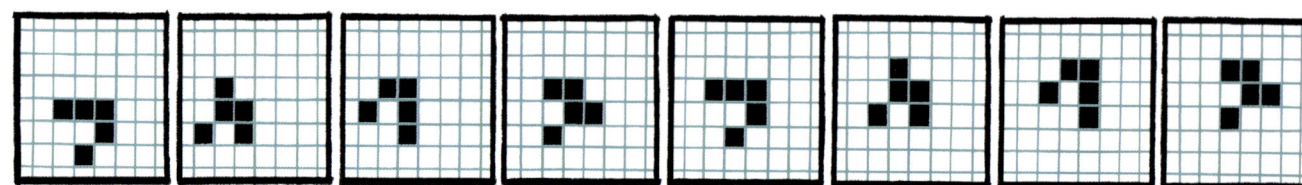

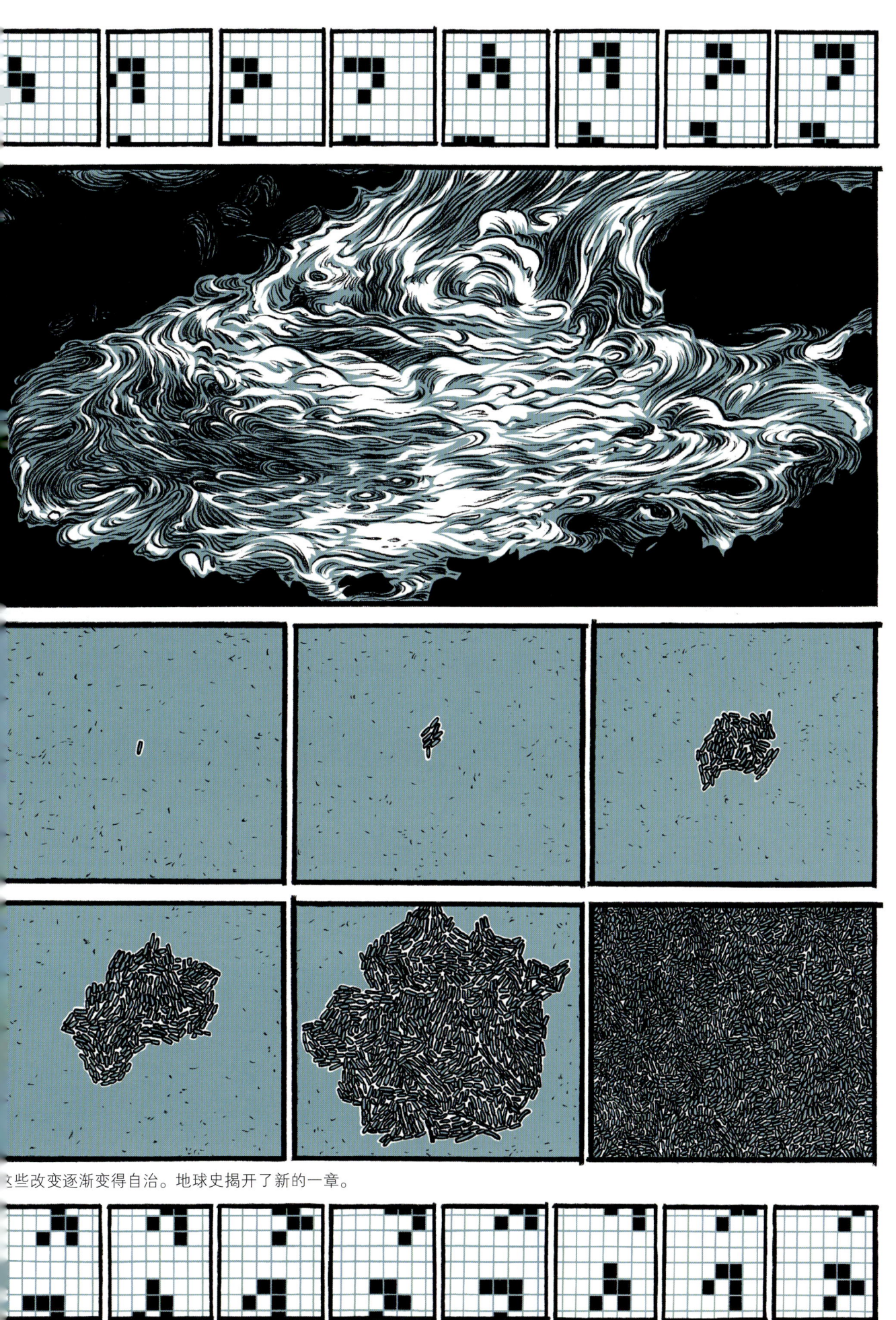

些改变逐渐变得自治。地球史揭开了新的一章。

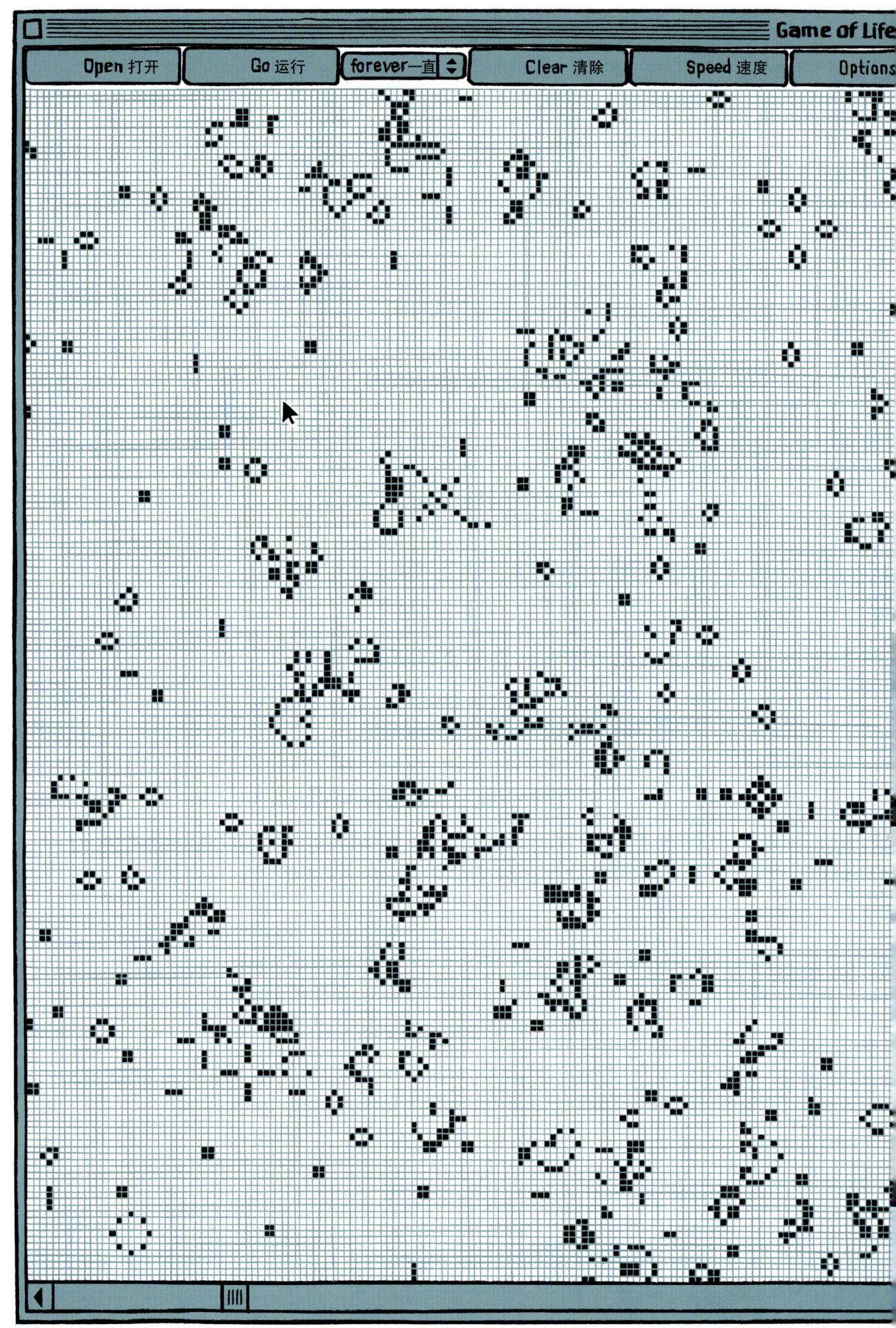

< 隐生宙 >

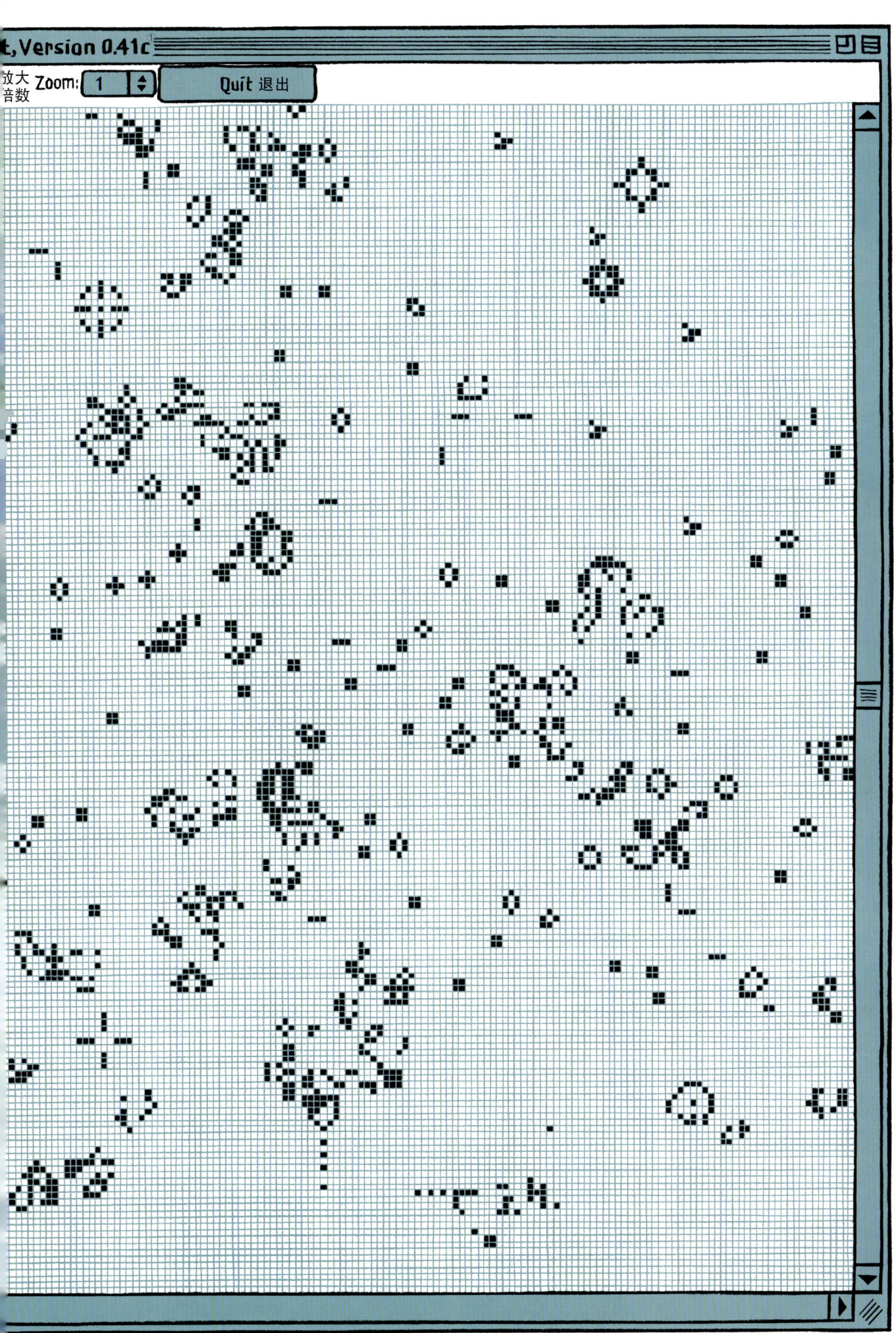

# 隐生宙

# 隐生宙

< 隐生宙 >

硅藻群落还要过很久才会开始旺盛生长。此时，原始海洋中还没有生命。

但是，因为海洋无情地吞噬、冲刷着漂来的大陆，海洋的体积还在进一步增加。

沉积物以及越来越多的盐分在水中溶解，并成为一种基本组成物质。

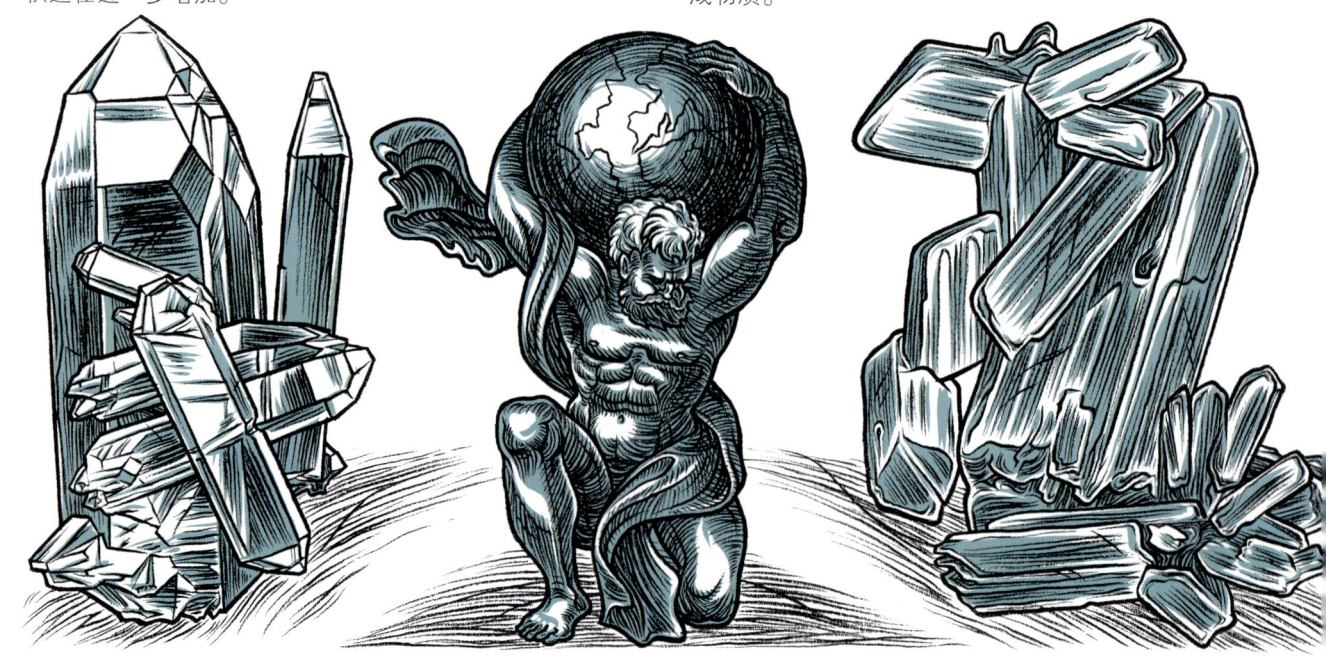

< 隐生宙 >

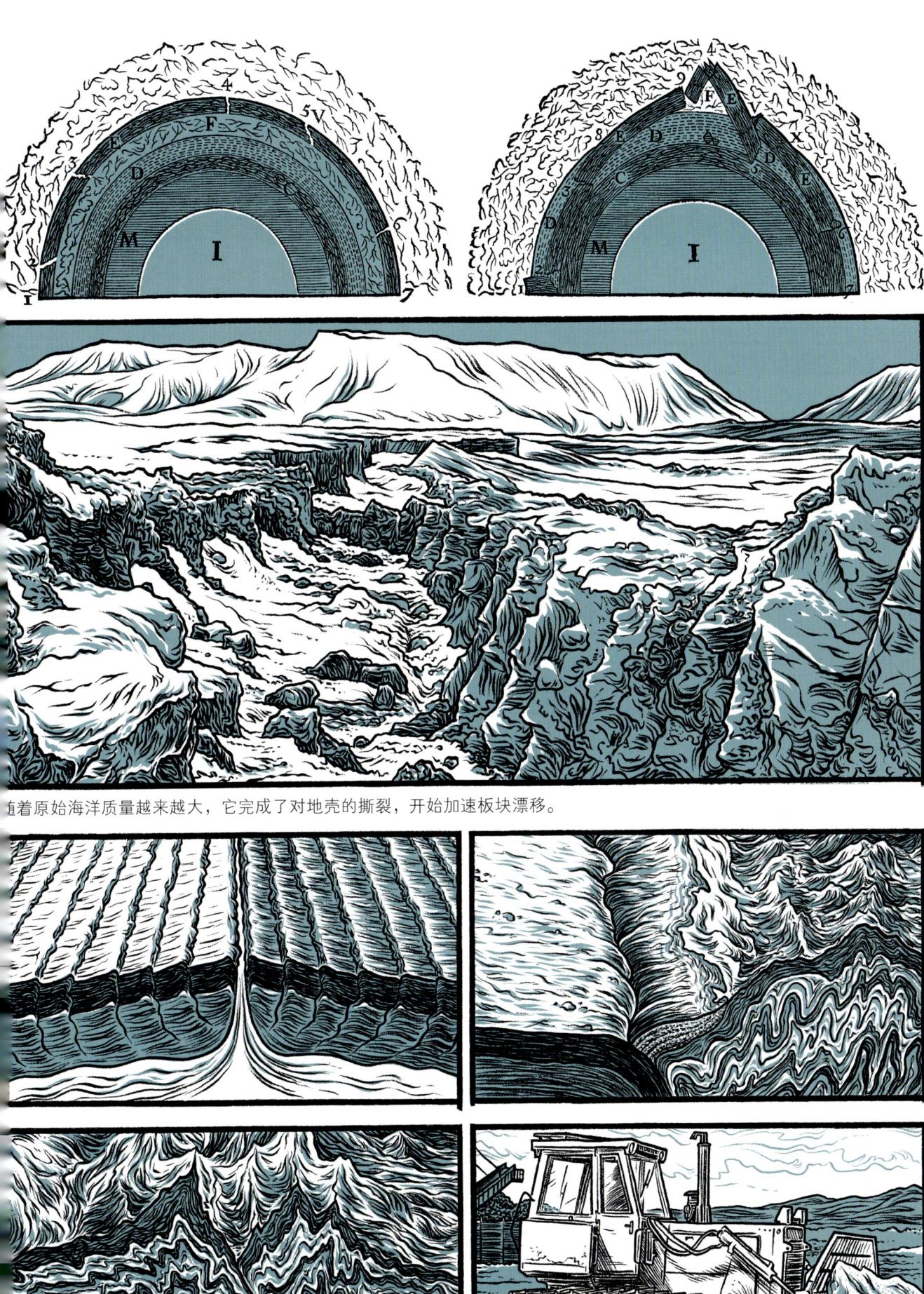

随着原始海洋质量越来越大,它完成了对地壳的撕裂,开始加速板块漂移。

# < 隐生宙 >

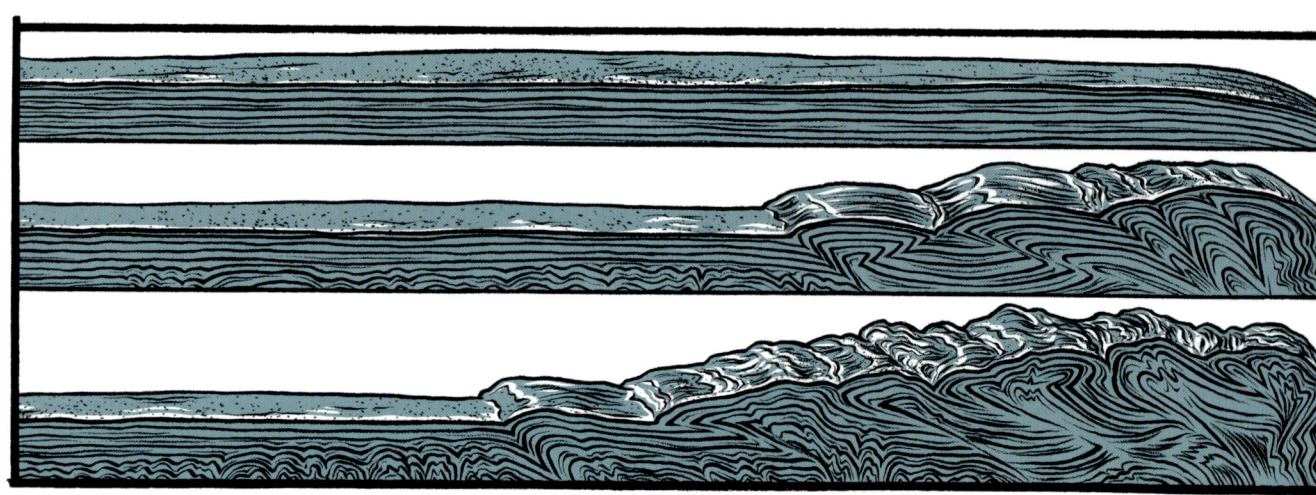

板块间发生冲撞、堆叠，形成巨大的山峦，或是引发地震。

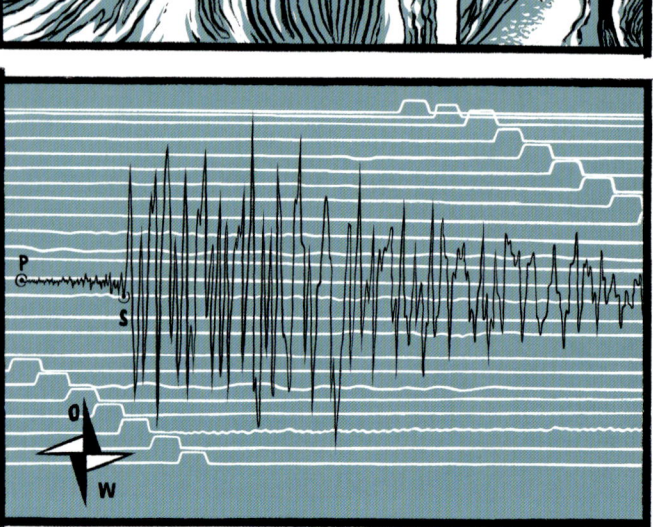

# < 隐生宙 >

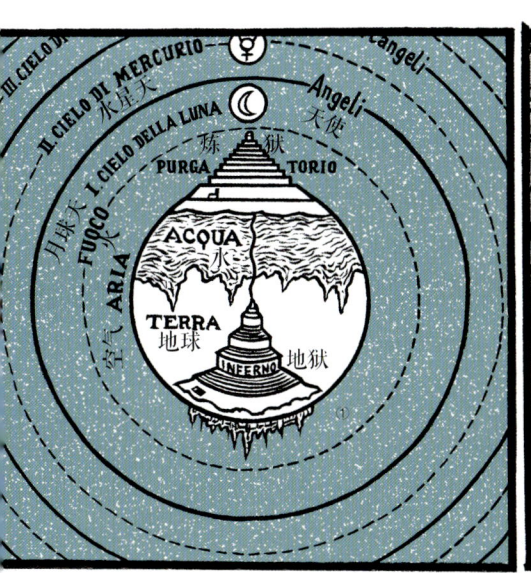

,这一切并不妨碍地球上的生命以持续生存为目的进一步发展。

命体出现分化,新的成分介入,数据稳定性增强了。

重保险总比单一保险来得安全——于是,单序列核糖核酸(RNA)结合到一起,形成了双螺旋脱氧核糖核酸(DNA)分子。

此图典故源自但丁《神曲》中构想的世界结构。

< 隐生宙 >

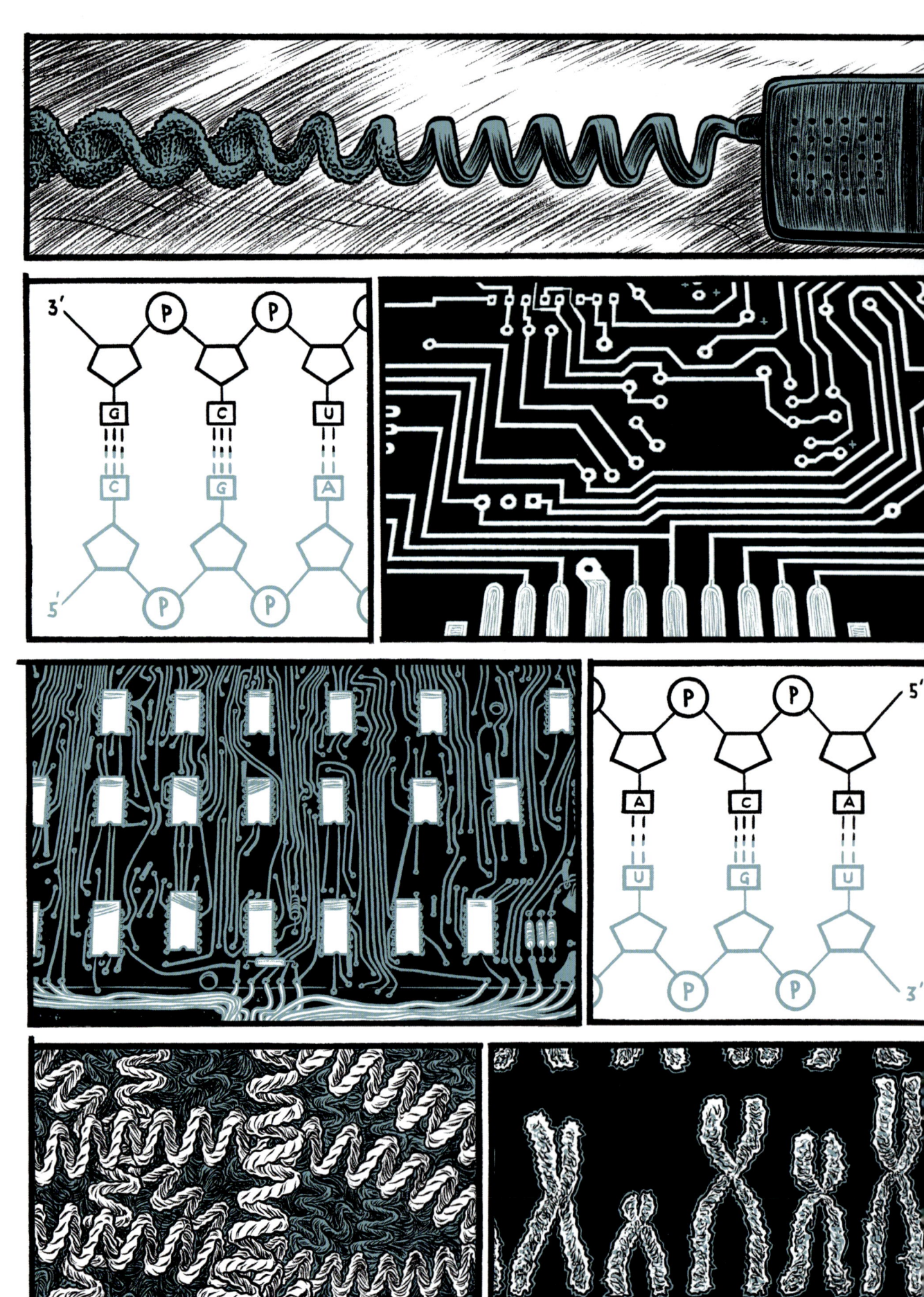

这些越来越复杂的双螺旋结构,很快不再满足于自己合成蛋白质。

它们成为了全体基因的构成基础,也是所有生物体构建的美图纸。

< 隐生宙 >

# < 隐生宙 >

宇宙中最复杂的分子出现了。氨基酸序列为即将出现的生命指明了方向。

< 隐生宙 >

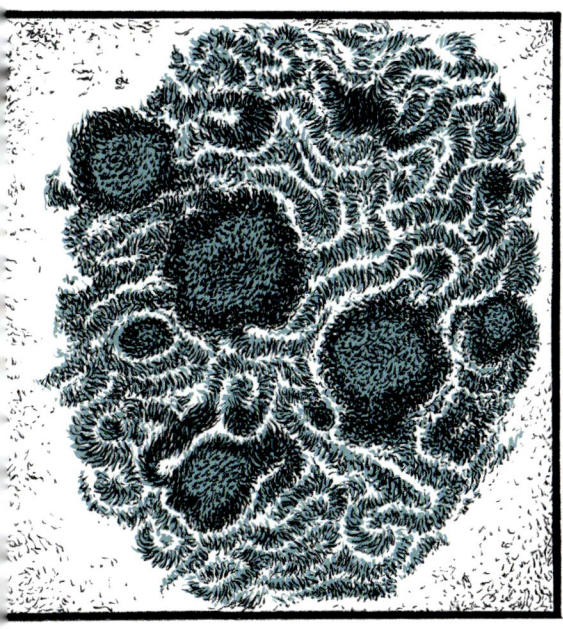
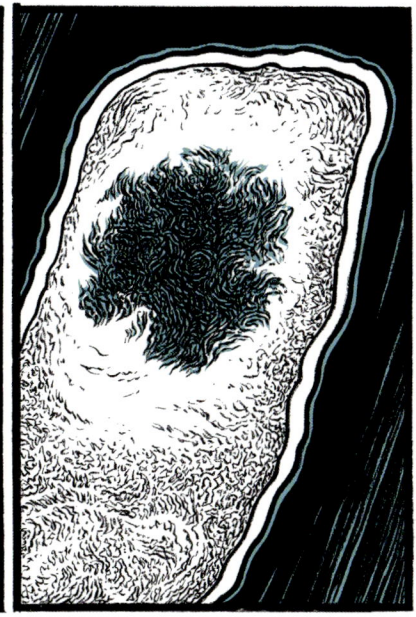
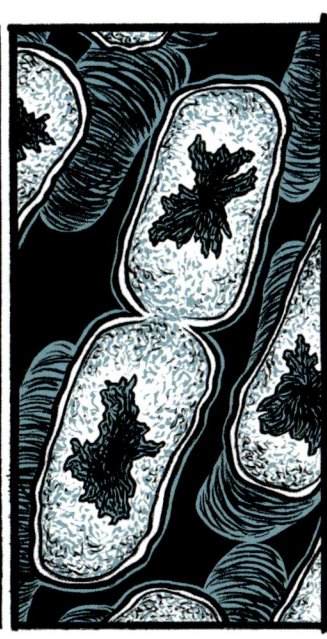
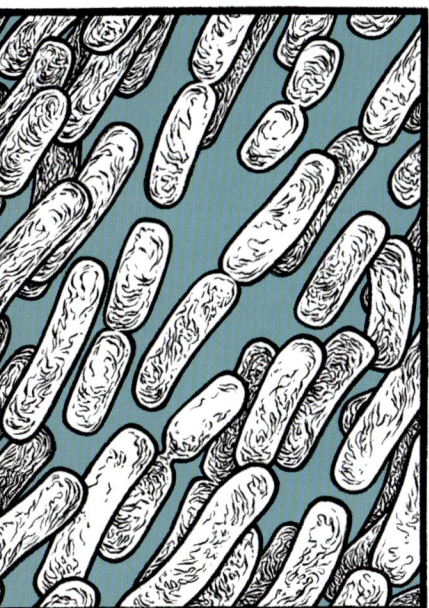
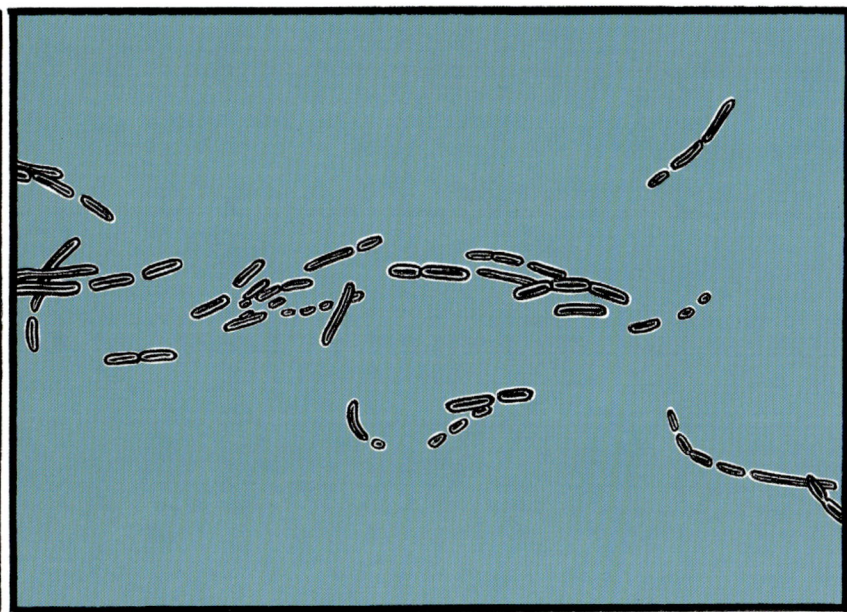

原始生命摆脱了最初的束缚，并受持续的突变作用驱使，呈现出各式各样的形态。

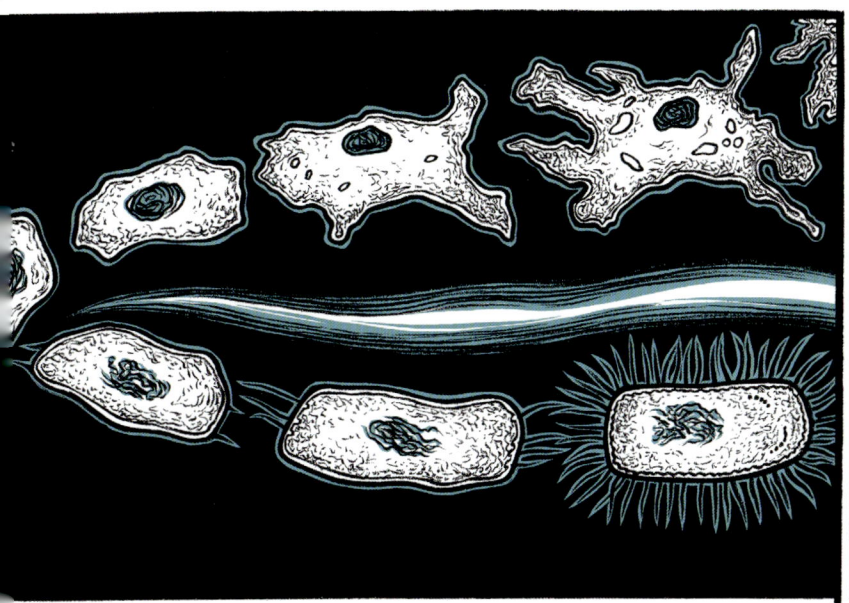
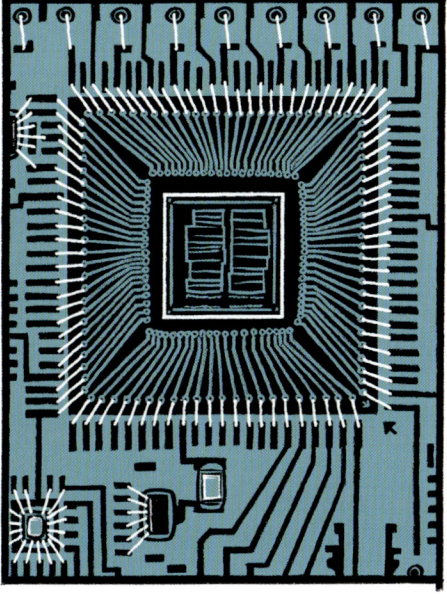

生命体分化出不同的发展方向——其中一支日后将成为第一代陆地生物的鼻祖。

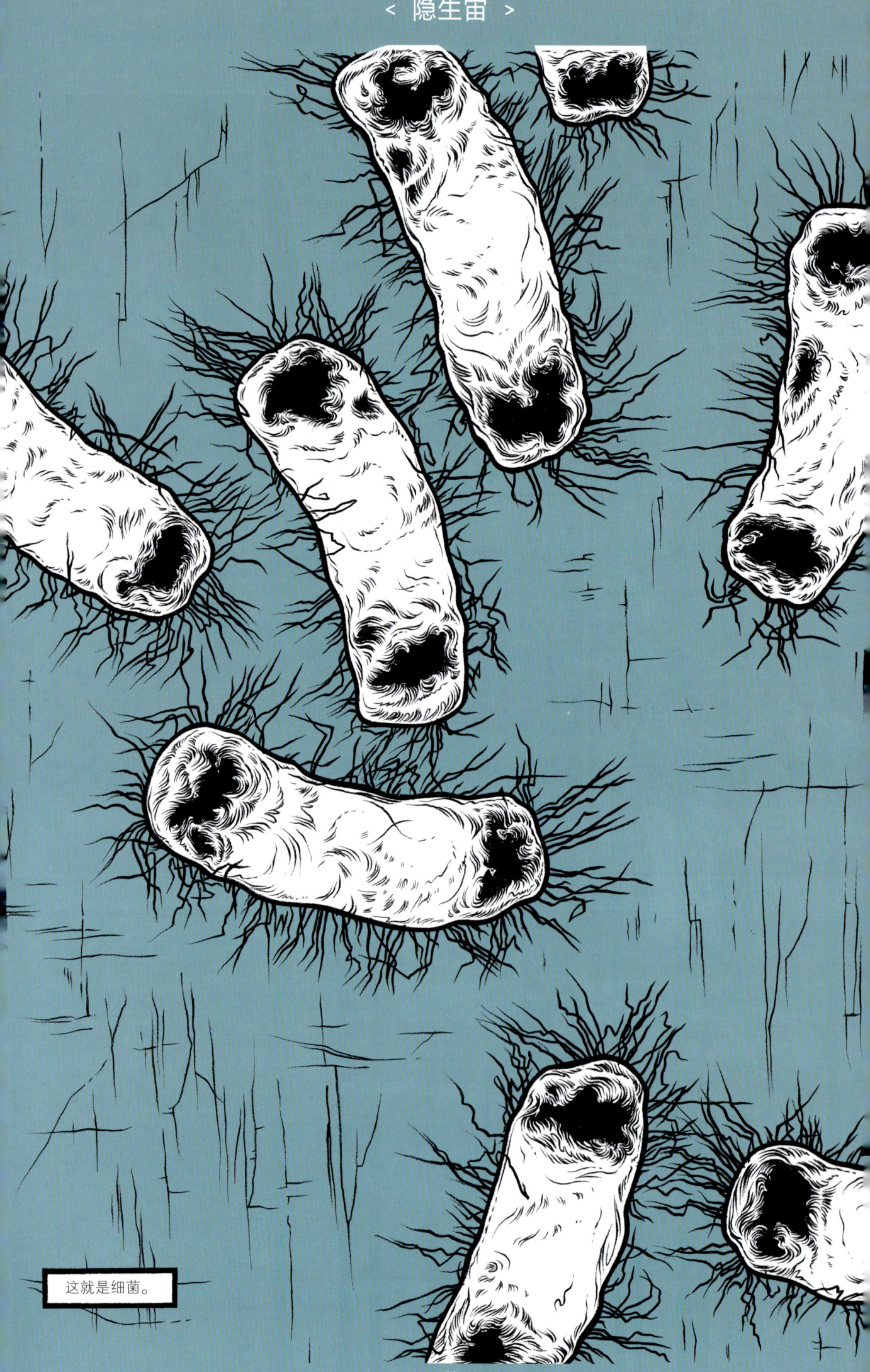

< 隐生宙 >

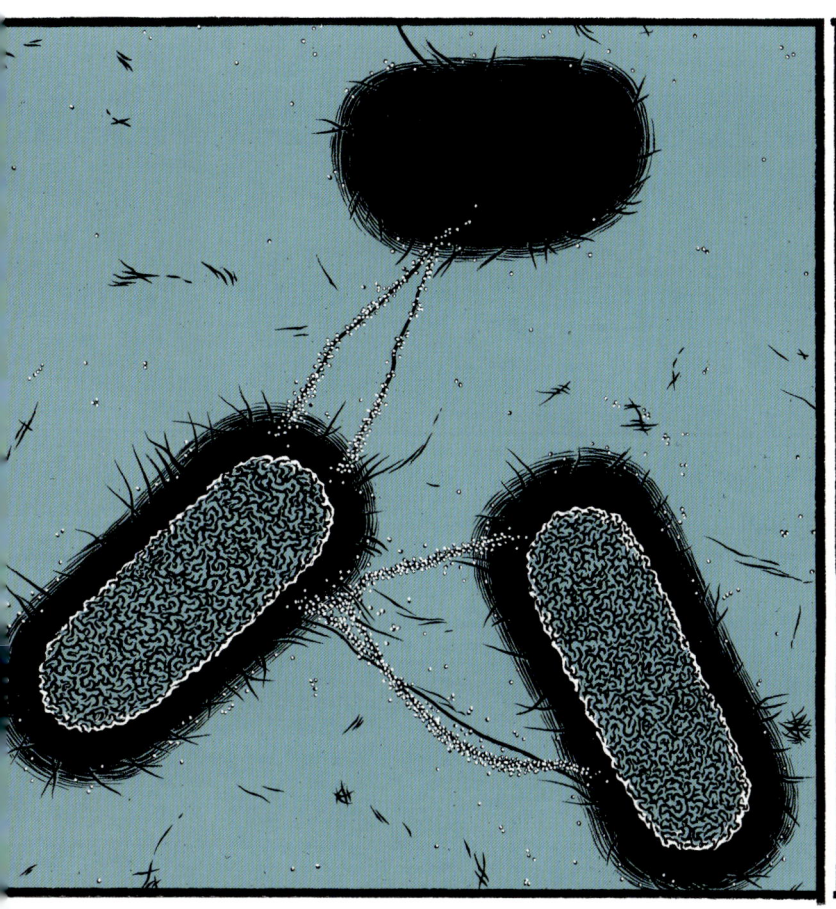
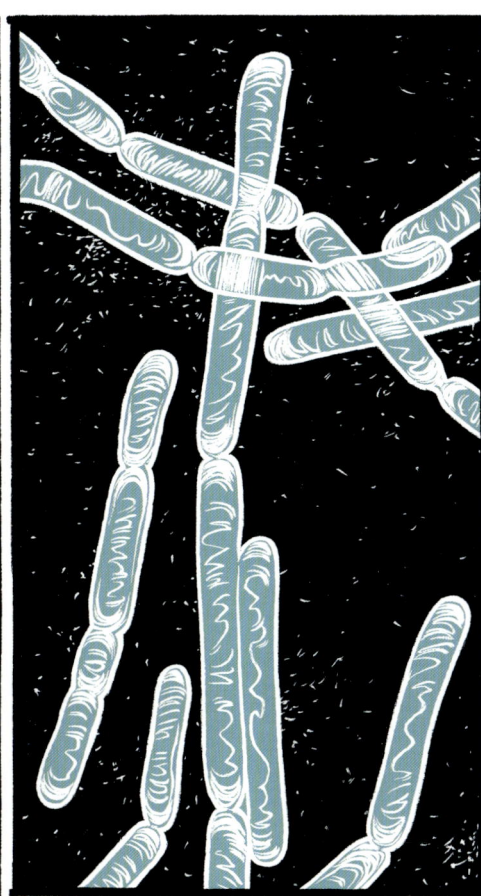
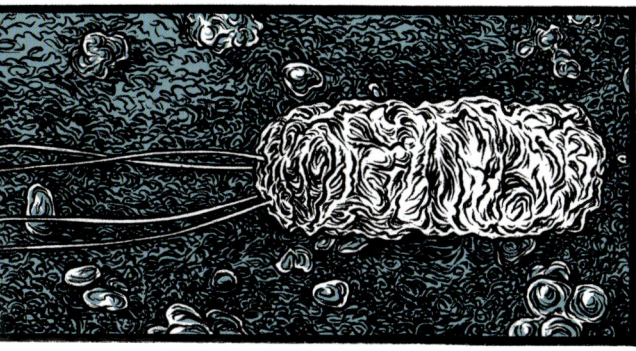
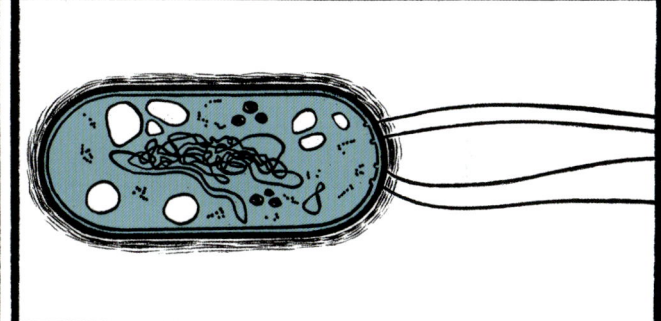

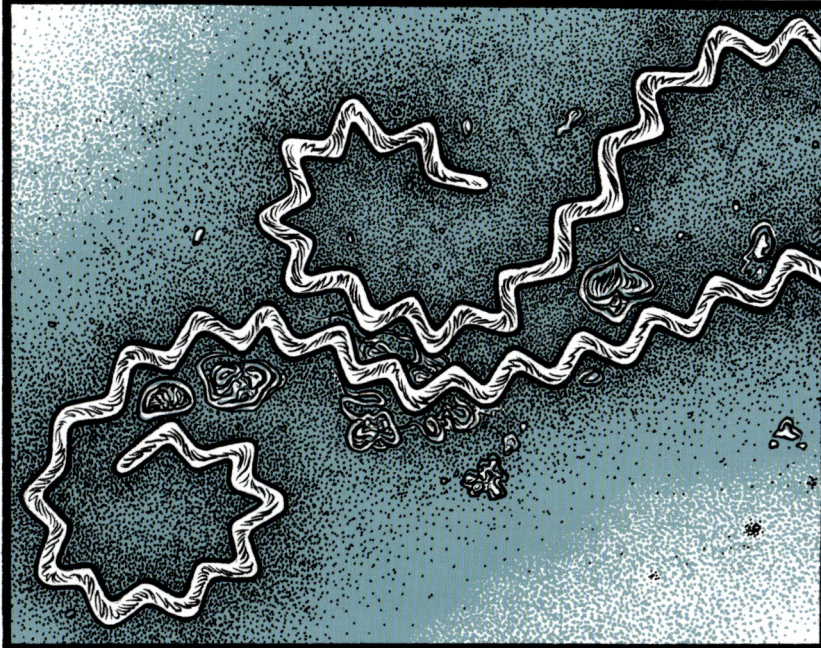

< 隐生宙 >

细菌很快充斥整颗星球。它们在海洋深处大量繁殖，生成黏糊糊的群落和层。

# < 隐生宙 >

……细菌——地球的统治者,大幅改变了它们的生存环境。它们制造新的岩石,并在含化石的早期地层中存储了大量的矿物质——也就是日后的矿层。

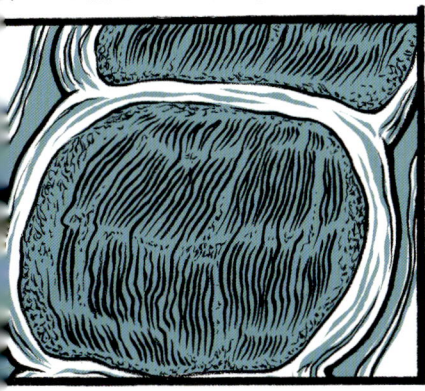

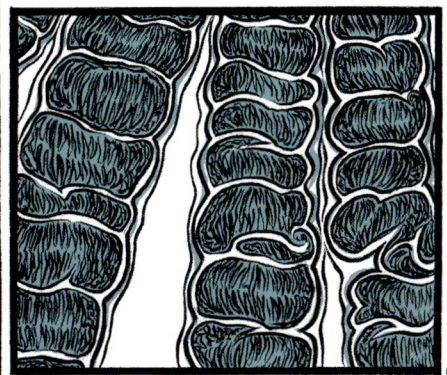

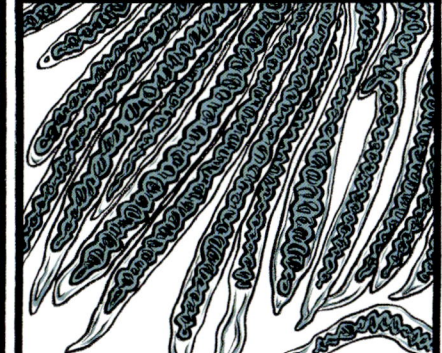

……但,跟头顶的大气层中即将出现的颠覆性事件相比,这根本就不值一提。

① 此图描绘的是北欧神话中,主神奥丁化名波尔维克,与巨人巴乌吉(Baugi)一道,使用拉提锥(Rati)凿开夫尼特彪格神峰,寻找诗之蜜酒(mead of Poetry)的故事。

< 隐生宙 >

细胞内部的创新使得细胞的营养来源变得多样化了，同时，叶绿素也将太阳光转变为"食物"。

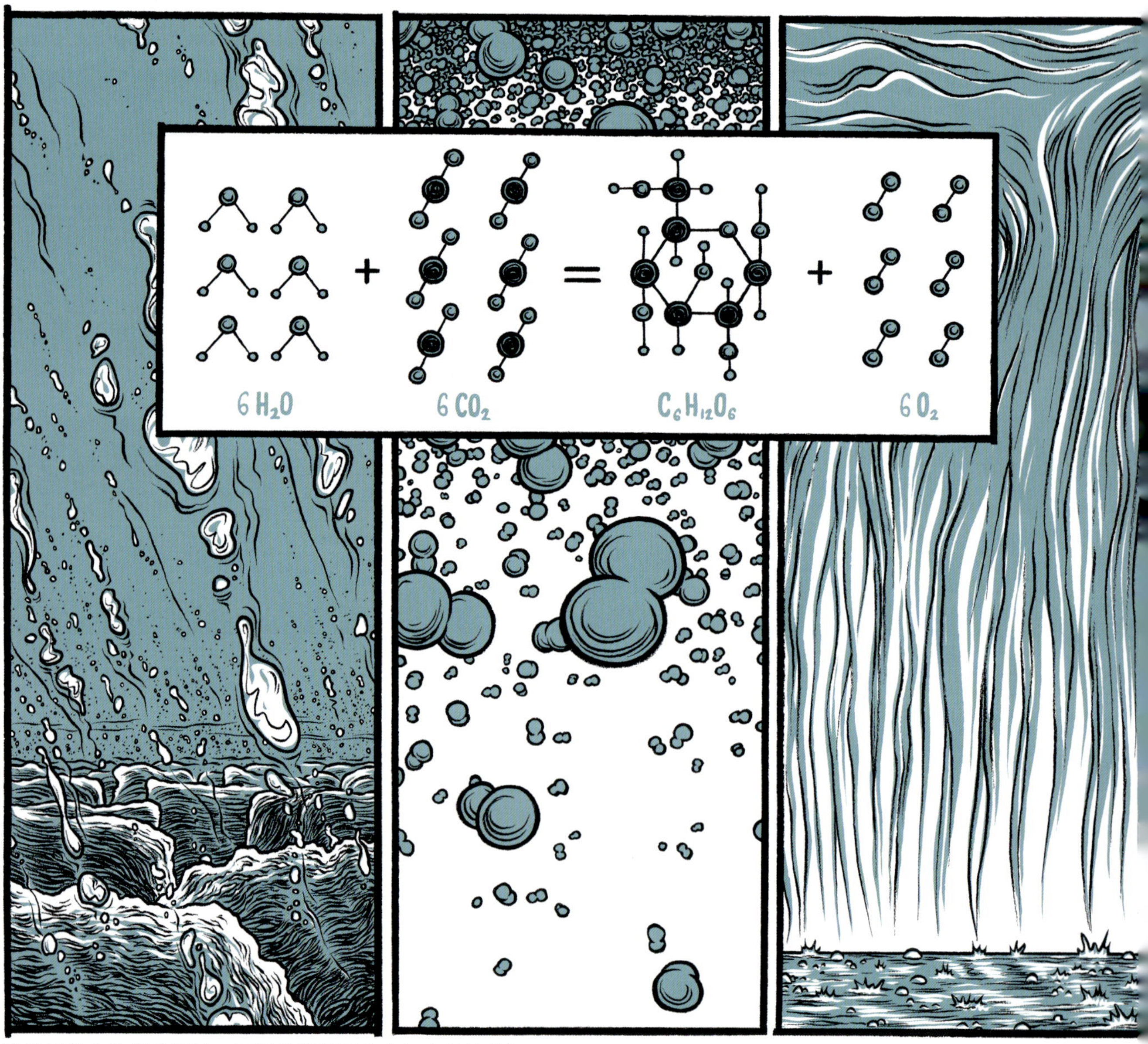

$$6\,H_2O + 6\,CO_2 = C_6H_{12}O_6 + 6\,O_2$$

这就是光合作用的开始。厚厚的蓝藻层向大气中释放纯氧。

< 隐生宙 >

部分氧气分子制造出臭氧，并形成臭氧层，保护地球免受宇宙射线的侵害。

< 隐生宙 >

#### 3. 太古宙

**39亿年前**　大陆板块漂移逐渐启动，板块碰撞接触点形成山峦。水循环的作用下，地壳中越来越多的盐分被带到海洋中，海水盐分浓度升高。

**38亿年前**　以基本生命元素为基础，最早的复杂有机分子形成了。这就是生命化学演化的开端。继此，可自我复制的大分子出现了。

**33亿—30亿年前**　最初的无细胞核有机组织出现（即原核生物），例如古核生物和细菌。原核生物是一种原始生命形态，它们无法构成化石，但已经可以进行光合作用。叠层岩和矿物质开始在地壳的岩石中沉淀、积累。大气层中的含氧量逐渐增长，大气层上层开始形成臭氧层。

**27亿—25亿年前**　稳定、完整的地壳形成了。它由各个板块拼成，板块在地球表面运动。地壳板块的漂移、碰撞运动形成了新的山峰。原始核心大陆自海洋中升起。

< 隐生宙 >

# 元古宙

# < 隐生宙 >

生命是一种动态的秩序,一种遍布全球的模式。

生命的敏感性和复杂性不断循环,不断成长。

## < 隐生宙 >

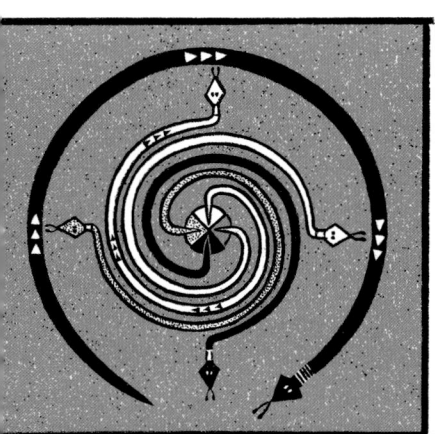

生命是一种构造，它对抗时间，抗衡热力学第二定律。

生命是太阳造就的一种现象，生物圈中，万物各就其位，令人惊叹。

## < 隐生宙 >

肉眼可见的生物要很晚才能出现；重大的变化还只在微观层面发生。

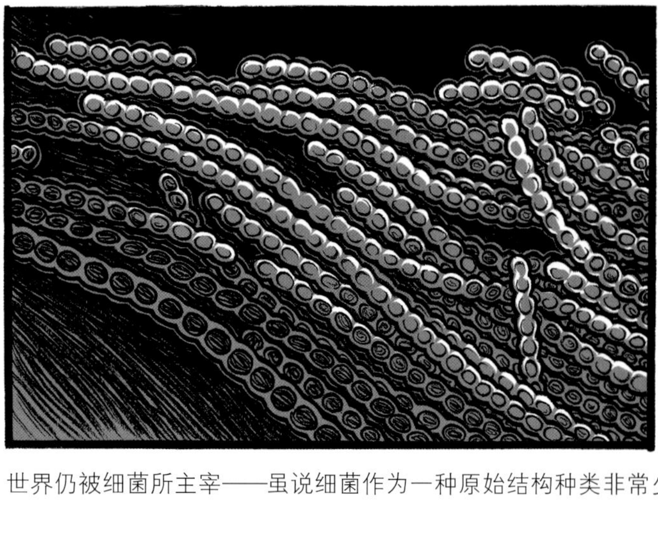

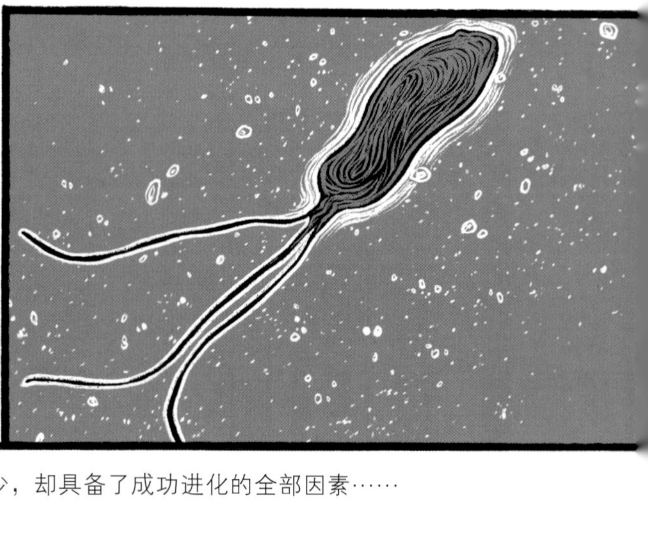

世界仍被细菌所主宰——虽说细菌作为一种原始结构种类非常少，却具备了成功进化的全部因素……

< 隐生宙 >

环境中的含氧量快速增长，导致了很大一部分原始生命的消亡。

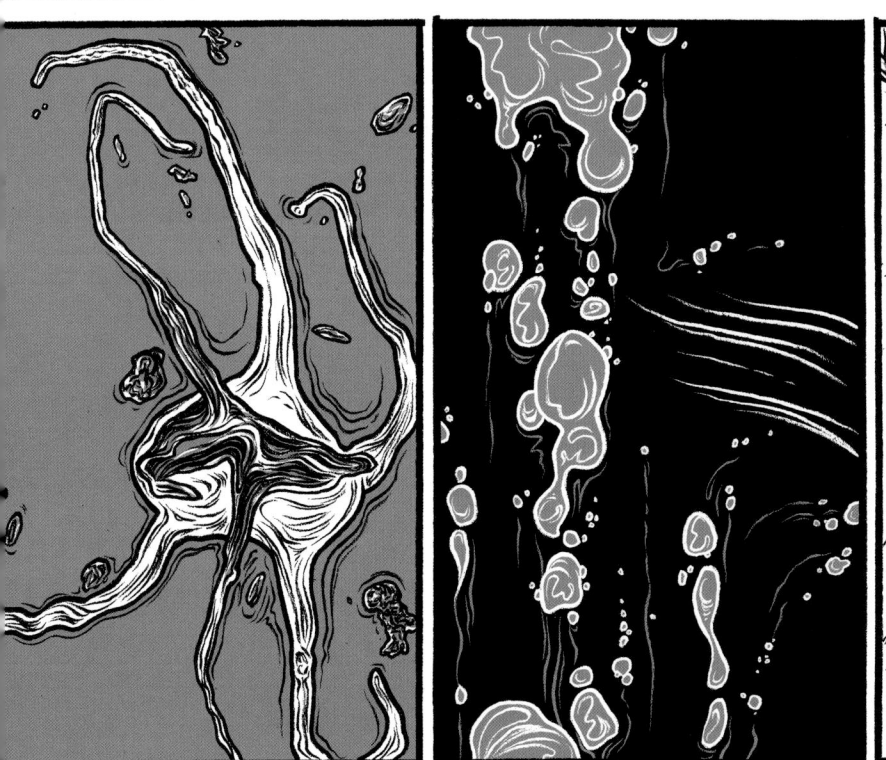

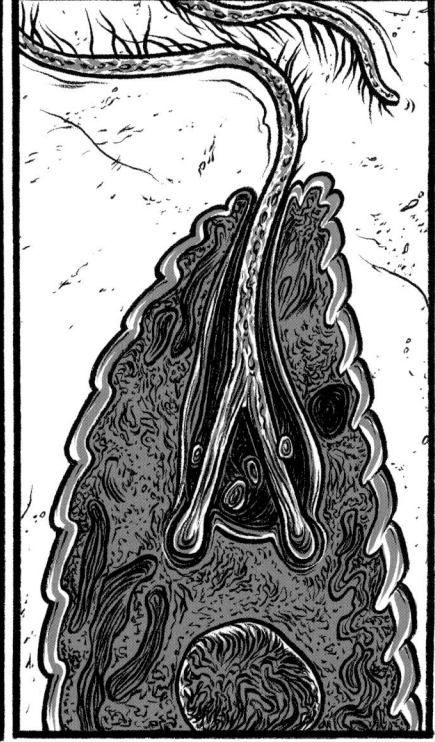

但是，有的生物则发展出了适应环境、逃跑的能力，或者借着成为其他生物的食粮，成功存活下来。

< 隐生宙 >

各种化学成分聚集到一起,创造生命,努力推迟不可避免的终极热寂到来的那一天。接下来,它们着手形成尽可能有优势的共生网络。

它们互相摄取互补的东西:能量、食物、移动和保护能力、伪装、质量、力量……等等。

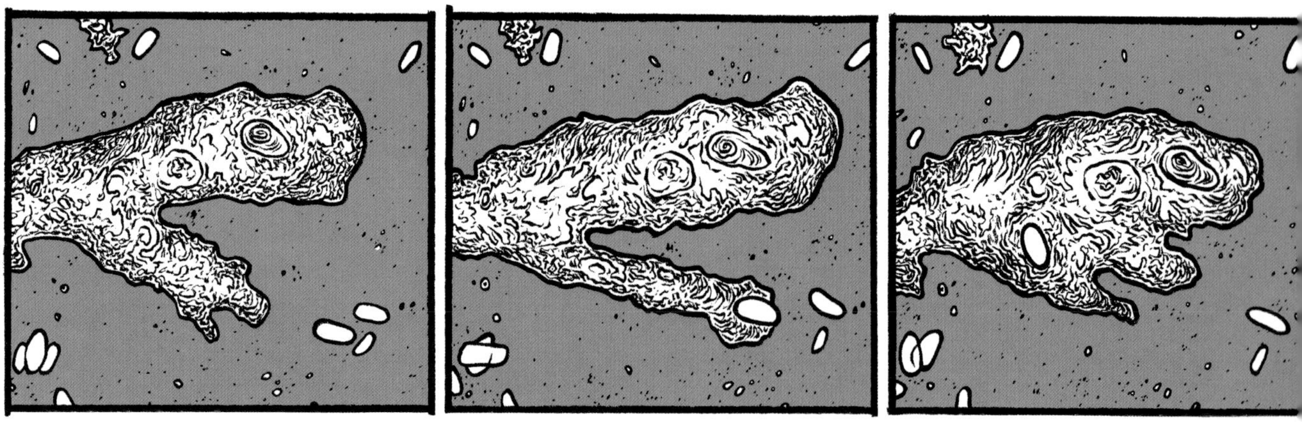

"吃或被吃"的游戏有了新玩法。

因为有的被吃者成了捕食者的寄生客。

< 隐生宙 >

们自发组织起来,形成生命力强大的新物种,并拥有一层无法被消化的保护壳。于是,共生策略问世了。

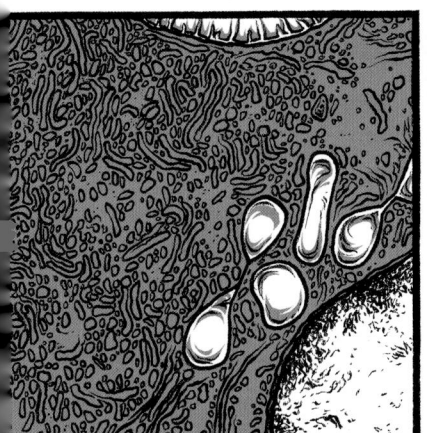

这些新物种逐渐进入生物界。　这就是未来植物的叶绿体,　以及植物和动物的线粒体。

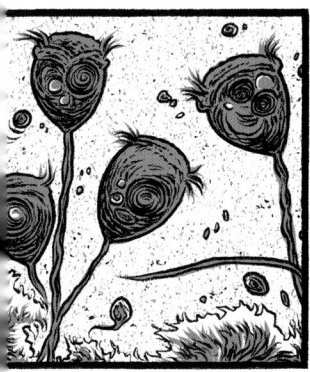

是,接下来,生物界出现了新进展——一种全新的模式出现了。进化产生了质变的飞跃。

< 隐生宙 >

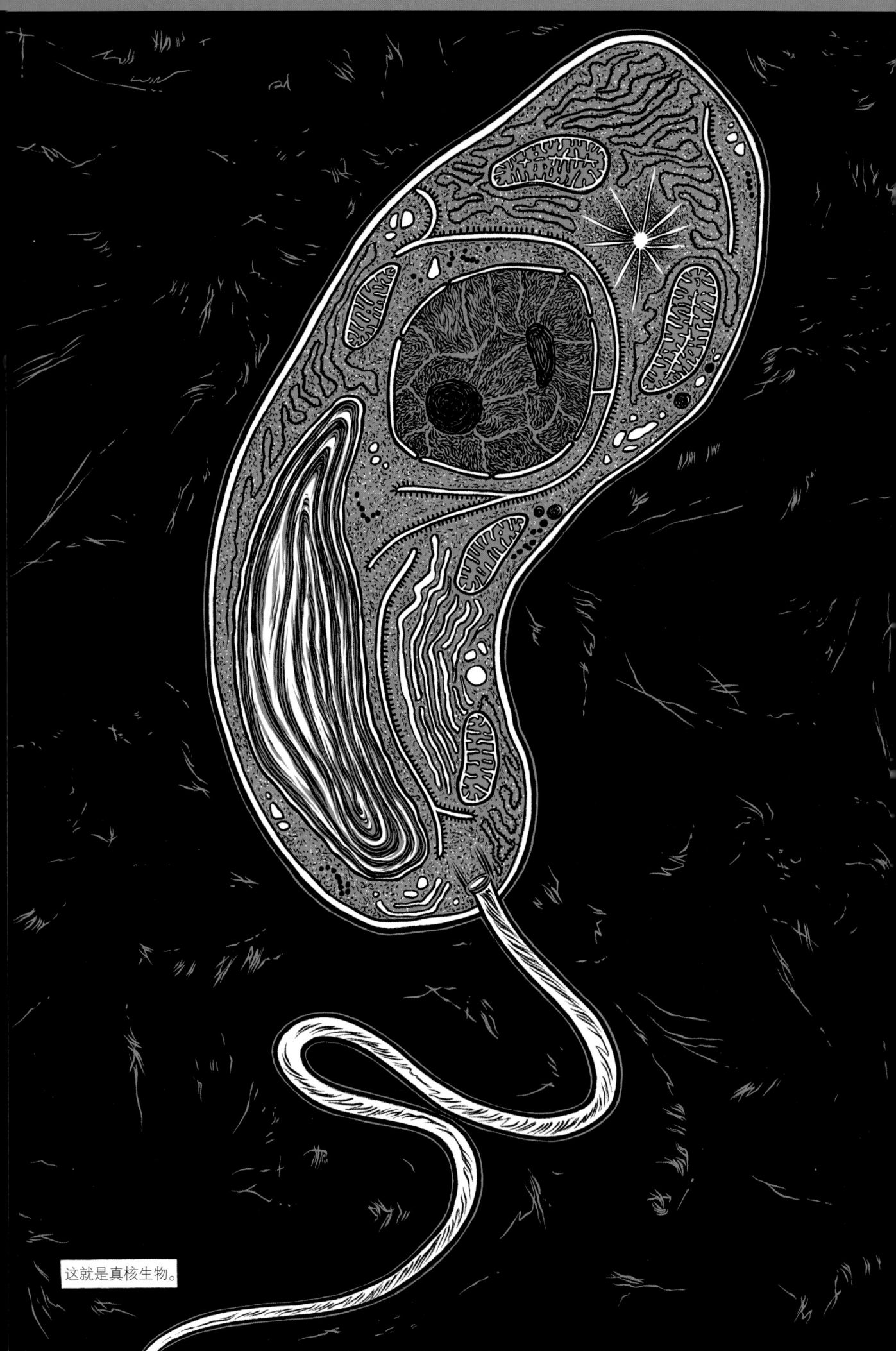

这就是真核生物。

< 隐生宙 >

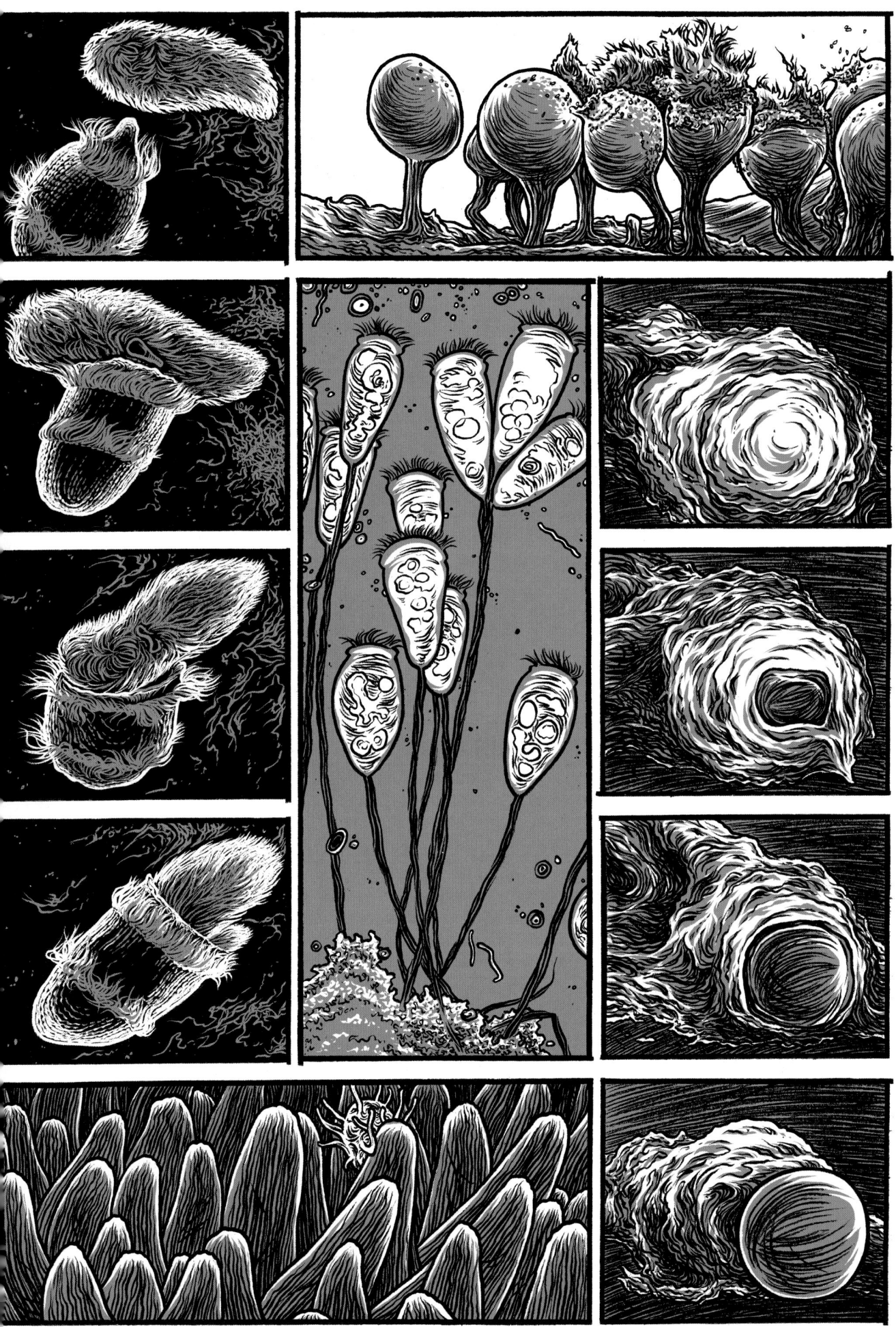

## < 隐生宙 >

生物演化的进程继续着。 性和死亡出现了。它们是生物演化的强力催化剂。

# < 隐生宙 >

有性繁殖确实剥夺了某些生物体永生的权利,但也给生命赋予了更大的独立性。

< 隐生宙 >

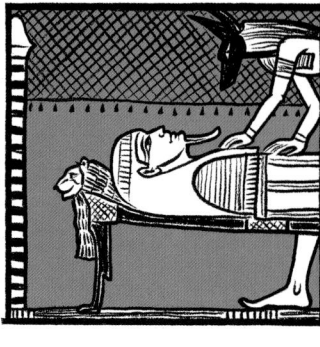

## < 隐生宙 >

此，依靠母细胞分裂进行的原始繁殖方式被雌雄配子的结合所取代。

此，生物的基因遗传不再是简单的复制，而是不断重组，不断完善。

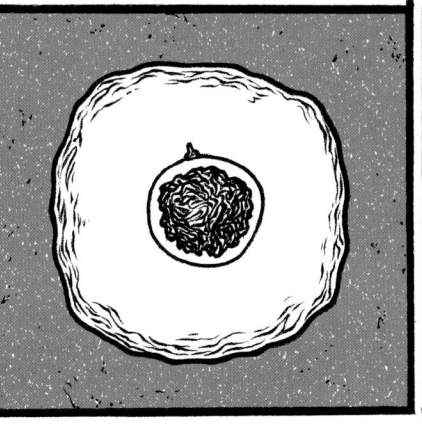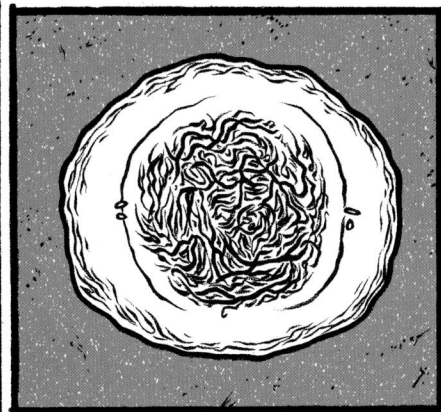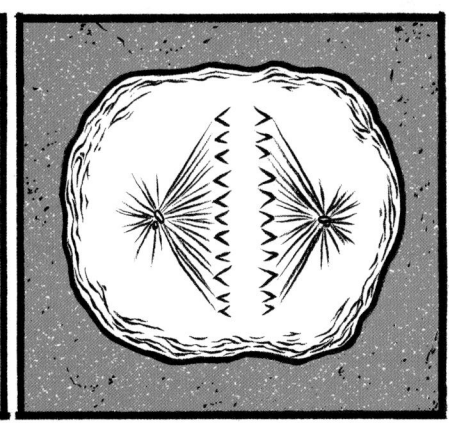

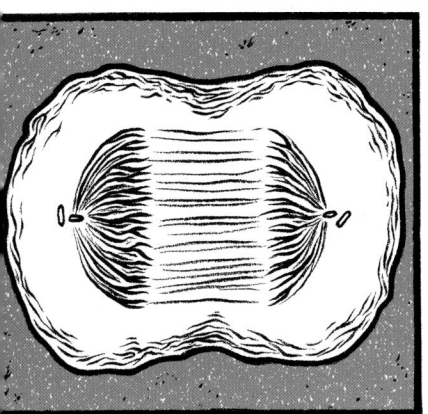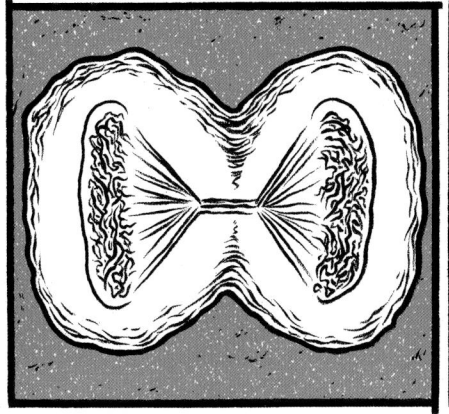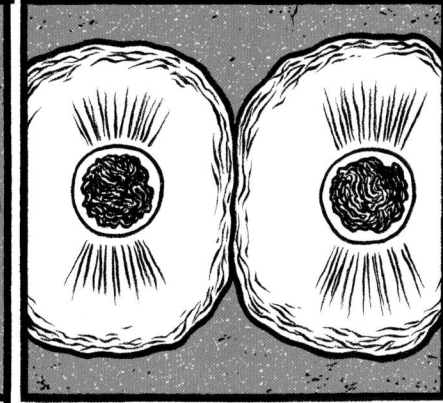

< 隐生宙 >

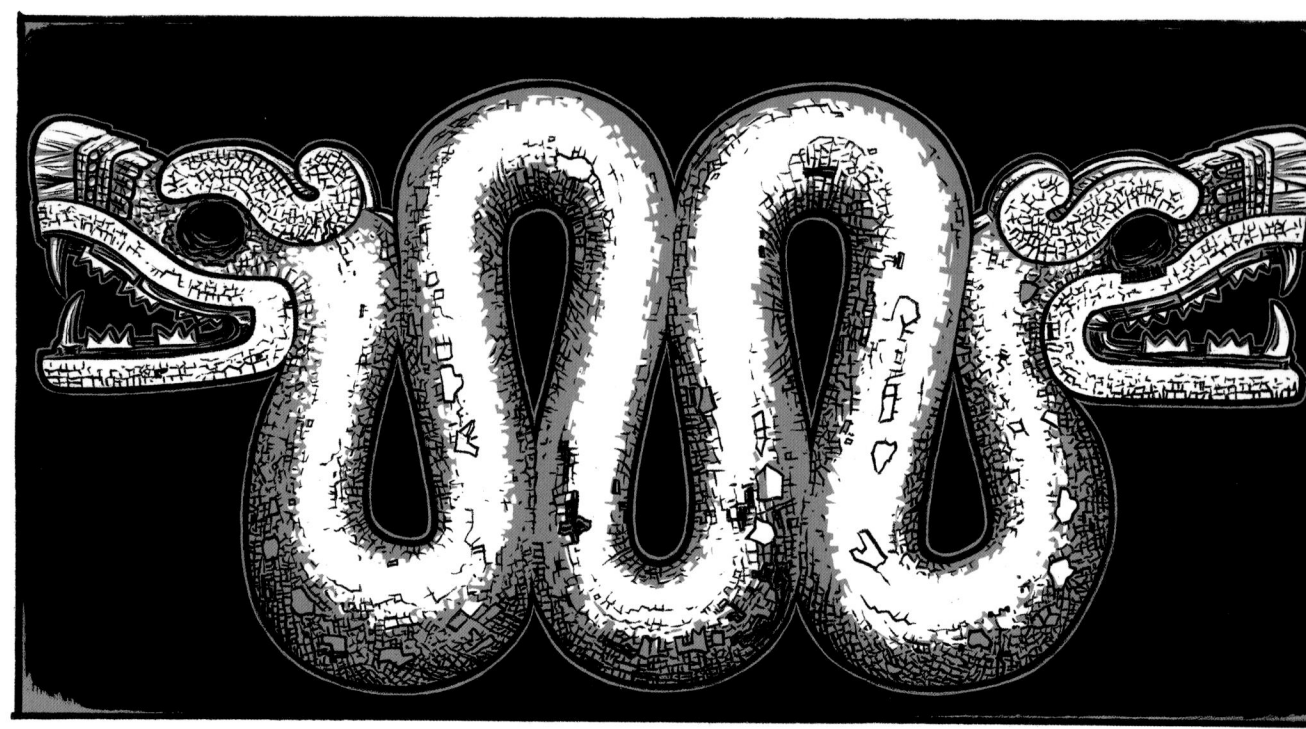

各种组合越来越多，遗传成功率也越来越高。

基因图纸不断改写，带来了突变和多样化。

不完整的细胞分裂、共生或临时组合，催生了最早的一批多细胞生物。

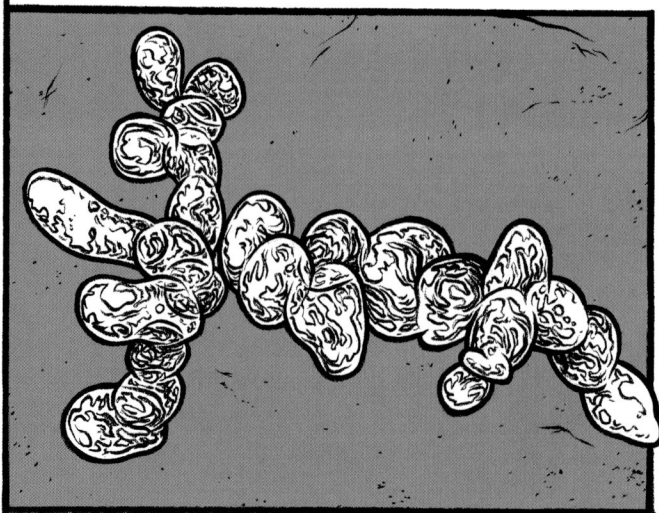

< 隐生宙 >

000万年后，第一次物种大灭绝结束。地球上绝大部分物种消失了。

冰神终于松开了爪牙。冰冻的地球在陨石袭击和火山活动的作用下逐渐升温。

< 隐生宙 >

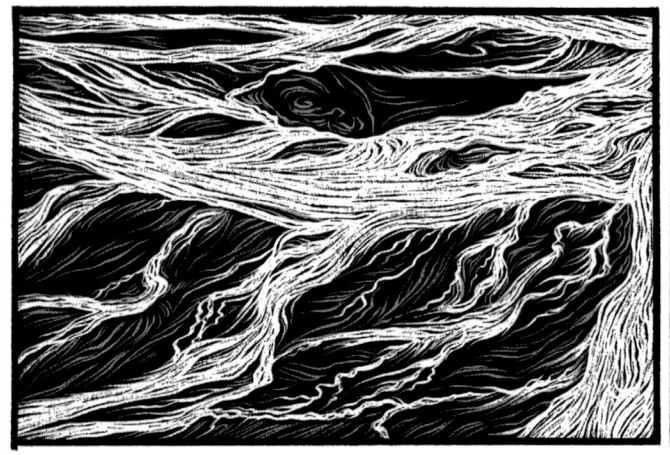

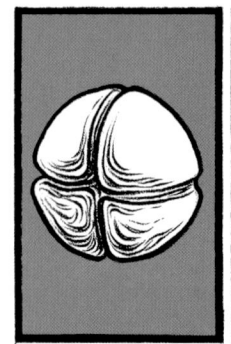
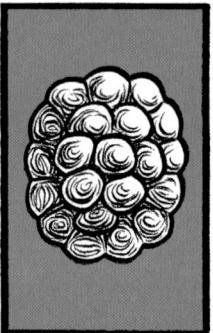

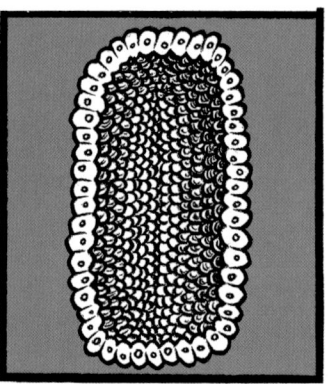
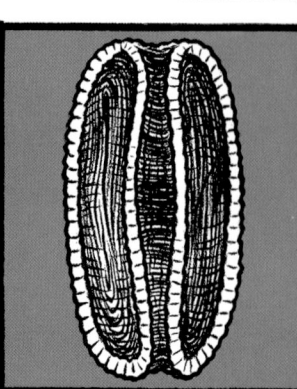

生命很快重现，进行重组。

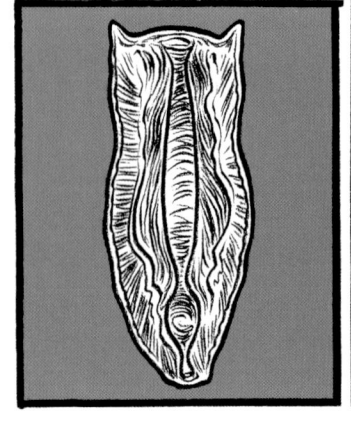
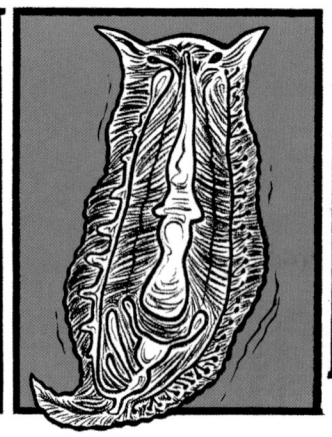

细胞群以及分工的出现战胜了死神。

< 隐生宙 >

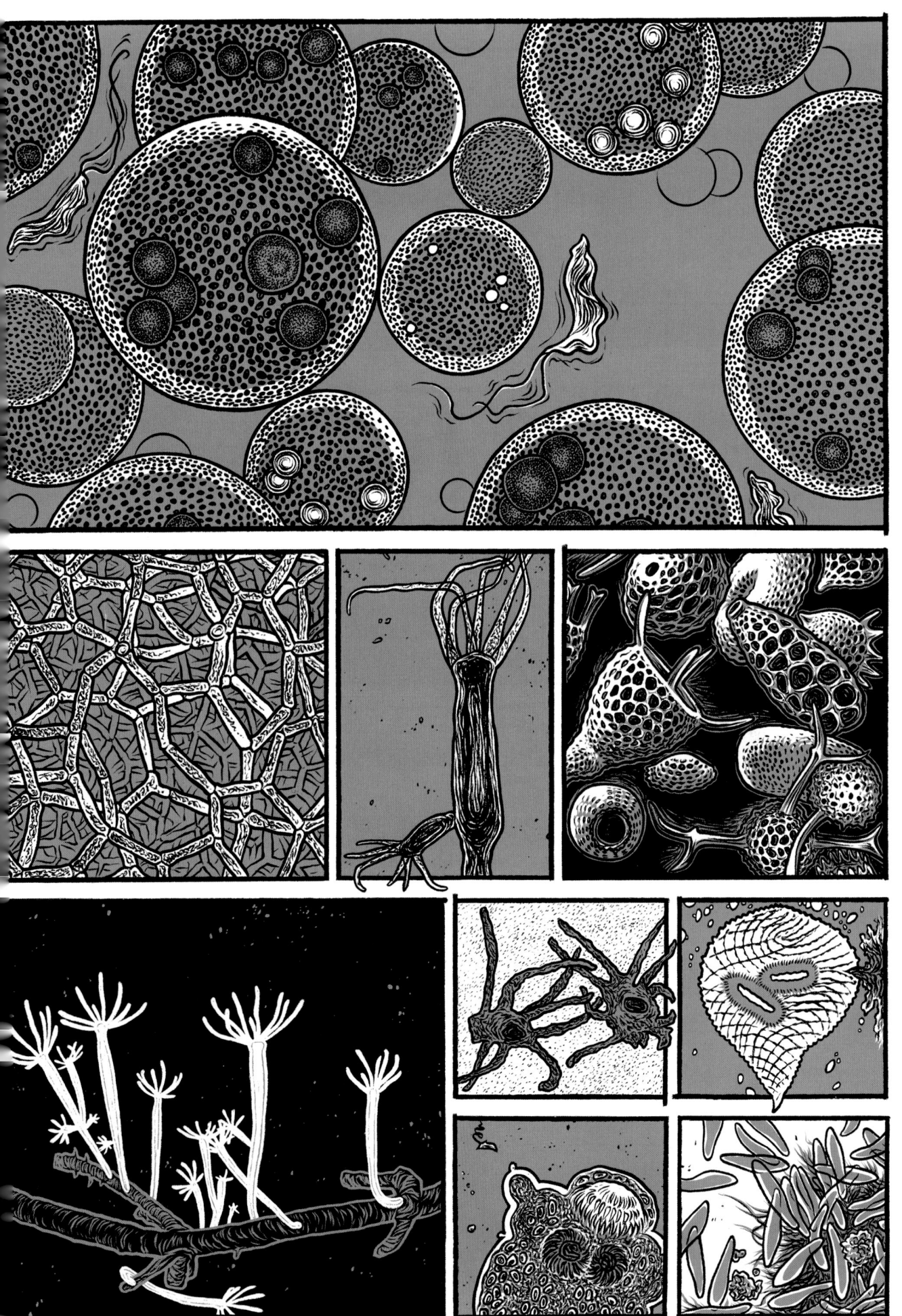

# < 隐生宙 >

多细胞生命分化出了不同的演化方向，大致分成三大界。

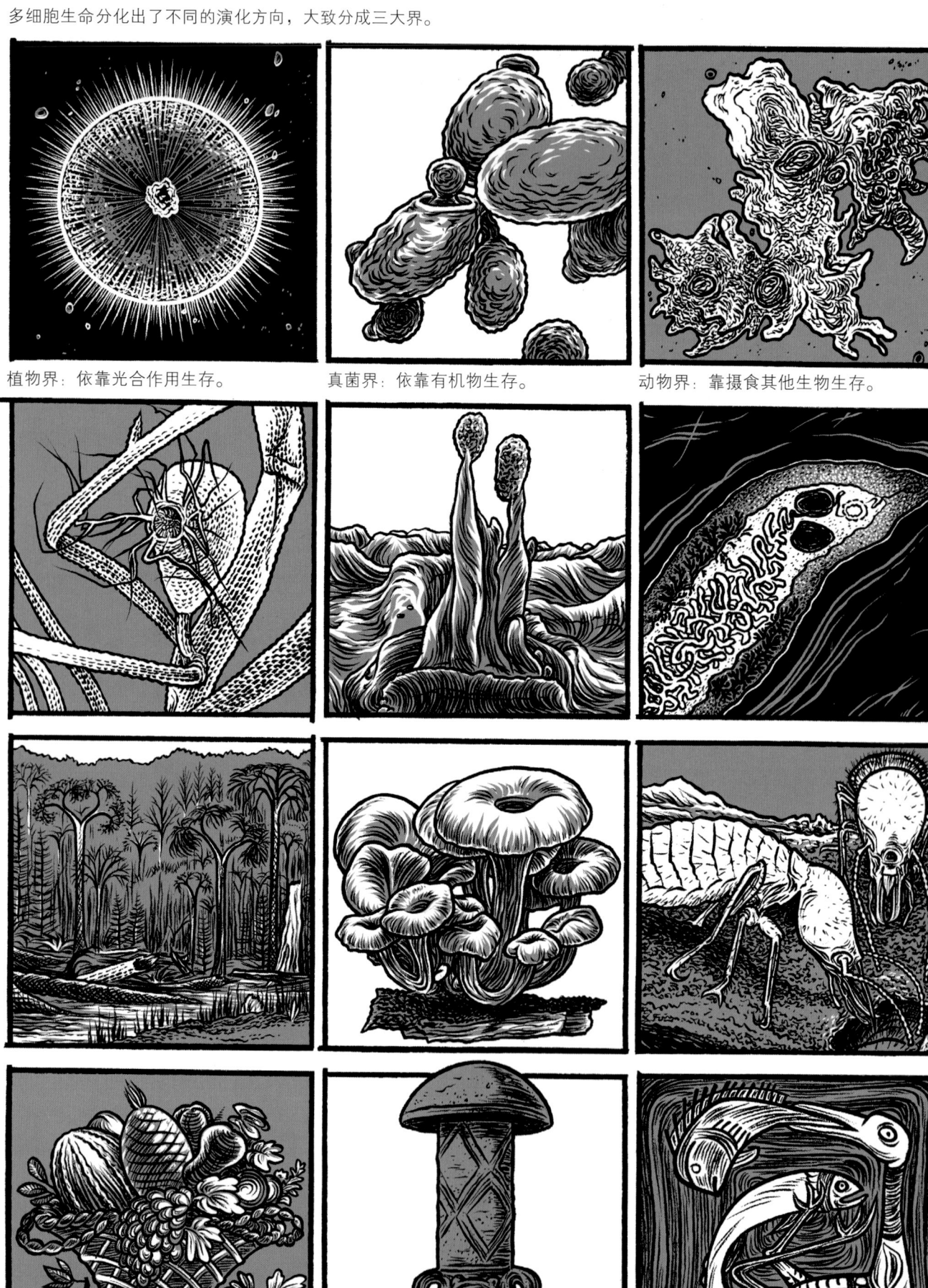

植物界：依靠光合作用生存。　　真菌界：依靠有机物生存。　　动物界：靠摄食其他生物生存。

## < 隐生宙 >

到元古宙末期,生物圈已经吸收了大量温室气体,导致大气温度骤然下降。有史以来第一次,气温跌破了神奇的0摄氏度线,地球遭遇了冰点,水结成了冰。

气候发生了巨大的变化,全球性的结冰过程从极地生发,几乎蔓延全球。

# < 隐生宙 >

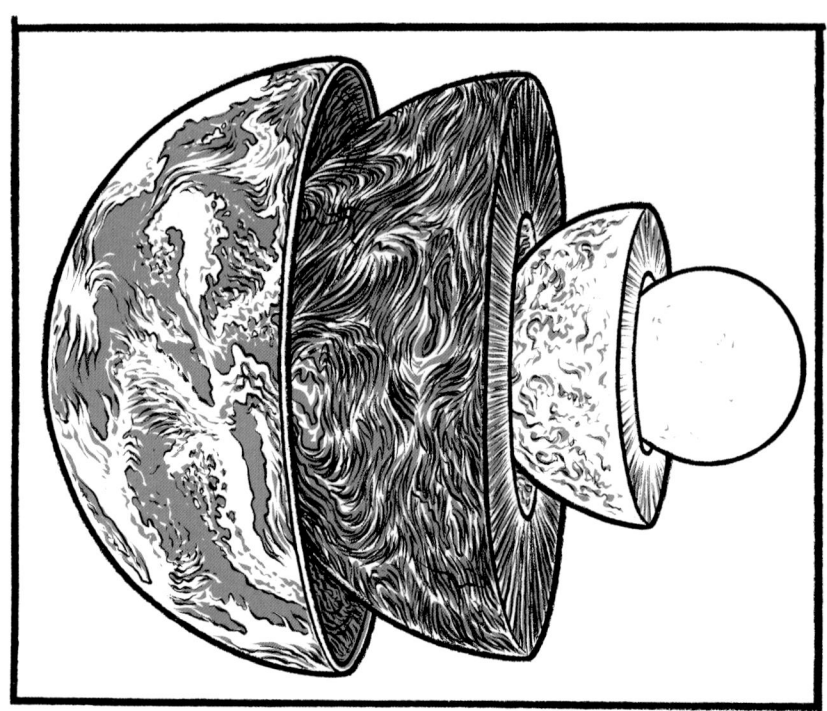

跟全球结冰无关的现象是,地球的液态内核也部分"冰冻"了。地球磁场增强了。

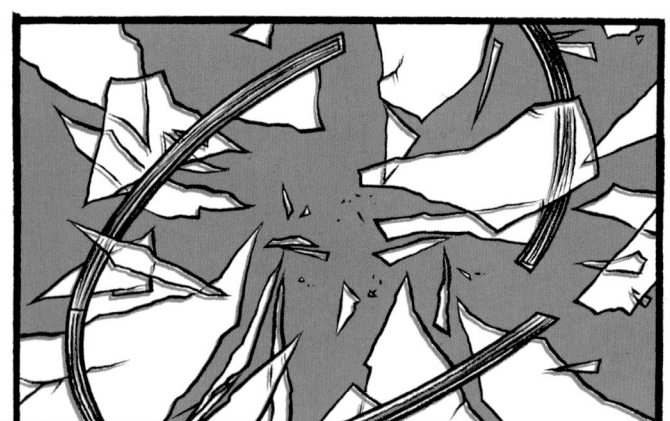

原始大陆分裂早已结束。　　　　　　　　　一片新的超级大陆刚刚诞生:那就是罗迪尼亚大陆。

与此同时,还有一些规模更大的变化正在发生:此时,太阳能量逐渐达到了高峰期。

< 隐生宙 >

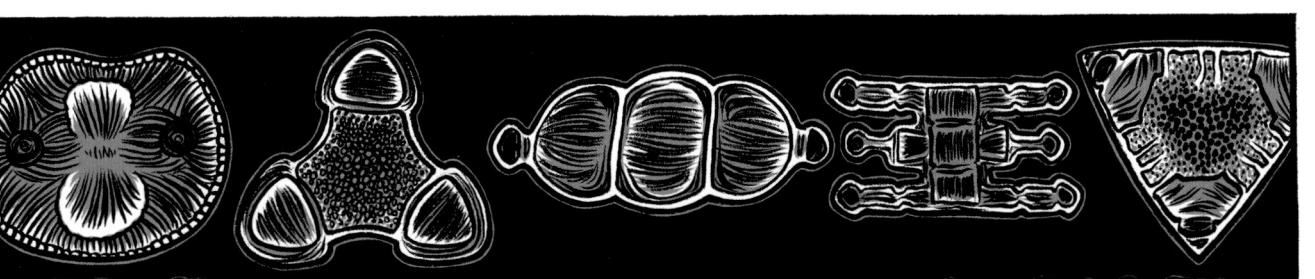

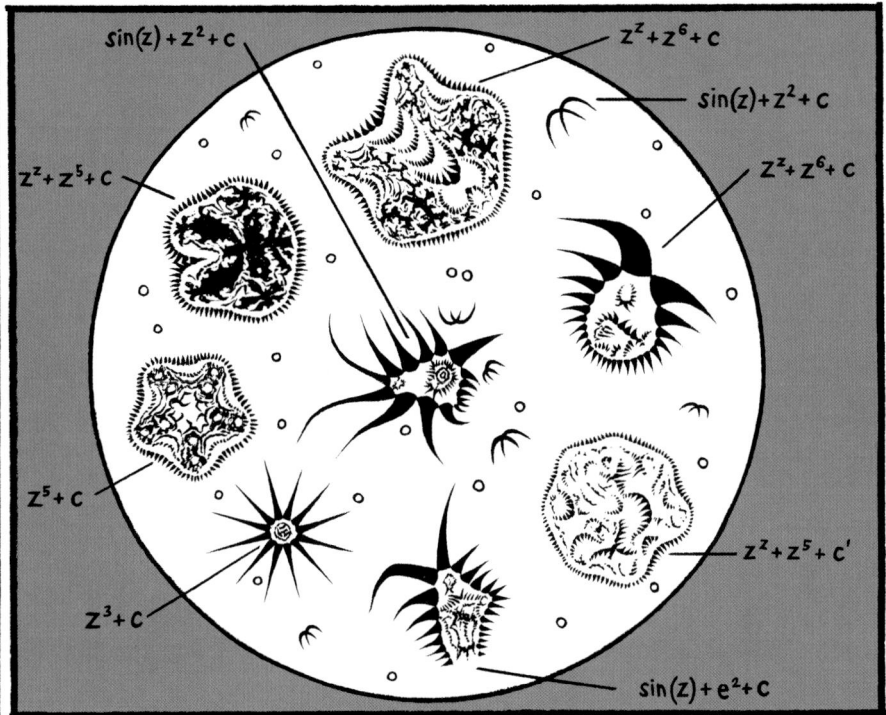

有的物种吸收钙质残余物，并形成几何图案，比如放射虫。

于是，原始腕足动物也参与到地壳的构建中来。它们成为了保存完好的化石。

< 隐生宙 >

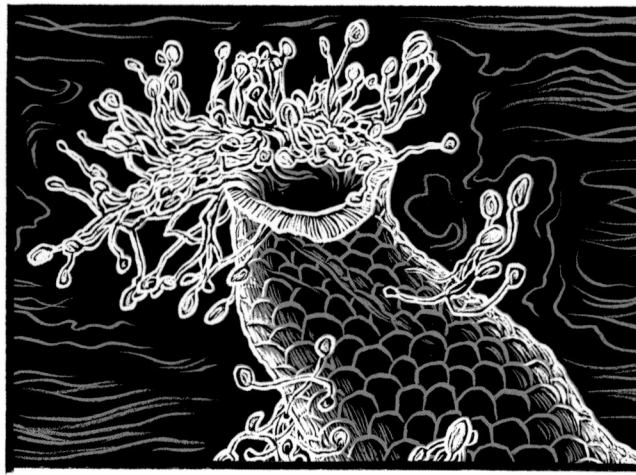

蠕虫状、纤维状以及海绵状生物出现了。它们很快爬升到地球生物圈上层。

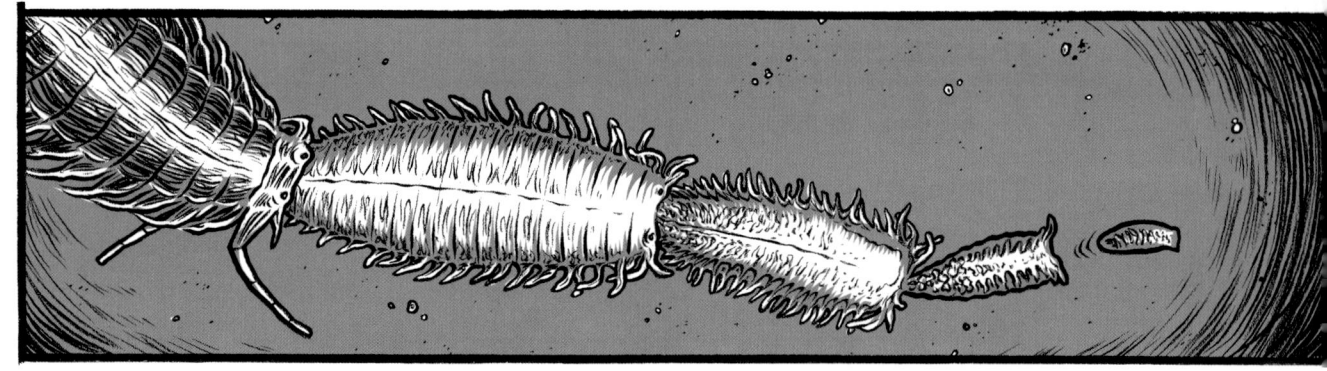

< 隐生宙 >

原始软体动物摆脱了无用的负重,成功地变得轻盈、透明。

< 隐生宙 >

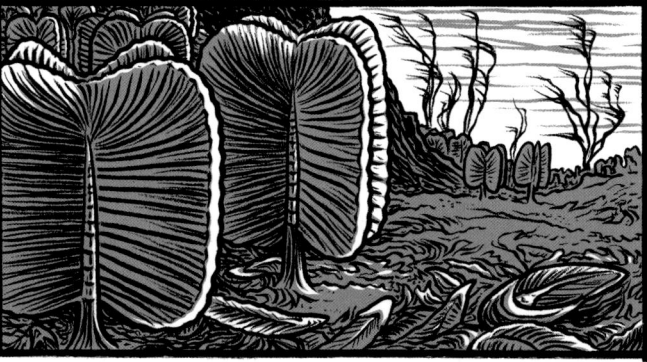

以埃迪卡拉生物群①为代表的多细胞生物开始遍布全球。这就是生物多样性的开端。

① 生存在震旦纪的生物群。埃迪卡拉生物群的化石群于1946年发现于澳大利亚南部埃迪卡拉(Ediacara)山地的末远古系庞德石英岩中，这类化石群已在全世界30多个地点被发现。

# < 隐生宙 >

## 4. 元古宙

25亿—19亿年前　早期生物体开始演化，逐渐演化出细胞核——这就是真核生物。生物初步分化出四大界：单细胞生物（真正的单细胞生物，例如原始海藻、纤毛或鞭毛生物）、未来的多细胞植物、动物和真菌。

24.5亿—21.1亿年前　大陆板块再次衔接在一起，形成一块超级大陆：凯诺兰大陆。

19亿年前　大气含氧量上升，臭氧层增厚，能更加有效地抵御辐射的危害，于是，高级生命形态演化出来。之前占主导地位的生命形式是依赖其他能量源（例如硫元素）生存的，因此，现在的大气对它们而言是有毒的。于是，它们有的逃到安全的地方（比如海底火山），有的则消失了。

18亿—15亿年前　在凯诺兰大陆残骸的基础上，哥伦比亚超级大陆形成了。

11亿—8亿年前　哥伦比亚超级大陆残骸的基础上，罗迪尼亚超级大陆形成了。

7.2亿—6亿年前　不同气候出现：从此，有了干燥地区、温暖的海洋，以及两极冰封区。

7亿—6.3亿年前　以细胞链为基础，早期多细胞生物形成了。

6.2亿—5.7亿年前　地球经历了几个冰封期，最后一次几乎覆盖全球（只有赤道一线幸免于难，这就是"雪球期"）。当时大部分多细胞生物都不具备防御机制，因此灭亡了。

6.3亿—5.42亿年前　地球重新升温，地表冰壳融化。海洋变暖，海中的光合作用逐渐活跃，导致地球大气含氧量大幅增长。

这一时期的最后阶段，也就是震旦纪，出现了一大批很难分类的后生动物，我们称之为"埃迪卡拉生物群"。这一时期还出现了最早的海绵动物、刺胞动物和带角质外壳的腕足动物。刺胞动物则按照不同的法则生存，有的进化出了固有形态，有的则进化成了爬行形态，或是自由游动的形态。

< 古生代 >

# 寒武纪

# < 古生代 >

新的一章开始了。这就是"肉眼可见生命"的时代。多亏此时期生物残骸形成的化石,我们今天才得以一窥彼时生命的形态。

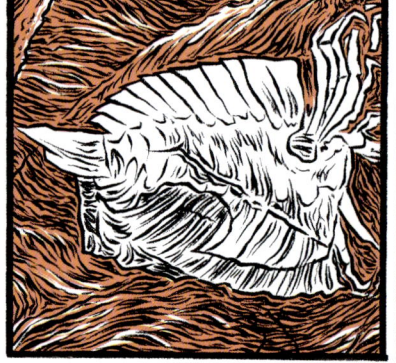

# 〈 古生代 〉

地球一天的时长已经差不多达到20个小时。地月之间也拉开到了一个比较合适的距离。

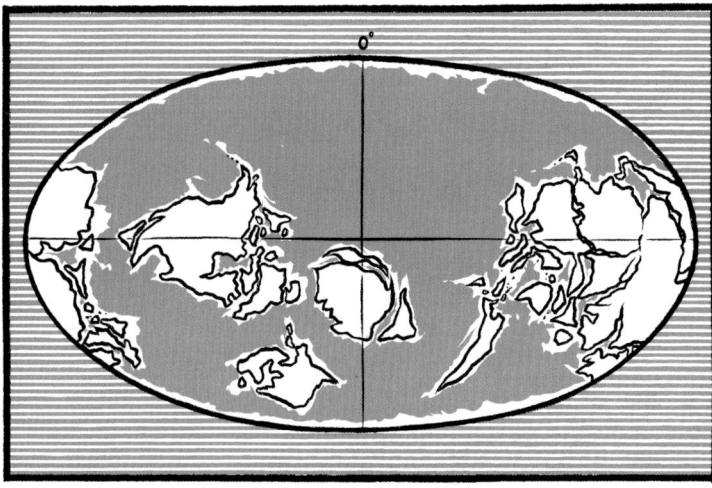

罗迪尼亚超级大陆分裂成几个板块。巨大、温暖的热带海洋覆盖了整个地球。

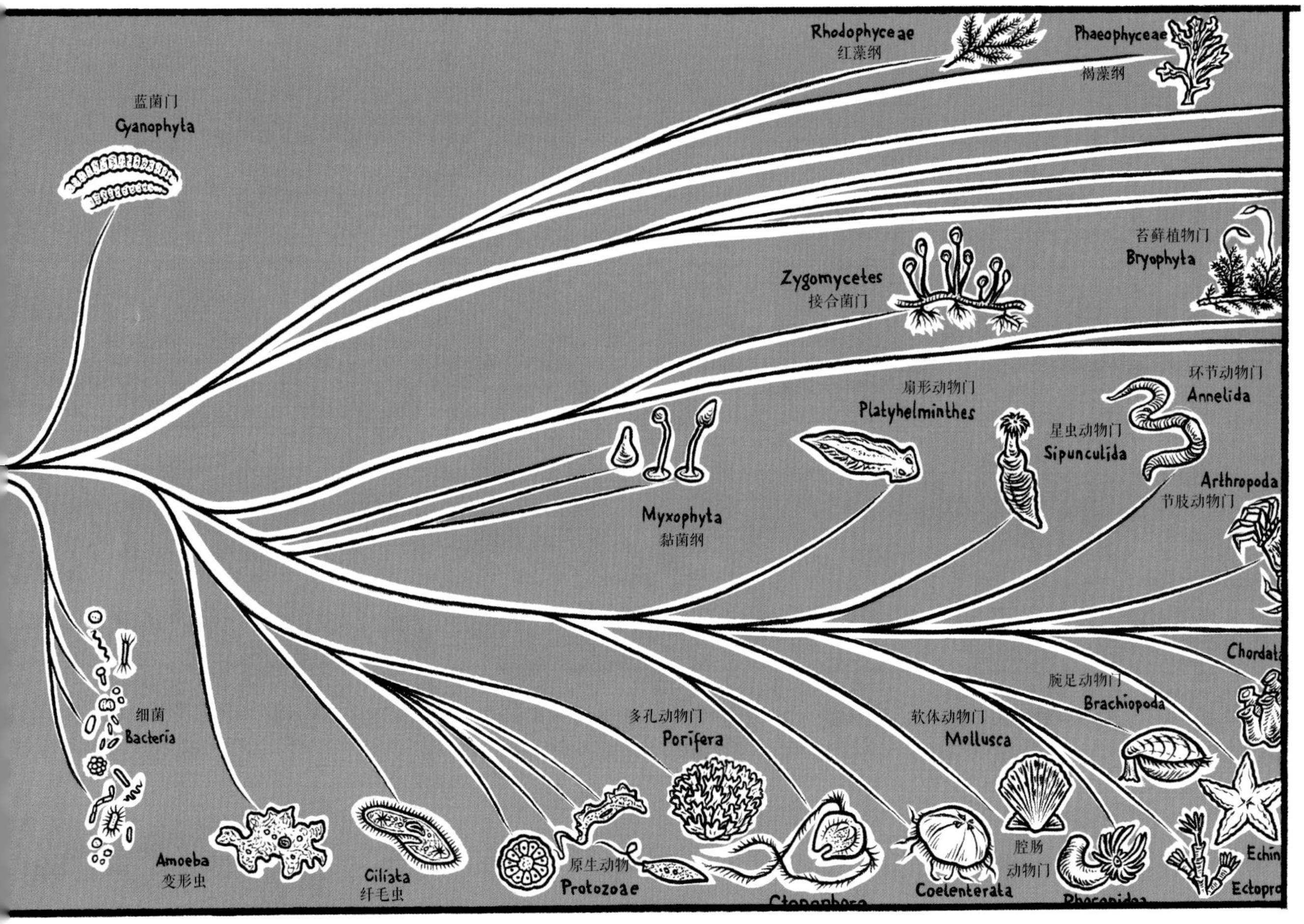

寒武纪生物大爆发标志着空前的生物多样性。

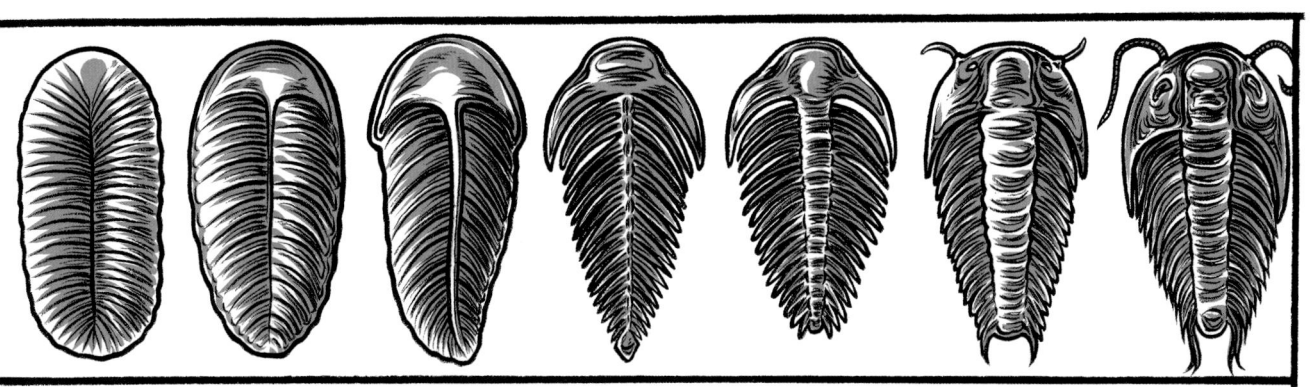

# 古生代

< 古生代 >

# 古生代

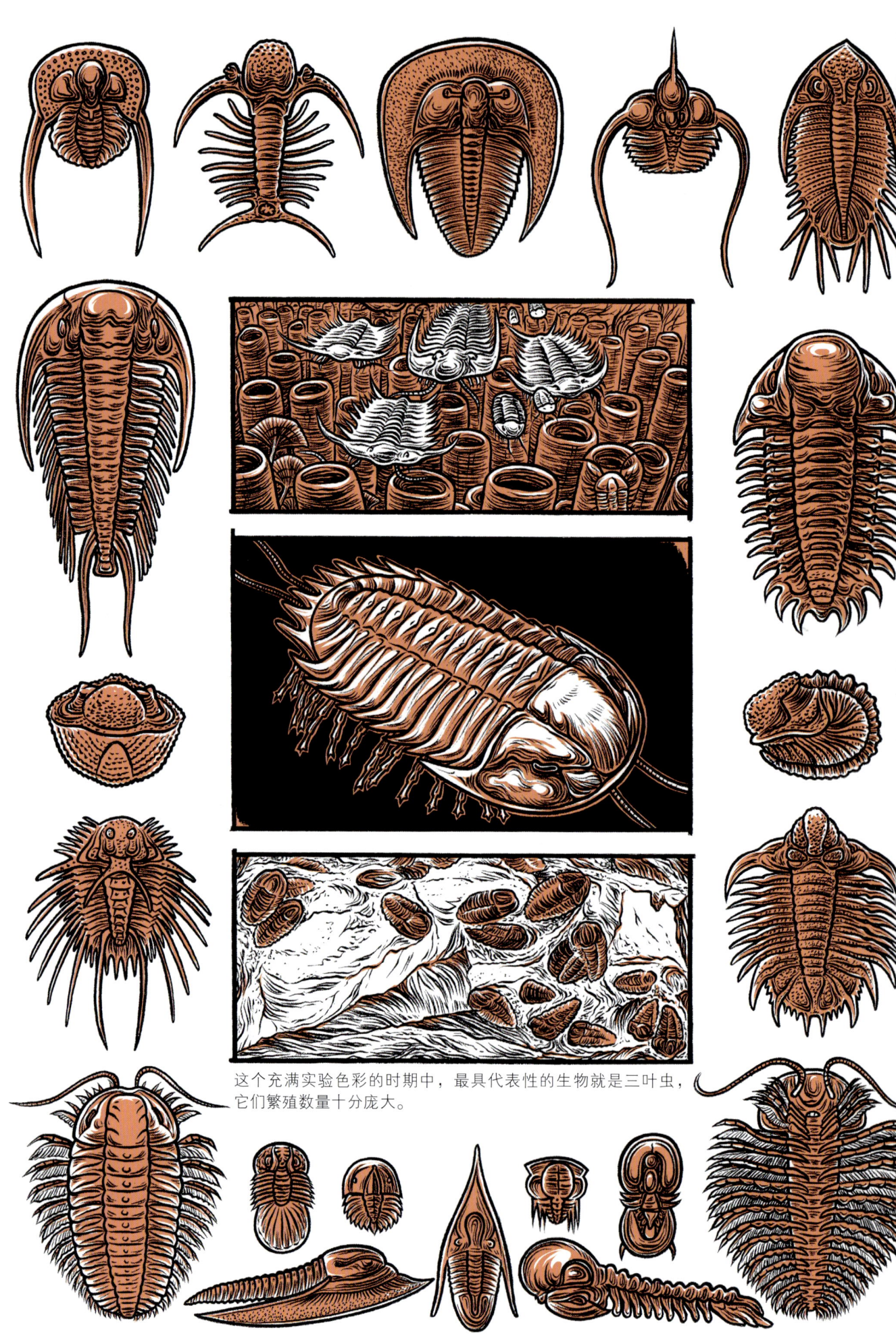

这个充满实验色彩的时期中,最具代表性的生物就是三叶虫,它们繁殖数量十分庞大。

< 古生代 >

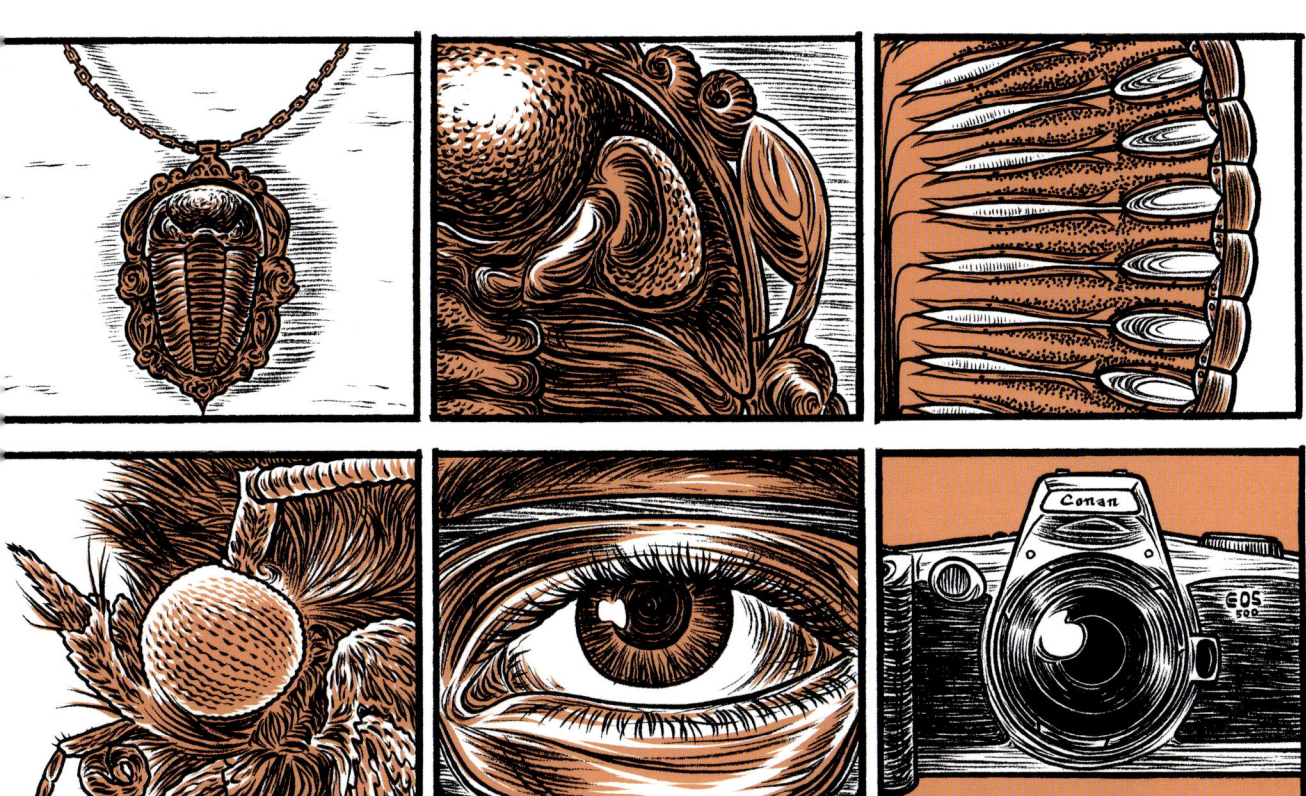

三叶虫是第一种具有复眼结构的动物：它的眼睛由密密麻麻的镜头和透镜组成。

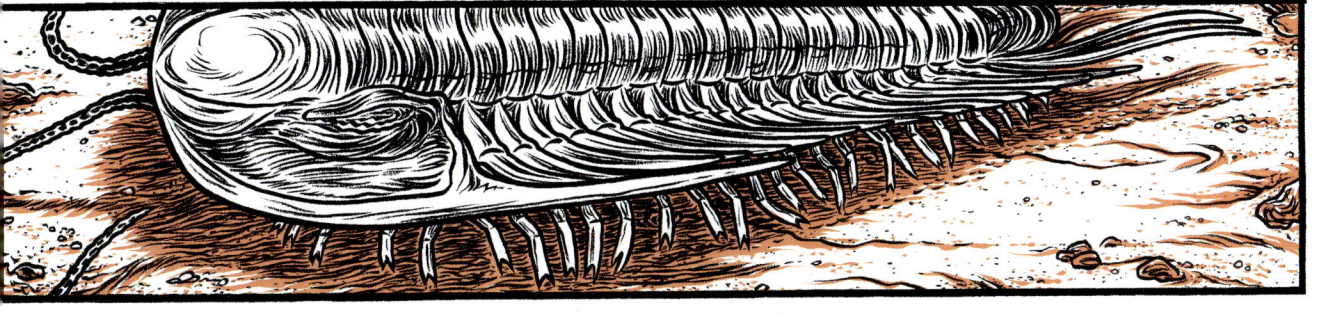

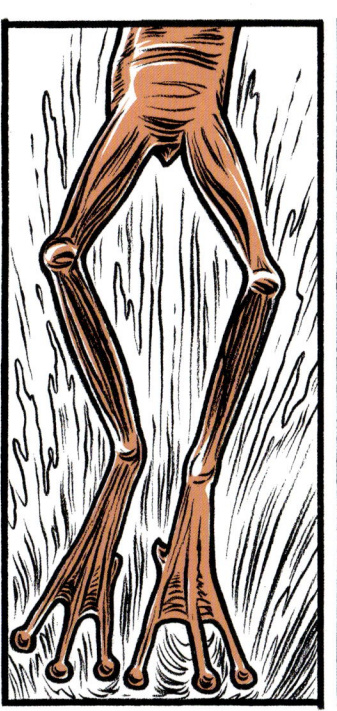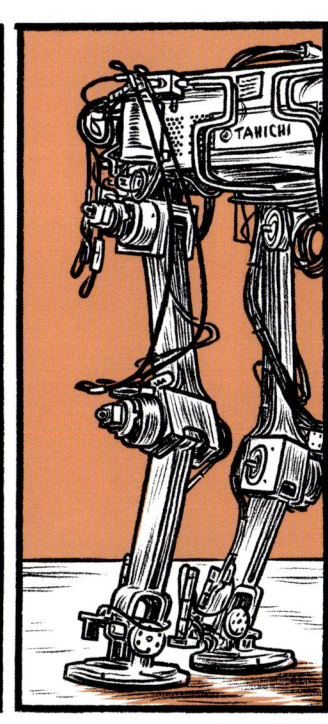

生物开始进化出足部。足很快成为很多生物不可或缺的一部分，依靠足，生物体可以快速移动。

# < 古生代 >

起初，生存条件还算优越，因为最早的食草动物还没有武装起来。

然而随着食物越来越稀缺，竞争出现，部分生物不得不寻求其他解决方法。

这些生物放弃了啃食细菌或吸食浮游生物。它们开始捕食周围没有抵抗能力的同类。

< 古生代 >

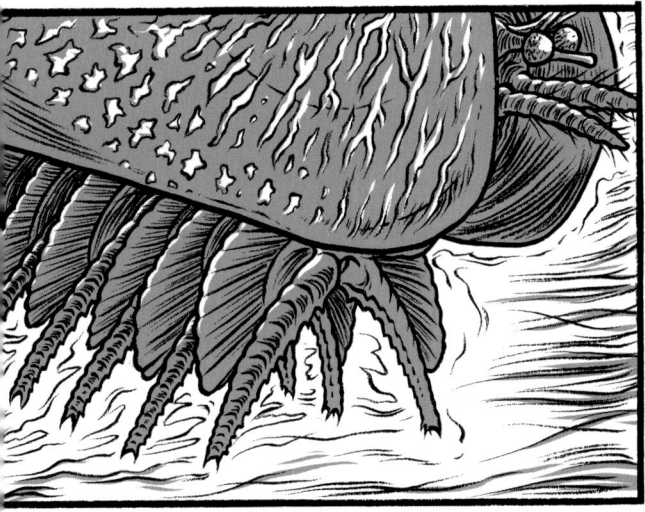
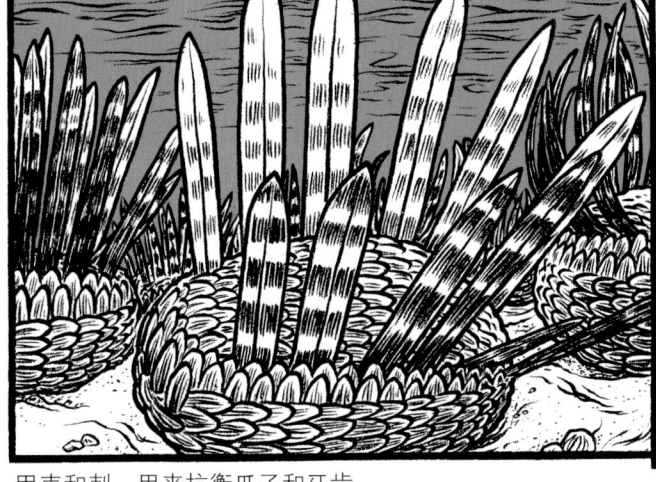

一场永无休止的军备竞赛开始了。　　　　　　　　　　甲壳和刺，用来抗衡爪子和牙齿。

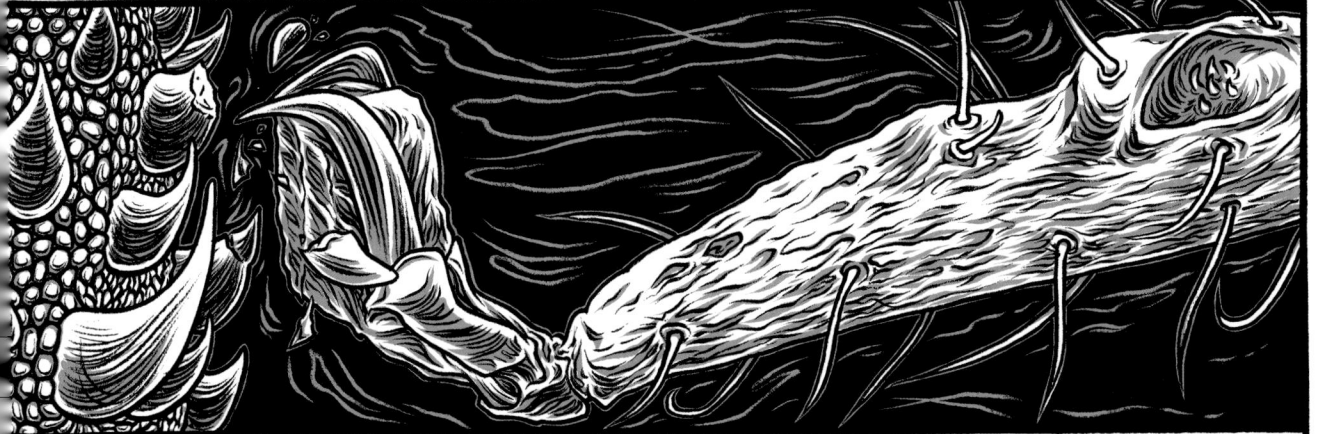

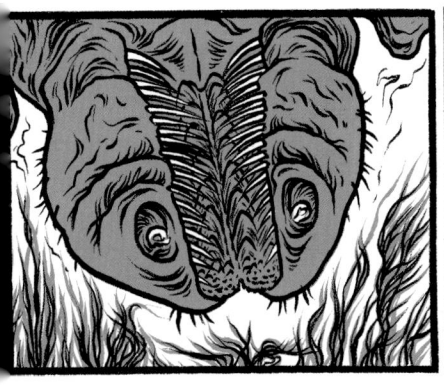

# < 古生代 >

# 古生代

< 古生代 >

外骨骼结构就是针对屠杀的对应措施：有的"创意型"生物将自己新陈代谢排出的硅酸盐重新拿来利用，制造自我防御的装备

"建筑型"生物则将壳造得越来越复杂，后来形成了地层化石。

它们形成了密度很大的群落。　　　　　　　　　　　　　　　　　　构成了巨大的礁石。

< 古生代 >

< 古生代 >

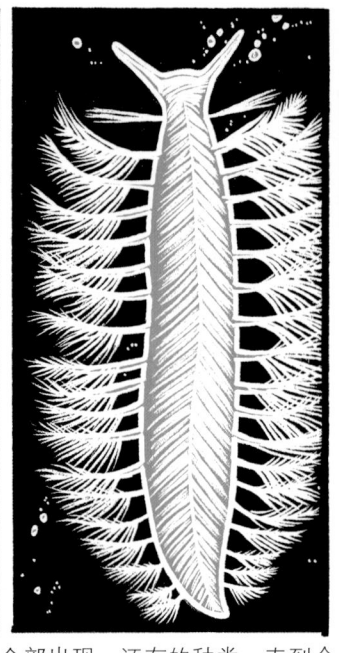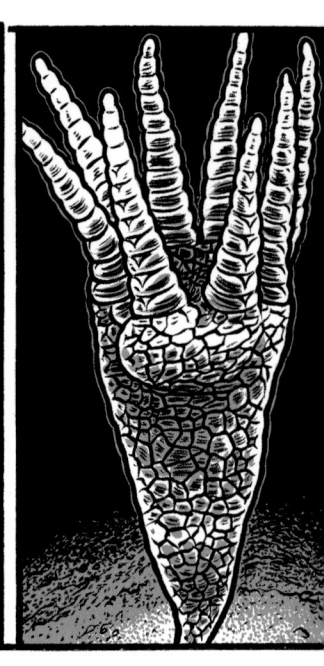

现今已知的生物种类至此已经全部出现。还有的种类，直到今天，我们对它们也所知甚少。

< 古生代 >

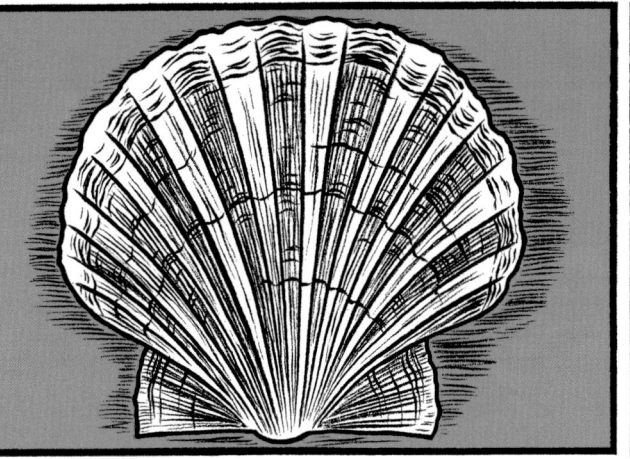

些生物一旦创生就已经具备了完美的形态，历经数亿年，然不变。

这场进化全盛期中，其他一些生物就没那么幸运了，它们很快消亡了。

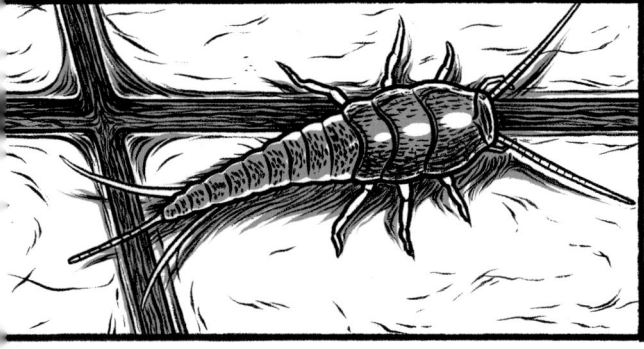
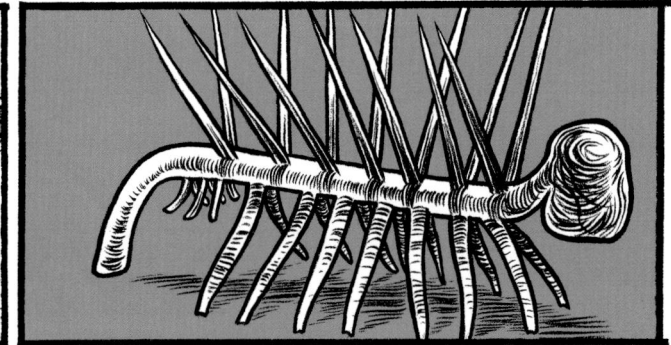

< 古生代 >

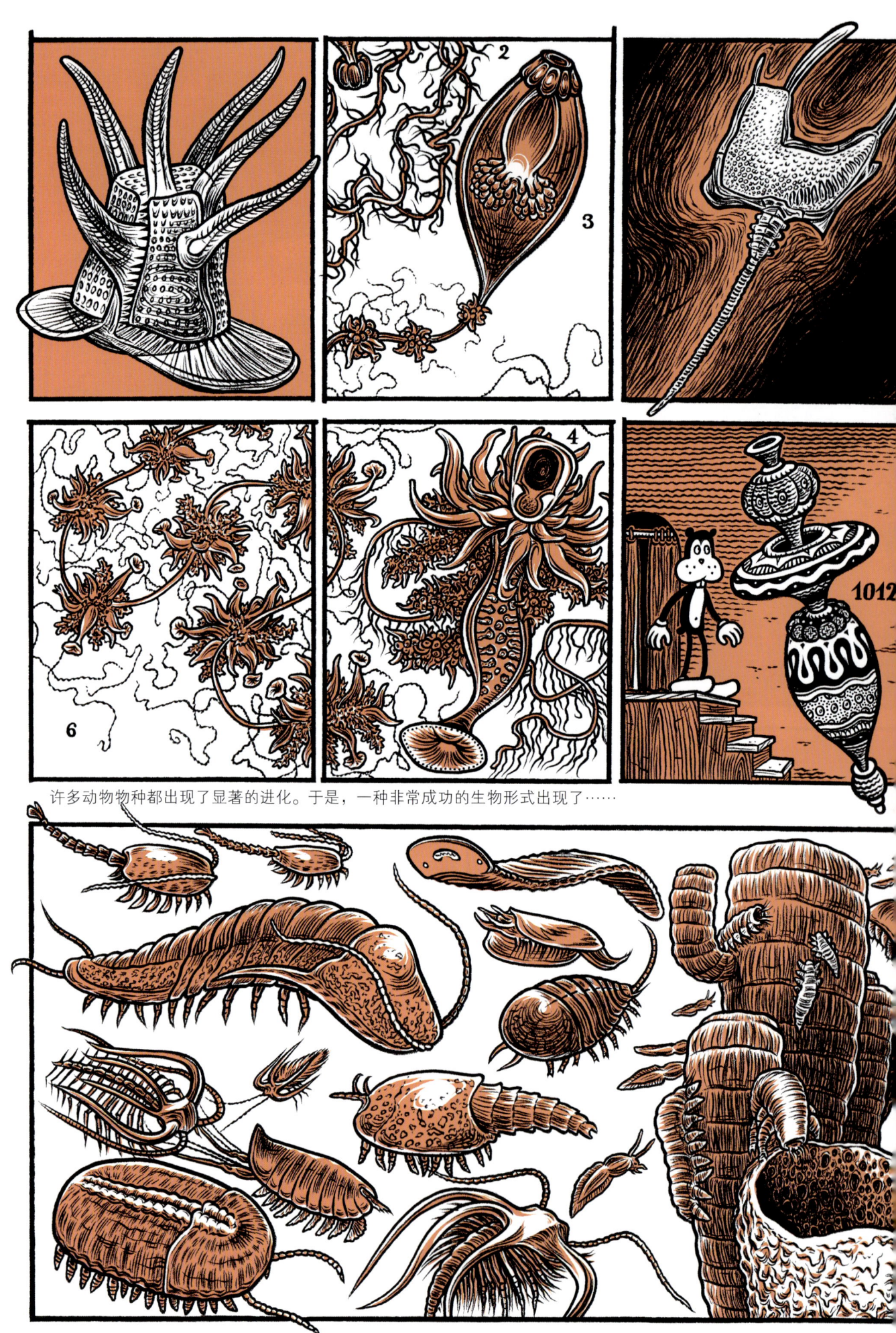

< 古生代 >

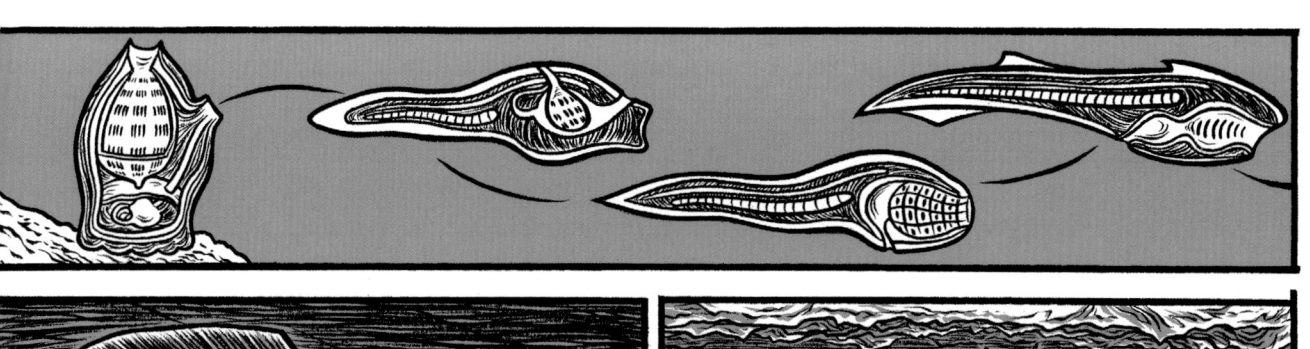

皮卡虫在浅水区游来游去。它背部生着一条脊索。这就是脊椎动物的始祖。

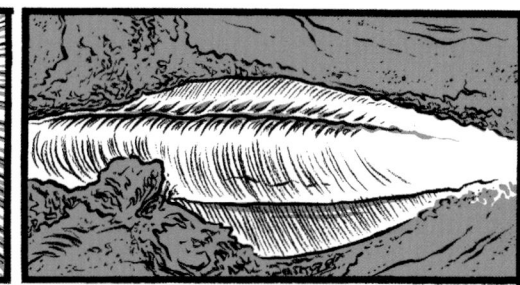

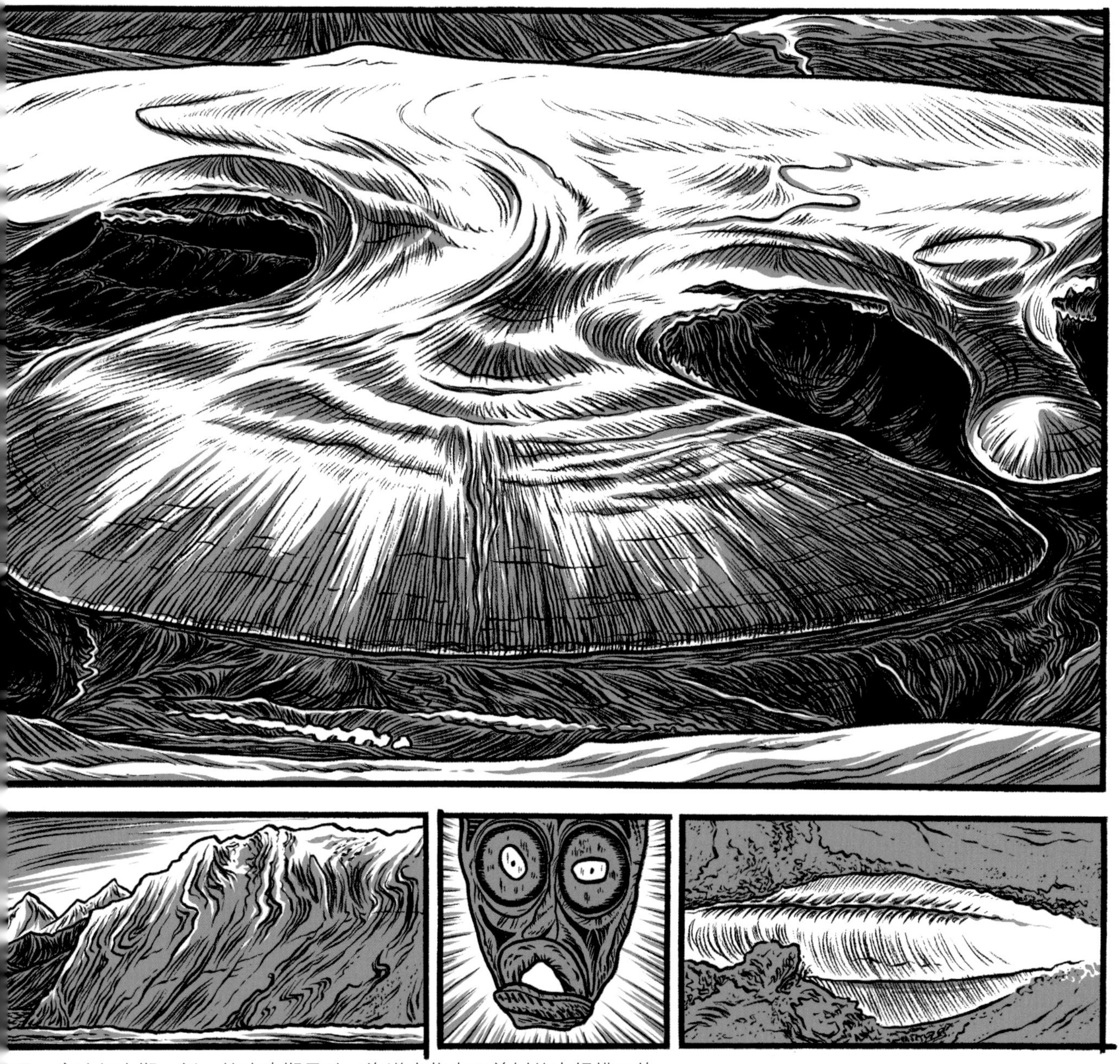

但是，寒武纪末期，新一轮冰冻期导致了海洋生物史无前例的大规模灭绝。

# < 古生代 >

## 5. 显生宙

### 5.1 古生代 5.42亿—2.51亿年前

5.1.1 寒武纪 5.42亿—4.883亿年前

**5.42亿年前** 全体后生动物都开始进化——软体动物、放射生物、环节动物、节肢动物、有爪动物、腕足动物、外肛动物、棘皮动物、脊索动物、脊椎动物等所有今天尚存的物种，都是在"寒武纪生命大爆发"这一时期出现的。其余同期生物都在寒武纪末期或接下来几个时期内灭亡了。

这一时期生活着大量的三叶虫（三叶虫纲鼻祖，属节肢动物门），种类繁多，数目惊人。因此，三叶虫成为了这一时期地层的典型化石。

眼睛和运动器官（包括爪、触手、鳍）的形成极大地改善了生物的移动能力。

早期食肉动物的捕食行为导致竞争进一步加剧。

物种很快适应了浅海水域中的不同环境；有的物种聚集在一起并形成礁石。擅长光合作用的原始物种进化成海藻、复杂海藻及多细胞海藻。

**5.35亿年前** 浅水热带海域中的生物大量繁殖。珊瑚虫和有壳的腕足动物数量急剧上升，导致珊瑚礁大量出现，也形成了富含化石的地质层。

**5.2亿年前** 罗迪尼亚超级大陆分裂成几个板块，并散到地球表面各处。其中几个板块逐渐合并，形成了位于赤道附近的冈瓦纳古陆，这块大陆包含了今天的南美洲、南极洲与非洲的很大一部分面积，还包括日后的马达加斯加和印度；彼时，它们还位于赤道纬度上。

其他的大陆板块：劳伦古陆（现今的北美洲）、波罗地大陆（现今的东北欧），以及西伯利亚大陆（现今的西伯利亚）。

**4.9亿年前** 一场灾难性的冰冻期袭击地球，并导致了地球史上最大规模的生物灭绝。大约95%的生物都在这次灾难中灭亡。

< 古生代 >

# 奥陶纪

# < 古生代 >

寒武纪末的冰期结束后,地球进入了地质结构不稳定时期,气候变化十分剧烈。

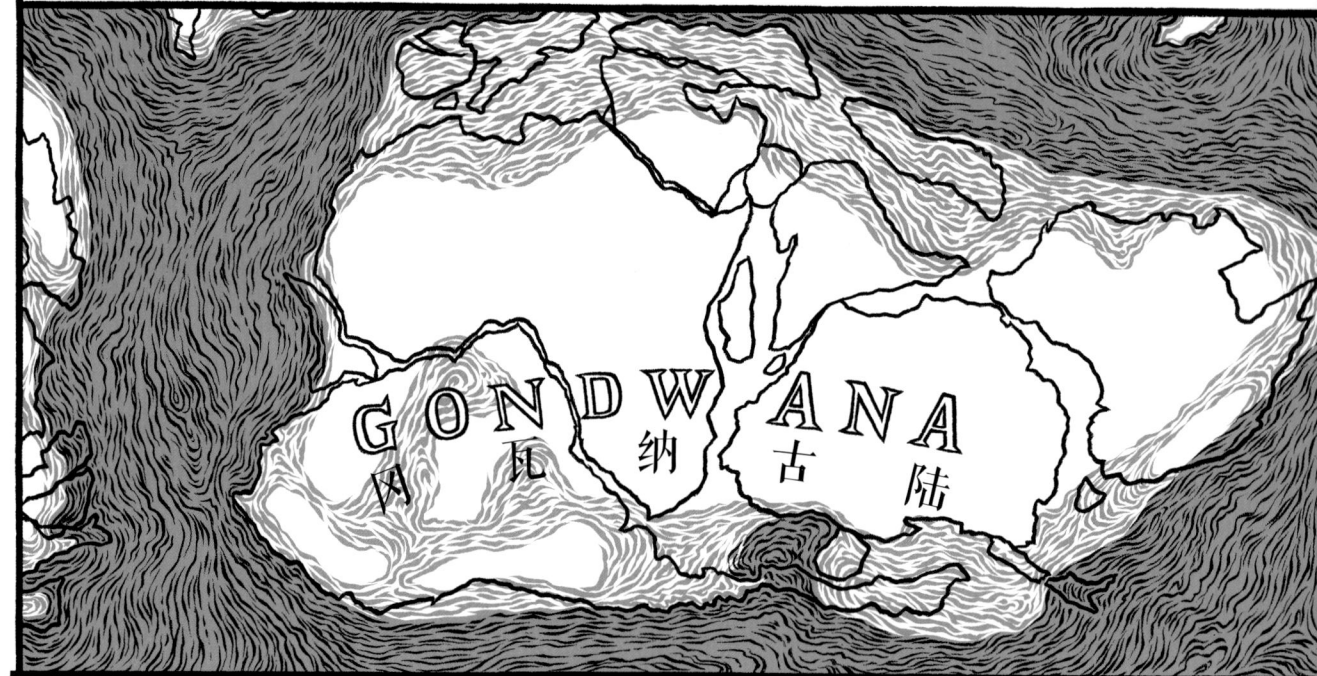

与此同时,罗迪尼亚超级大陆几块较大的残骸合并组成了"南部大陆"——冈瓦纳古陆。

< 古生代 >

生物种群以极缓的速度重建。　　珊瑚礁恢复了生长。　　新生物入驻。

< 古生代 >

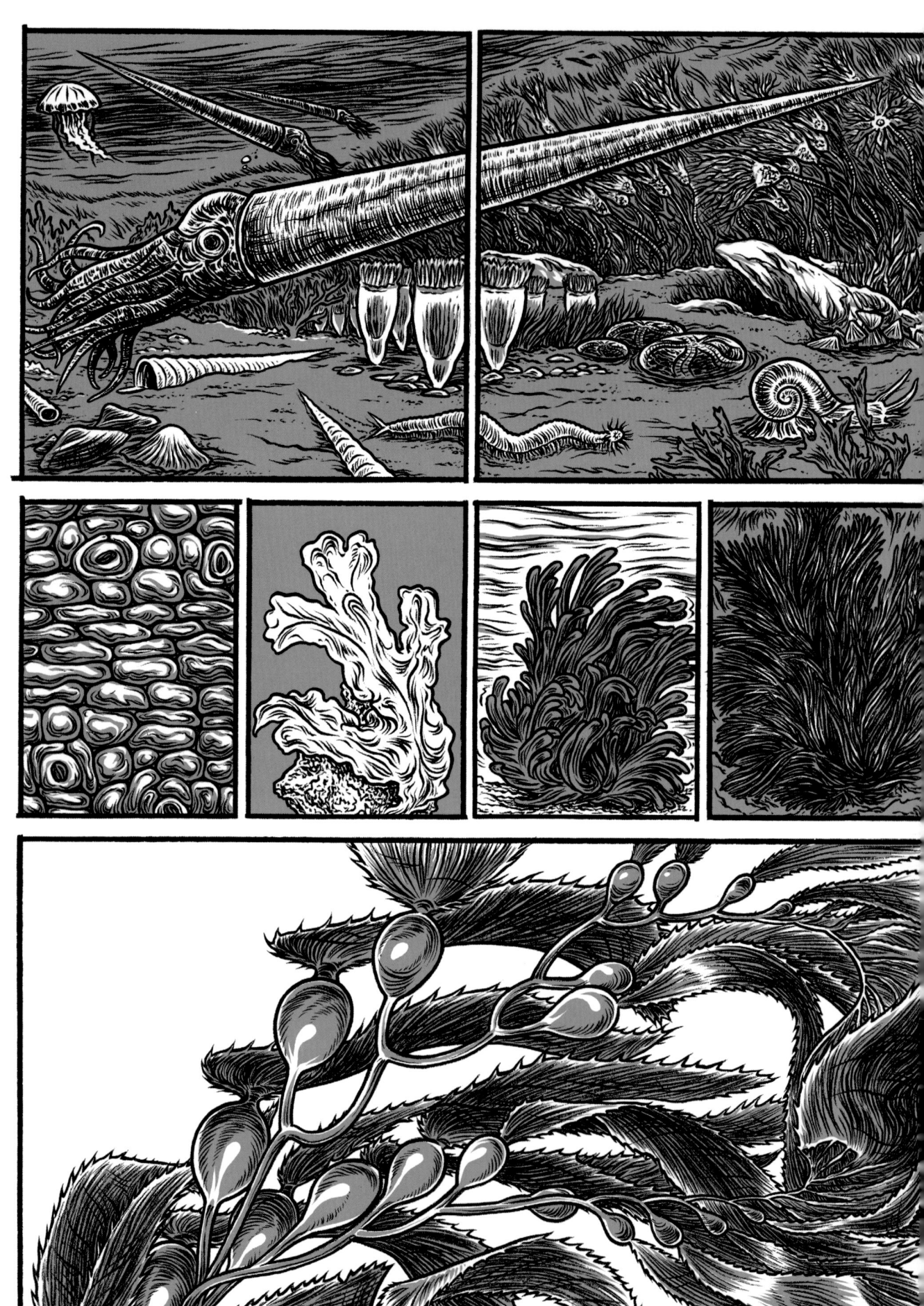

# < 古生代 >

植物种群逐渐复苏。首批植物进驻海底社区。而这不过只是个开始……

几百万年后,一批适应能力特别强的植物勇敢地占领了地势较平坦的涨潮区;有史以来第一回,结构相对复杂的生物登陆了!

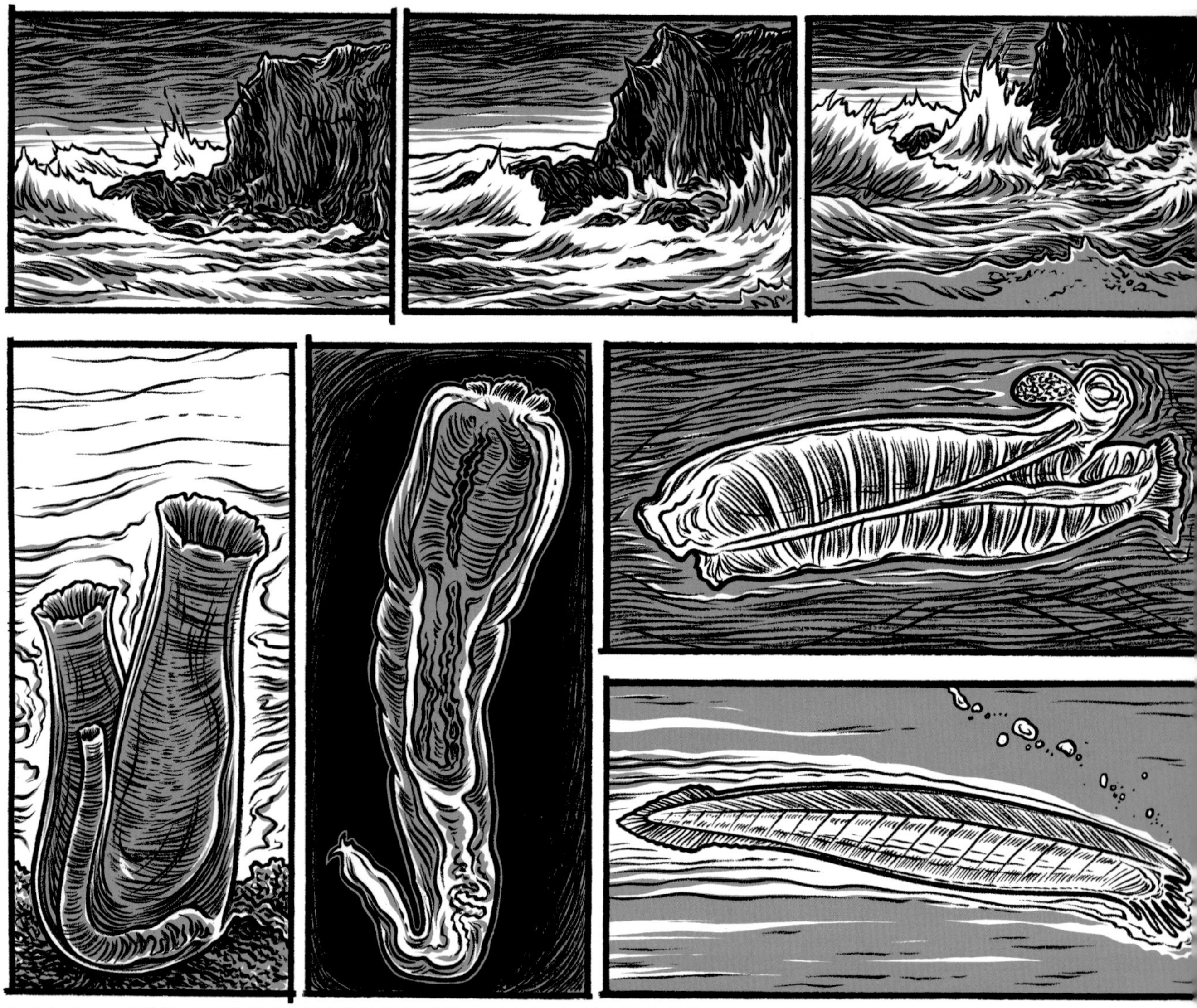

< 古生代 >

与此同时，原始脊索动物进化成早期的脊椎动物，后者拥有内在的骨骼结构。

< 古生代 >

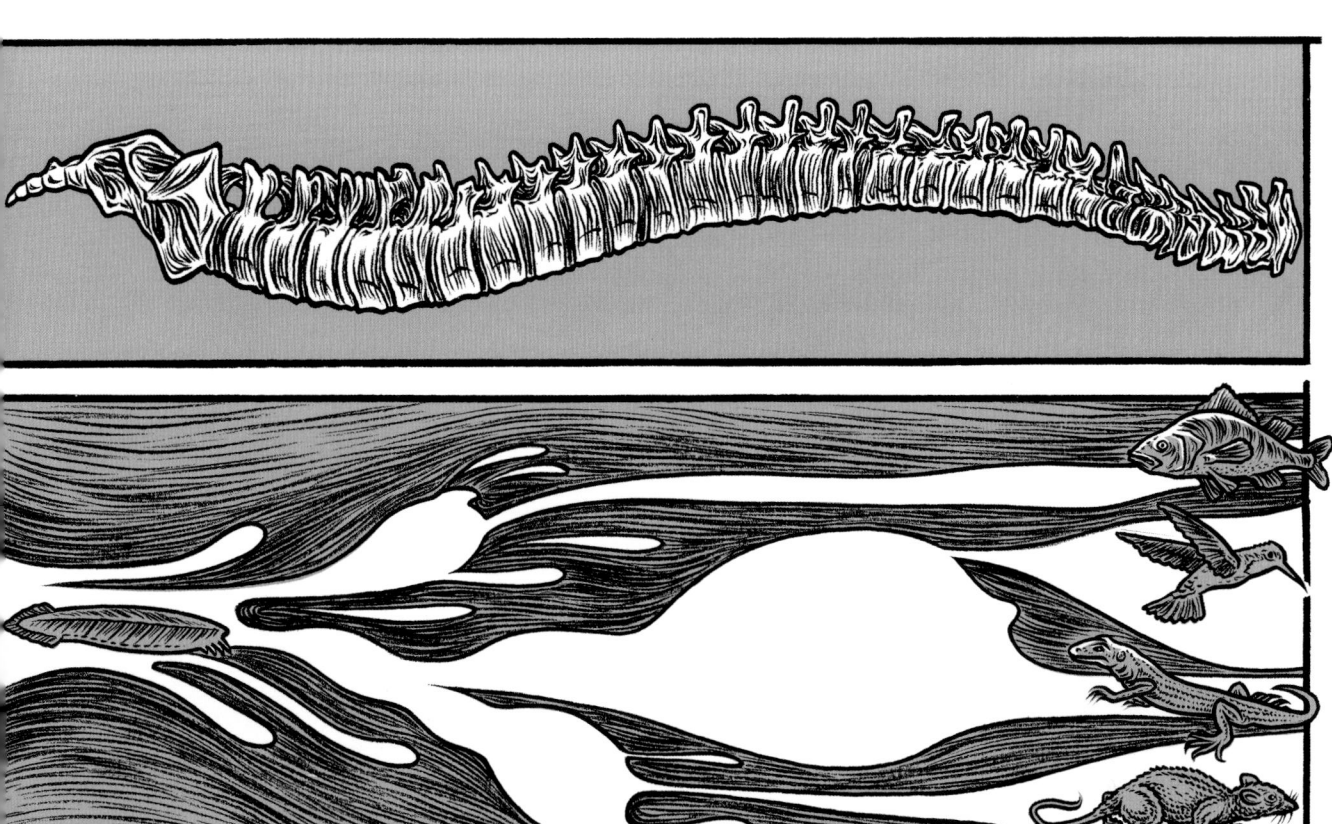

但是，属于脊椎动物的天下还远远没有到来。当时，世界的主宰者仍是长着厚厚甲壳的无脊椎动物。

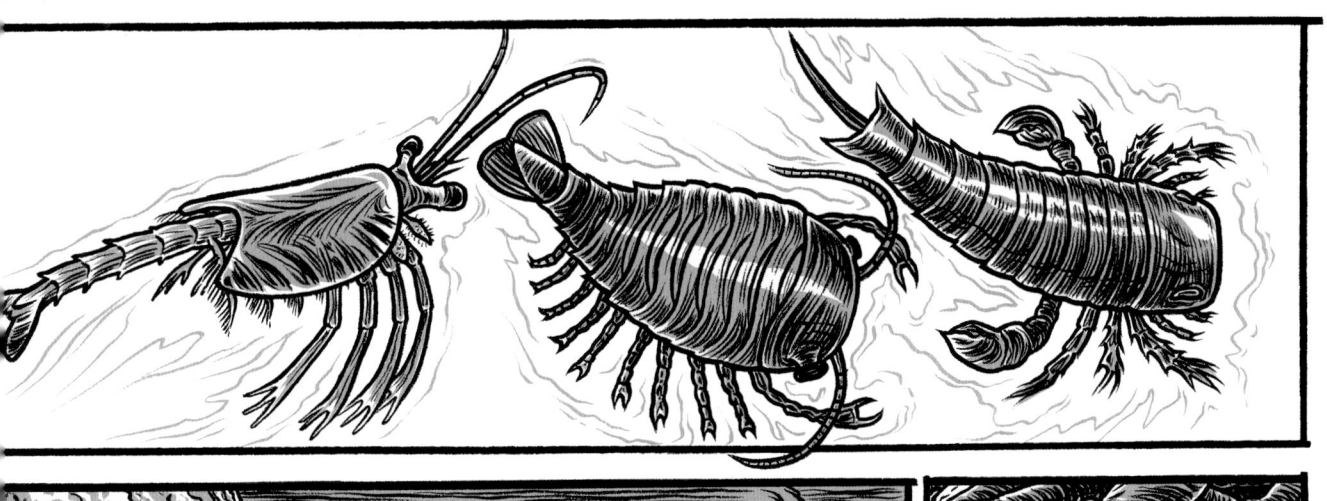

< 古生代 >

海蝎子体长可达3米,它们生着大钳子,是深海里新的霸主。

# < 古生代 >

海蝎子的一些后裔幸存了下来。但在当时，它们也受气候变化之苦。

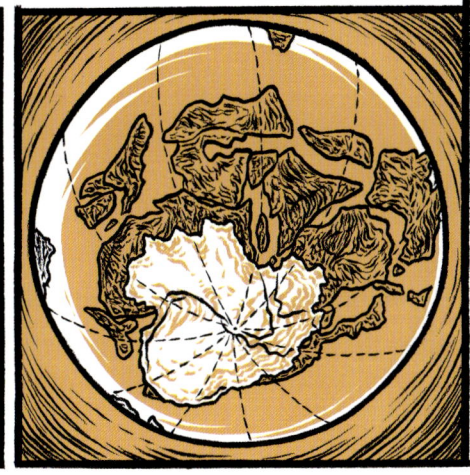

冈瓦纳古陆向南极漂移。生物环境再次遭受冰川入侵，生物被困在冰天雪地中。

# < 古生代 >

5.1.2 奥陶纪：4.883—4.437亿年前

**4.85亿年前**　两极冰盖融化后，海平面上升了大约300米，水位达到历史最高值。海洋生物种群逐渐开始重建。

**4.78亿年前**　植物种群也开始快速进化，第一批真正的植物出现，但仅在海底生长。

**4.73亿年前**　从原始脊索动物进化出了原始鱼类，但这时的原始鱼类还不具备下颌。头足纲动物[1]、腹足纲动物[2]、笔石纲动物[3]和牙形石动物[4]出现。海绵、层孔虫以及包括珊瑚在内的刺胞动物建成了庞大的珊瑚礁群。棘皮动物、软体动物、腕足动物和头足纲动物以这些礁石为栖息地，并在这里继续进化。与此同时，节肢动物门种群里发生了重大变化。

**4.71亿年前**　体长数米的海蝎子成了海洋中最可怕的猎手。

**4.62亿年前**　包括苔藓在内的第一批陆生植物占领了沿海地区（自前几个地质年代到现在，臭氧层已经发展得足够完善了，能够抵御太阳的有害紫外线辐射，这是主因）。

**4.5亿年前**　冈瓦纳古陆离开赤道地区，漂向南极。古陆逐渐开始封冻，到本地质年代末期，气候出现了极大的变化。新一轮冰期来临，大量的水结成了冰，导致浅海消失。物种大灭绝降临，大量奥陶纪生物灭亡，三叶虫几乎全军覆没，头足纲动物、腕足纲动物和大片大片的珊瑚礁也都灭绝了。

---

[1] 头足纲是软体动物门的一个纲。——译注
[2] 腹足纲包括通常所说的蜗牛、海螺和蛞蝓，是软体动物门中最大的纲。——译注
[3] 笔石纲是一类已灭绝的半索动物，生存于寒武纪中期至石炭纪早期。因酷似古代西方使用的羽毛笔，故得名笔石。——译注
[4] 牙形石是具有各种各样尖齿或锯齿状物的古代动物遗体，微体古生物学的重要研究内容之一。但关于牙形石的生物分类位置问题至今没有解决。——译注

< 古生代 >

# 志留纪

< 古生代 >

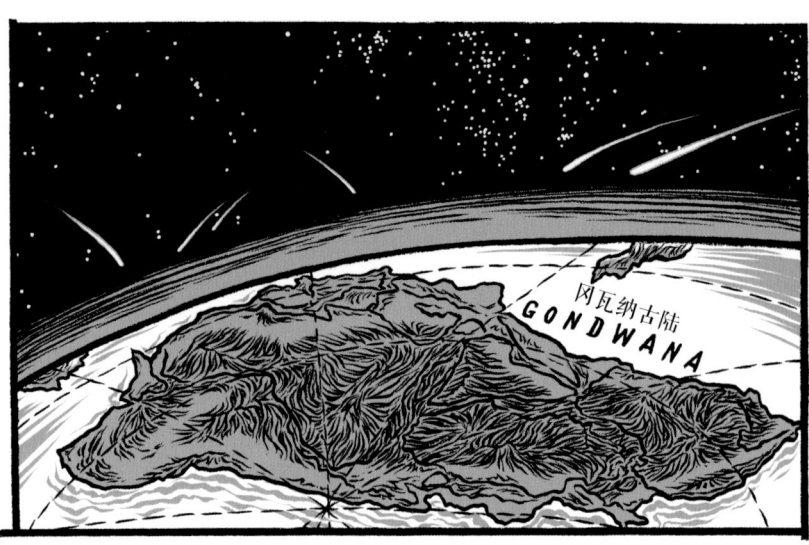

经过短暂的停顿，冈瓦纳古陆再次开始漂移。部分水重新变成液态，生命再次开始蠕动。

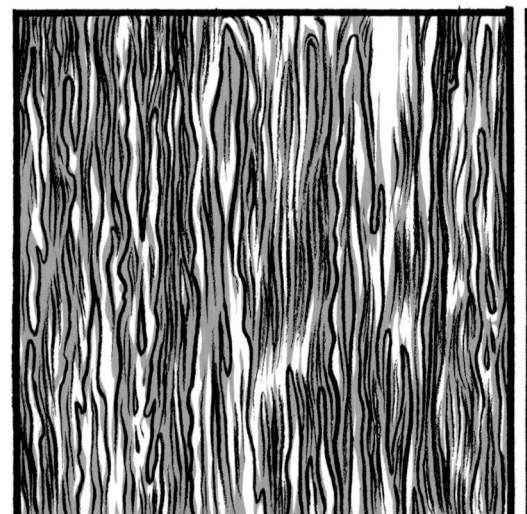

# < 古生代 >

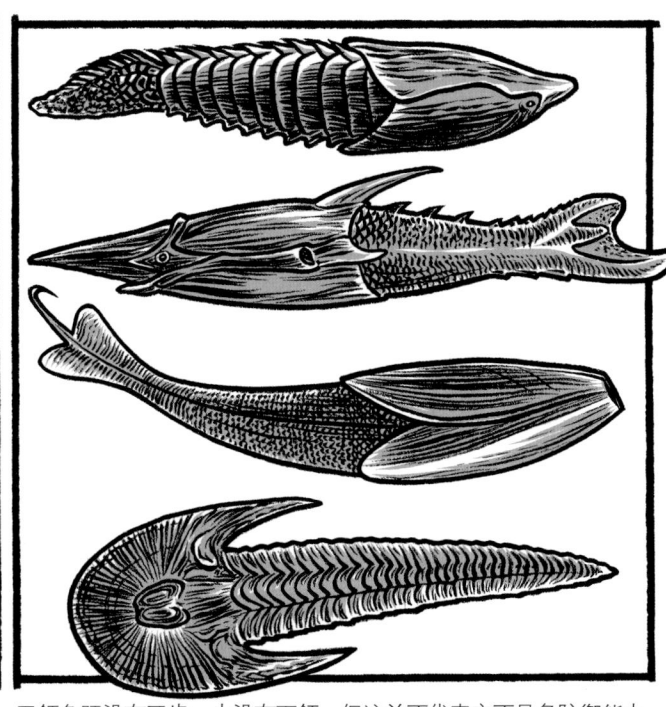

原始无颌鱼在志留纪开始出现。　　　　　　　　　无颌鱼既没有牙齿，也没有下颌，但这并不代表它不具备防御能力。

它们拥有鱼骨，同时也逐渐进化出具保护作用的鳞片。　　后来，无颌鱼慢慢长出了颅骨，颅骨内，中枢系统逐渐生成。

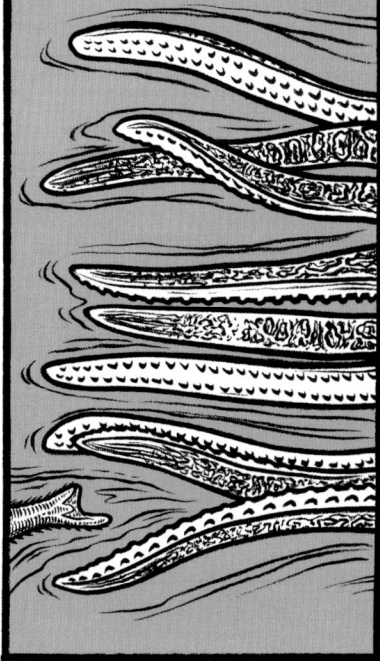

有了大脑的指挥，无颌鱼才能逃离周边环境中潜在的危险。

〈 古生代 〉

大型头足纲动物身长可达5米,没有生物是它们的对手。

# 〈 古生代 〉

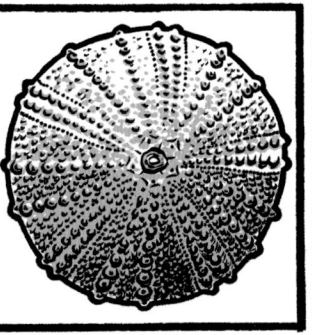

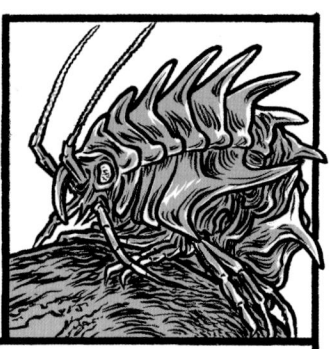

甲壳纲动物、笔石、贝壳、珊瑚、棘皮动物、海星和海鳃组成的王国里，头足纲动物就是国王。

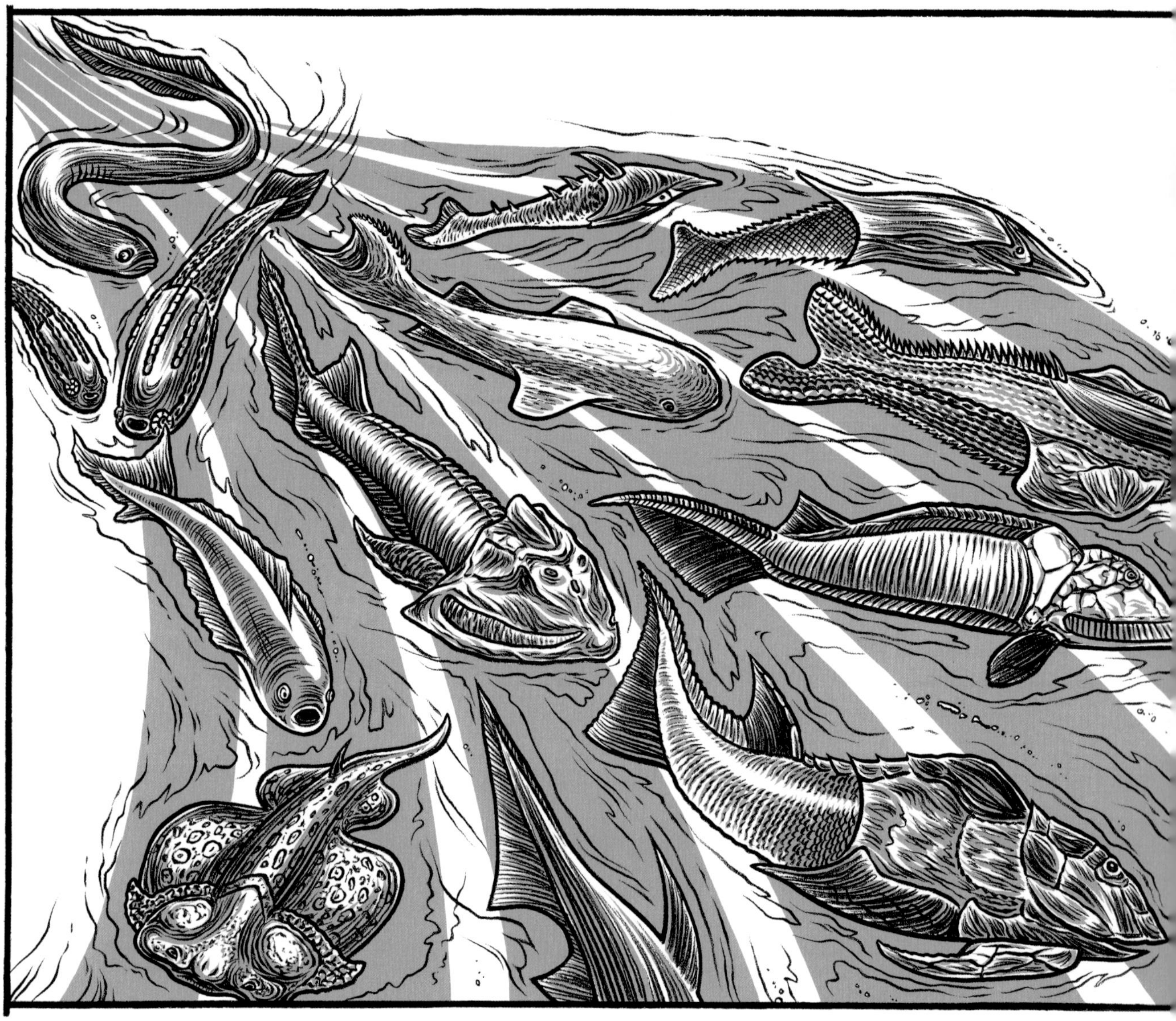

# < 古生代 >

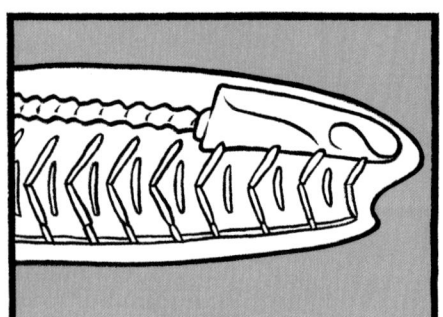
不过，鱼类也在升级装备。

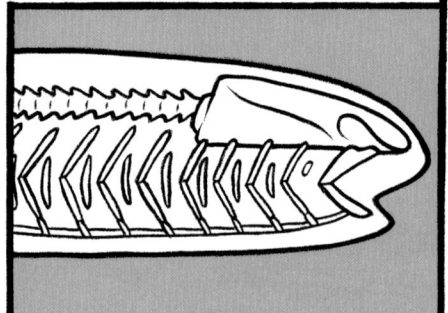
它们很快进化出真正的下颌，

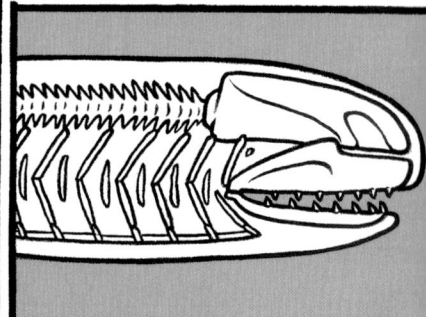
并参与到捕猎中来。

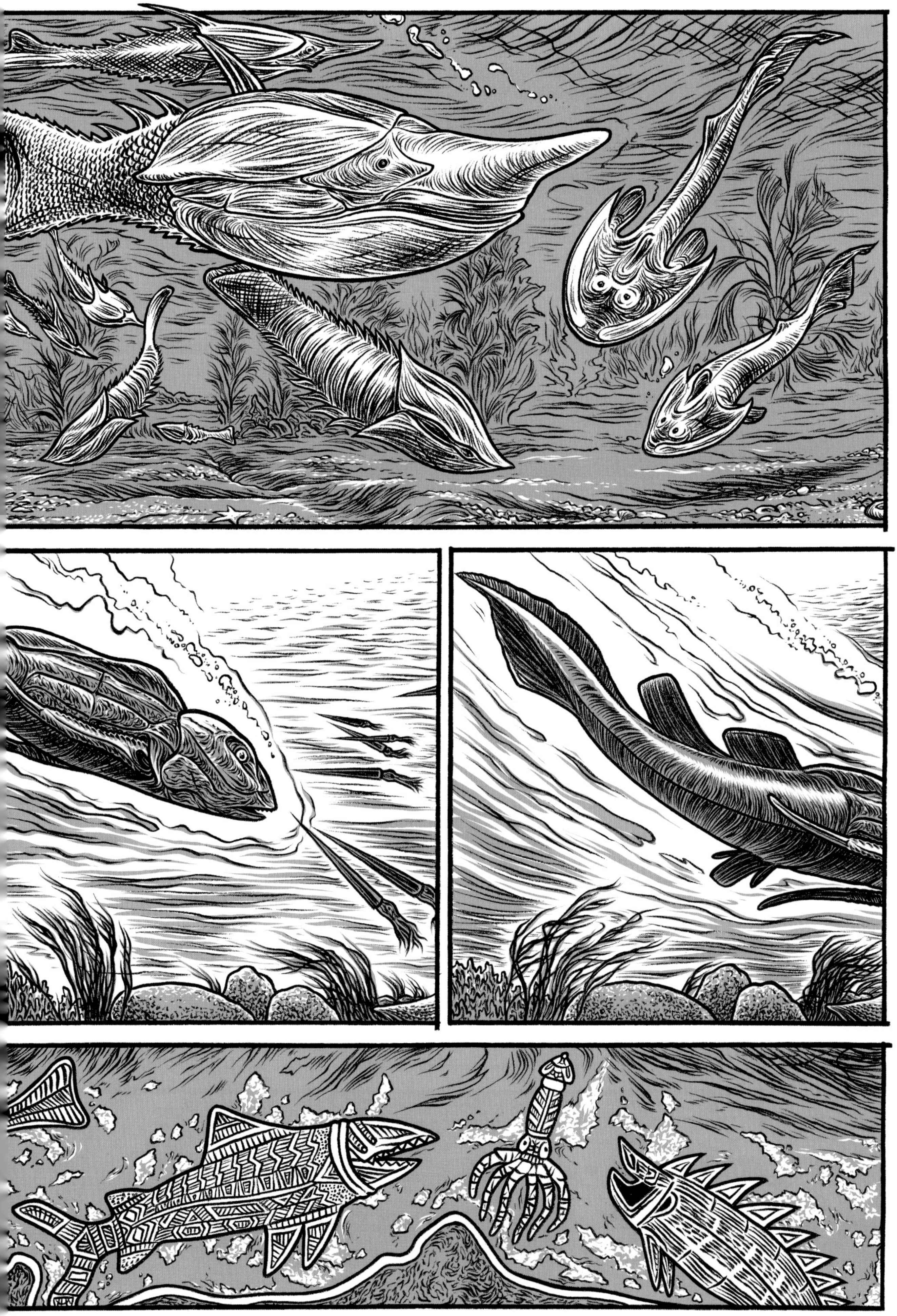

< 古生代 >

< 古生代 >

沿海地区原本是细菌群落的领地,现在逐渐被真正的原始植物侵占。

 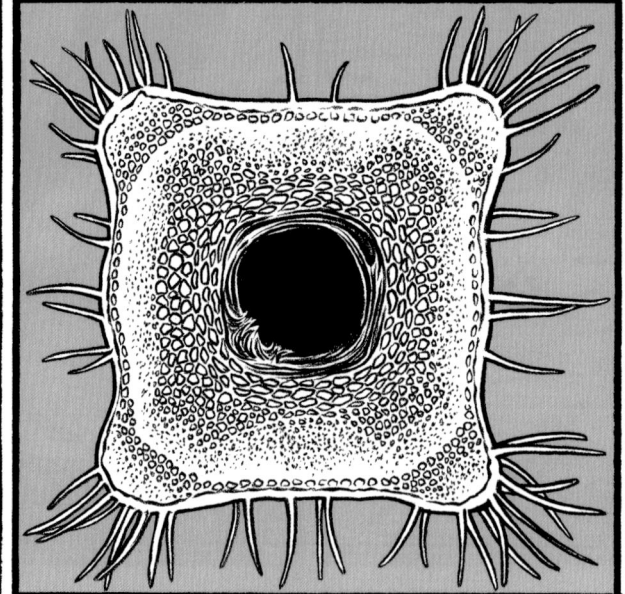 

植物机体逐渐得到强化,长出了有支撑作用的茎,外表也能够承受太阳辐射。

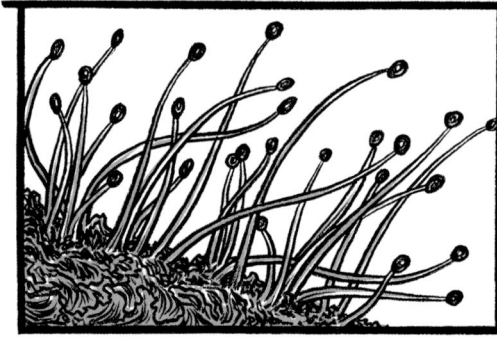 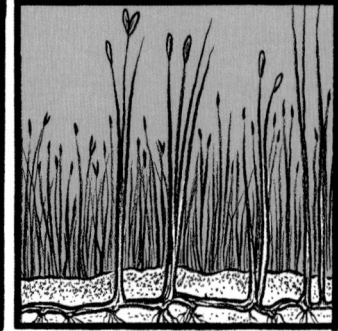 

< 古生代 >

原始植物的根扎入土地，汲取水源。

地上，一面面精巧的"太阳能板"展开了。

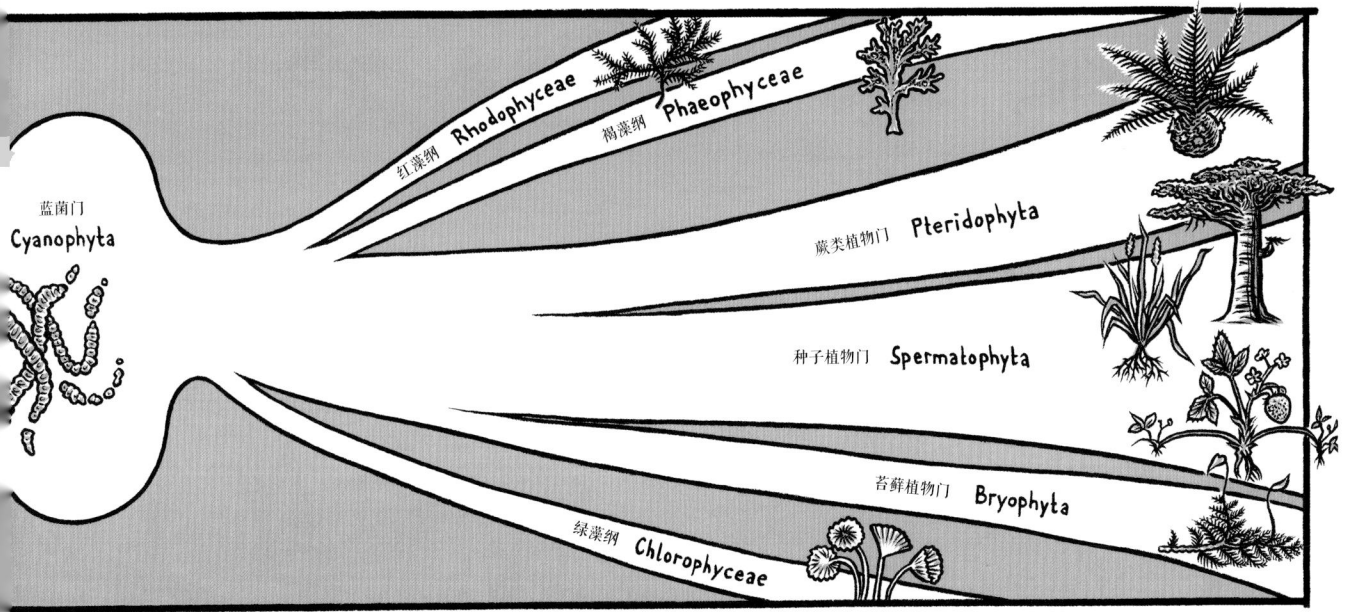

< 古生代 >

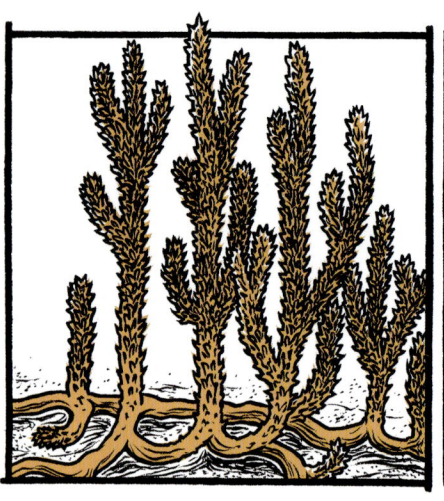  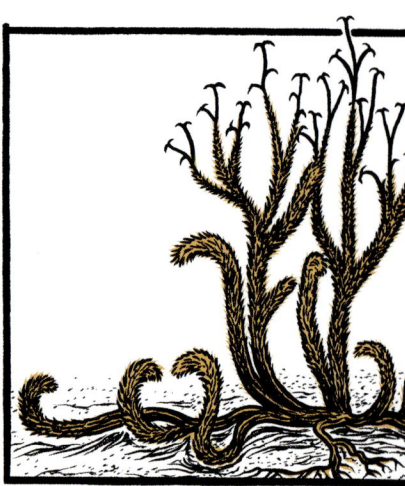

就这样，原始植物构成了群落，很快，第一批好奇的访客来到了，并安顿下来。

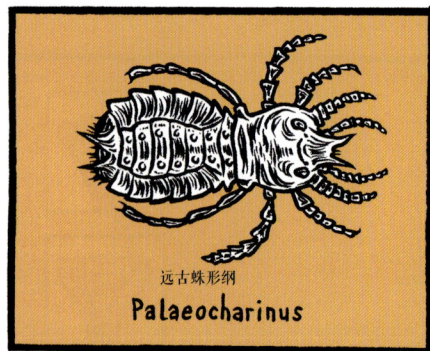

远古蛛形纲
Palaeocharinus

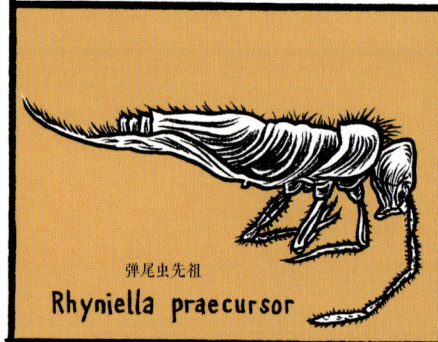

弹尾虫先祖
Rhyniella praecursor

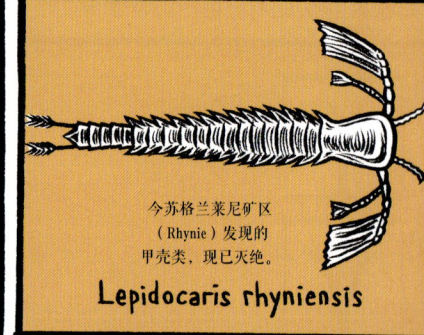

今苏格兰莱尼矿区
（Rhynie）发现的
甲壳类，现已灭绝。
Lepidocaris rhyniensis

# < 古生代 >

...此,陆地和水中,演化都在继续。志留纪顺利地结束了。

## < 古生代 >

### 5.1.3 志留纪：4.437亿—4.16亿年前

**4.39亿年前**　志留纪的特点是海洋在地球上占主导地位。当时气候炎热潮湿，内陆某些部分则炎热而干燥。整个地质年代期间，剧烈的火山活动催生了新的地层和大片矿物层。同时，塔康造山运动造就了未来美洲和北欧的山脉。在非洲，残余的冰层也慢慢消失了。

**4.37亿年前**　体长达5米的巨型头足纲动物占据了食物链顶端位置。另一支有前景的进化分支，也就是脊椎动物进化分支上，出现了原始鱼类。

**4.33亿年前**　早期裸蕨类登陆沿海，木质素和纤维素构成了它们坚实的茎。此时，沿海已有生物，当时尚属两栖类的节肢动物是已知最早登陆的动物。

**4.26亿年前**　海蝎子、多足纲生物和其他一些物种开始尝试脱离水环境，逐渐适应在陆地上呼吸生活，成为首批真正的陆地居民。蜘蛛、原始螨虫、弹尾目昆虫、甲壳纲生物随后也加入了陆地居民的行列。

**4.22亿年前**　上志留统时期，出现了有颌原始鱼类。头足纲动物中，长有螺壳的鹦鹉螺（菊石的祖先）规模达到极盛。热带海域中，动物数量和珊瑚种类都在迅速增长。它们大量吸收、固定二氧化碳，形成大片大片的石灰岩层，可绵延2500公里。

**4.19亿年前**　劳伦古陆、波罗地大陆和西伯利亚大陆逐渐向劳亚大陆靠拢。

**4.15亿年前**　志留纪末期，海平面下降，浅海区变成陆地。植物入侵，原始裸蕨类和孢子植物逐渐发展壮大。这些植物刚开始是没有叶片的，后来，逐渐进化出了形状类似叶片的芽胞。原始蕨类和石松开始成长，早期的沼泽地出现了。

< 古生代 >
# 泥盆纪

< 古生代 >

水始终是生存斗争的主战场。各种生物的地位逐渐巩固。

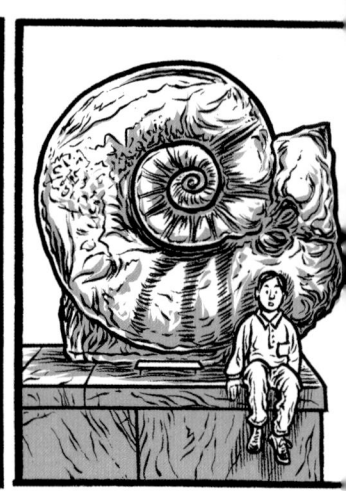

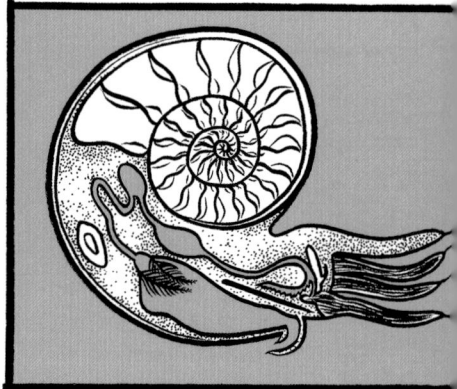

< 古生代 >

至灭绝，头足纲动物都是该时期地层的标志性化石。它们进化出了羊角状外壳，而且壳越长越大。

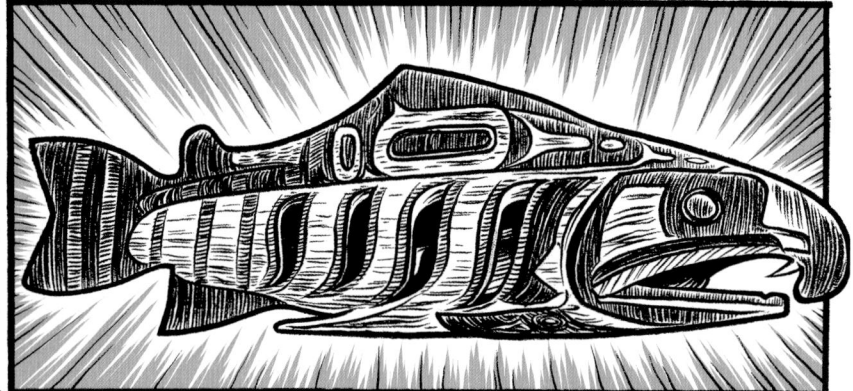

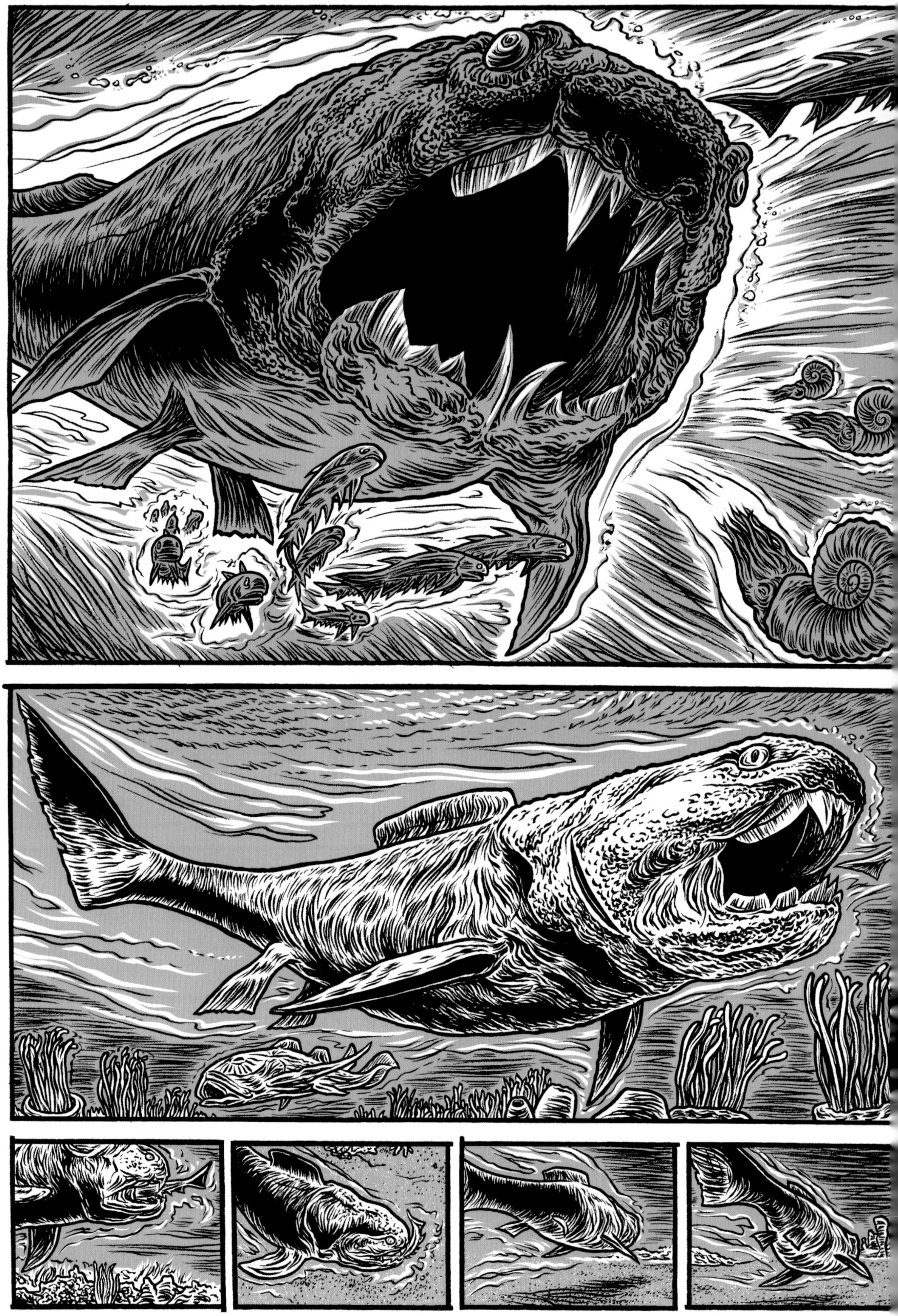

< 古生代 >

< 古生代 >

食肉鱼类则进化出了巨大的牙齿和具保护作用的鳞板，体长可达10米。

大型鱼类就好像海中一座座游动的堡垒。不过，它们很快就要面临来自近亲的竞争威胁。

泥盆纪时期，原始鲨鱼出现……

……并成为海中最可怖的猎手。

# < 古生代 >

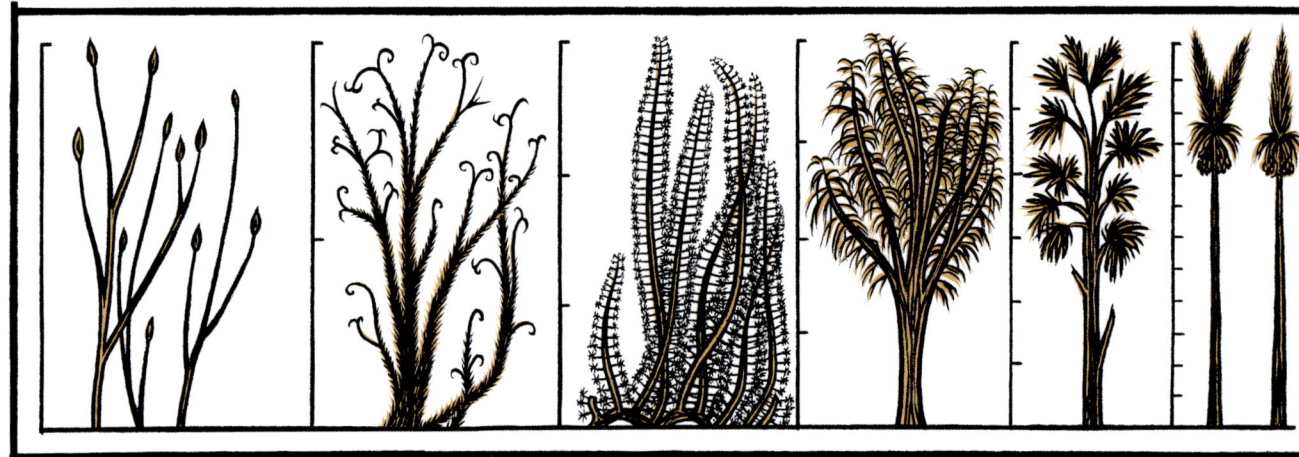

陆地上，植物形态越来越多样化，并互相争夺阳光。

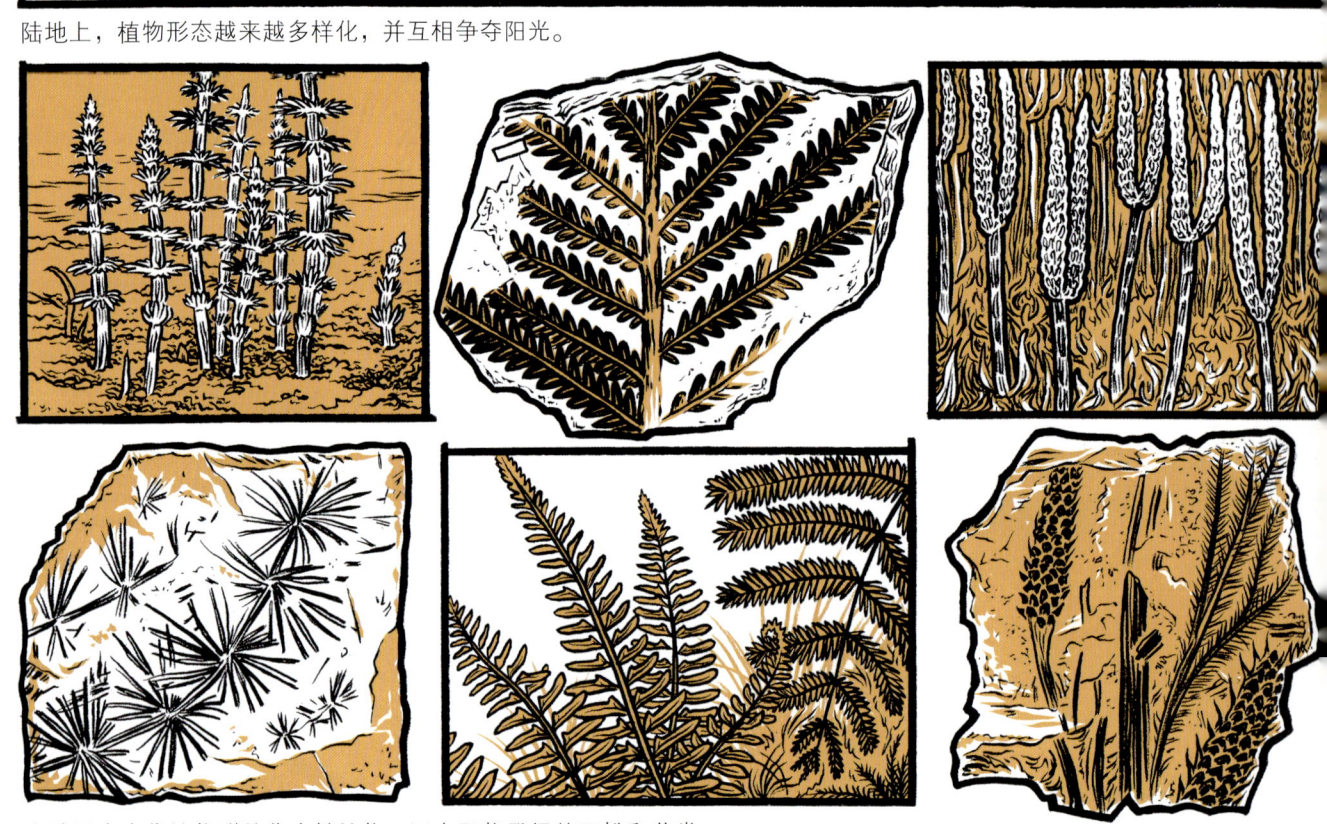

木贼是古生代植物群的代表性植物，还有即将登场的石松和蕨类。

< 古生代 >

海边温暖的沼泽成了陆生植物和其他新居民的试验田。

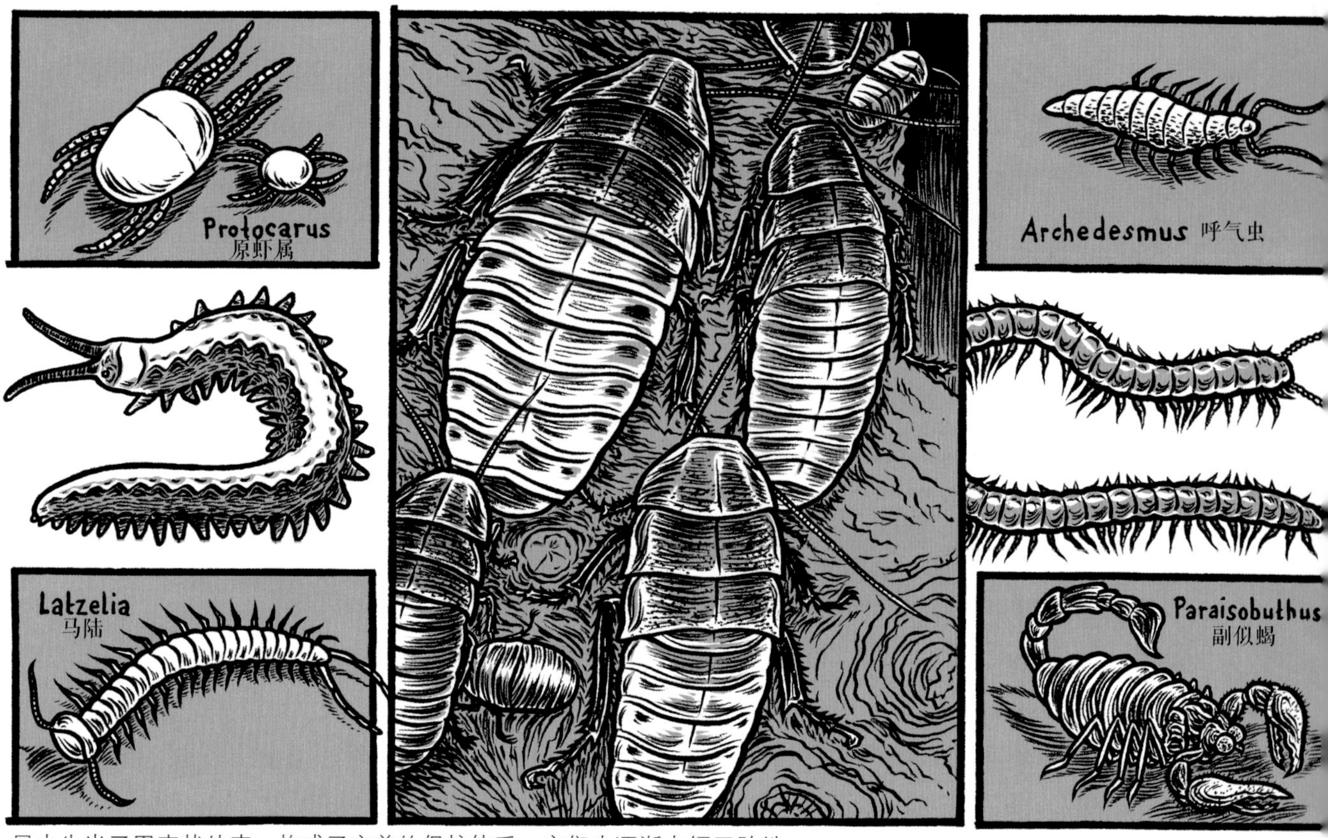

< 古生代 >

昆虫生出了甲壳状外壳,构成了完美的保护体系。它们也逐渐占领了陆地……

……很快,为了躲避天敌及其他生存威胁,原始鱼类也依靠强健的鳍,登上了陆地。

# 古生代

< 古生代 >

这个演化过程中最有名的例子是腔棘鱼,它们繁衍了约4亿年之久。

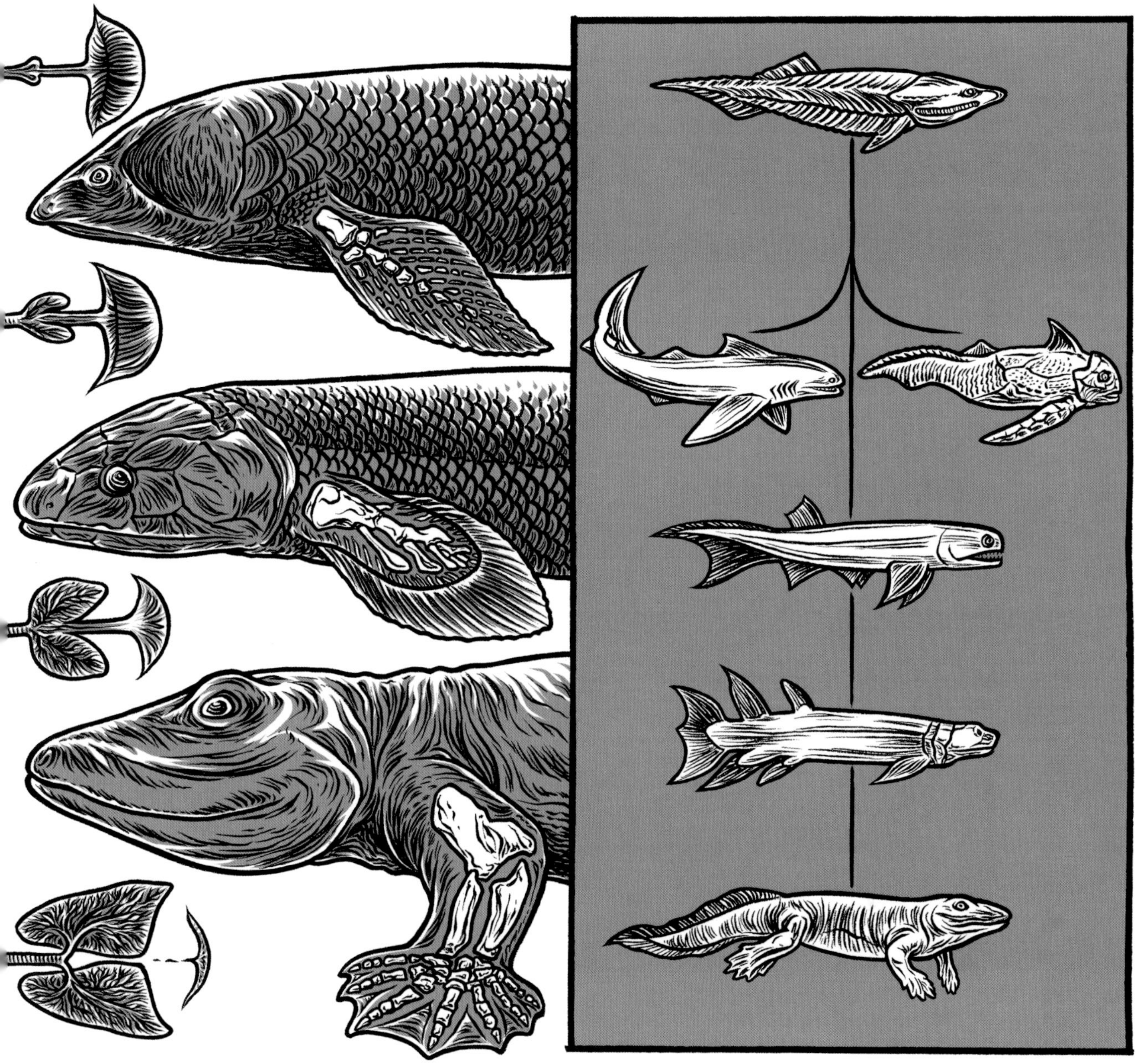

< 古生代 >

鳍逐渐进化成爪，鱼鳃进化成肺。于是，一类新的脊椎动物出现了。

< 古生代 >

两栖动物是陆生动物的先驱,也是最早深入内陆生活的脊椎动物。

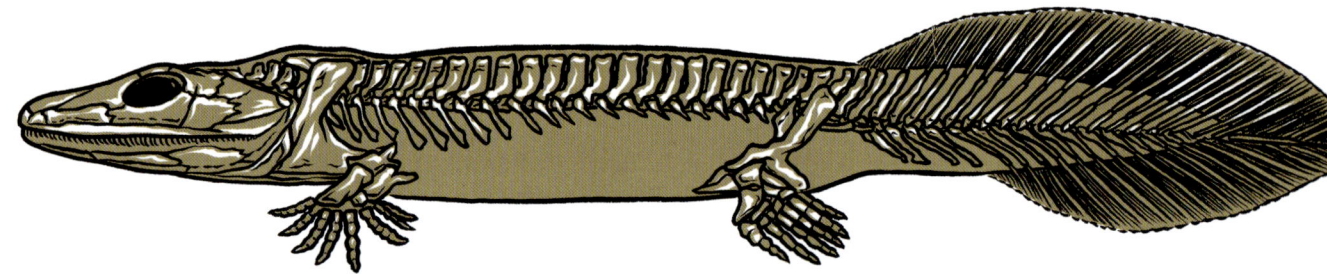

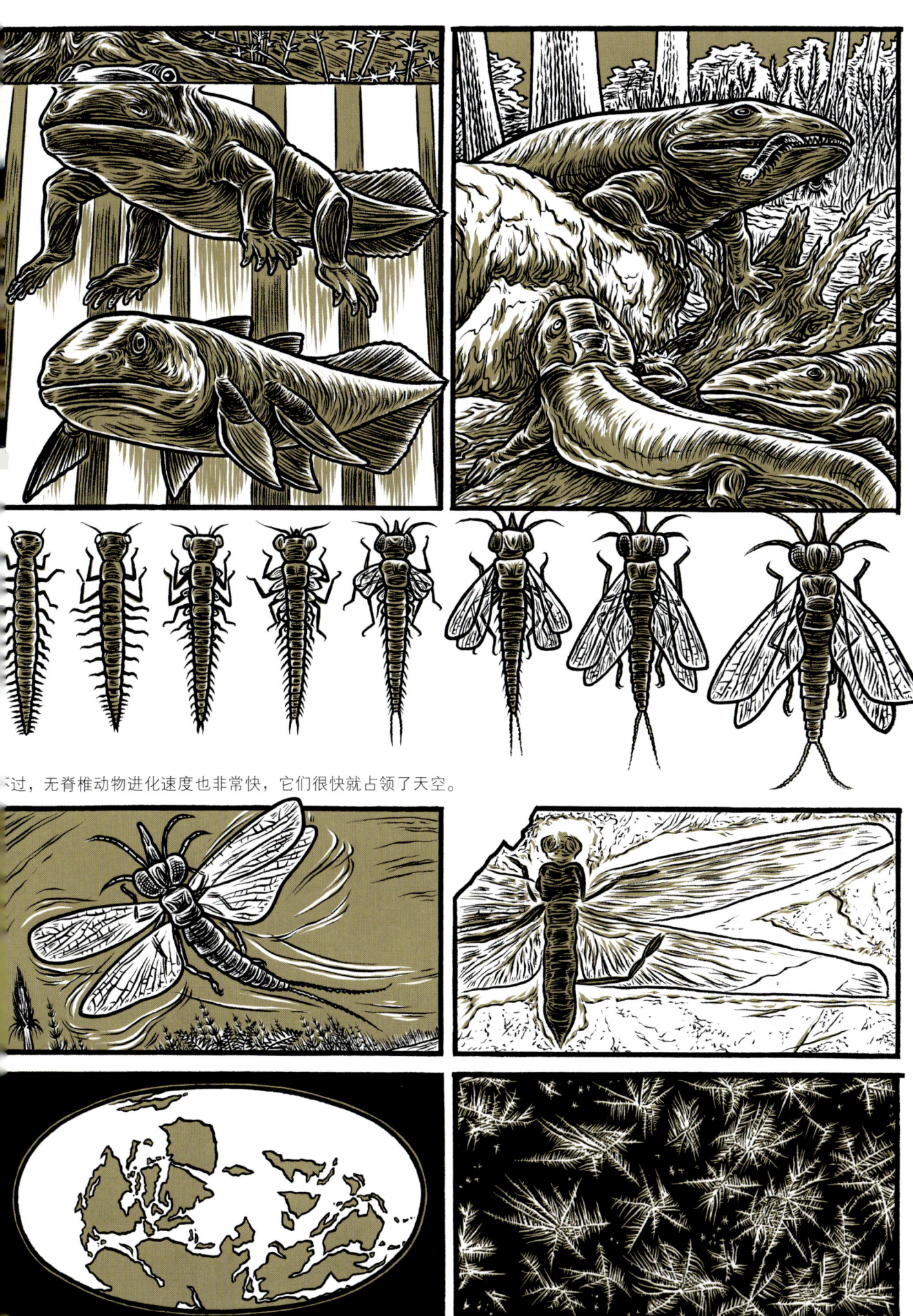

# < 古生代 >

### 5.1.4 泥盆纪　4.16亿—3.592亿年前

**4.15亿年前**　泥盆纪是鱼类主宰的时期——当然，原始无颌鱼此时已在逐渐消亡中，但个别种类，尤其是武装完备的种类（例如盾皮鱼纲）则迅速成长起来。盾皮鱼纲的一条分支演化出了最早的软骨鱼（它们是鲨鱼和鳐鱼的祖先）和辐鳍鱼（它们是"真正"的原始鱼类的祖先）。

**4.12亿年前**　加里东造山运动结束后，劳亚古陆形成，与冈瓦纳古陆接壤，它们日后将形成北美洲、格陵兰、欧亚大陆北部。

**4.09亿年前**　鹦鹉螺属头足纲动物，它们是原始菊石的祖先，接下来的3亿年间，菊石都是该时期地质层的标志性化石。珊瑚礁的生长规模继续扩大。

**4.03亿年前**　鱼类中间，腔棘鱼这样的种类拥有两对五趾鳍，就好像爪子一样，它们是鱼类向高等脊椎生物演化的过渡物种。软骨鱼类中，刺鲨的数量达到了巅峰。

**3.91亿年前**　除了形态多样的木贼和石松，松叶蕨也出现了。原始树木已高达数米，并构成了简单的森林生态系统。

**3.74亿年前**　两栖类动物成功地完成了适应，特别是具备了呼吸和行动的能力，并开始试探性地登陆。此时，陆地已于本地质年代初被不会飞的昆虫占领。

**3.62亿年前**　冈瓦纳古陆再次漂经南极，陆地表面逐渐封冻。新一轮冰封期长达几百万年之久，波及古陆大部地区，导致大批动植物死亡，热带珊瑚礁也受到了巨大冲击。

< 古生代 >

# 石炭纪

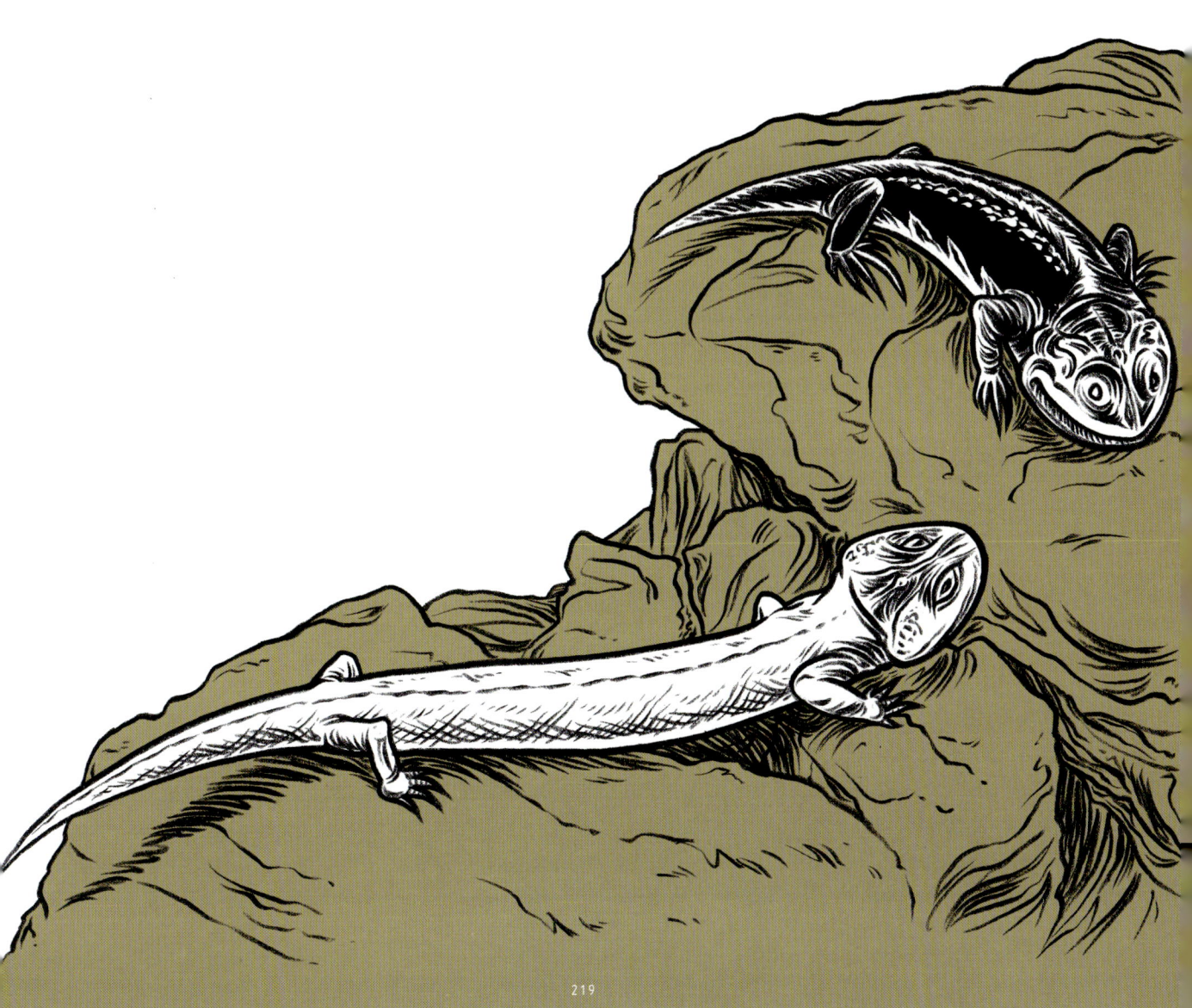

< 古生代 >

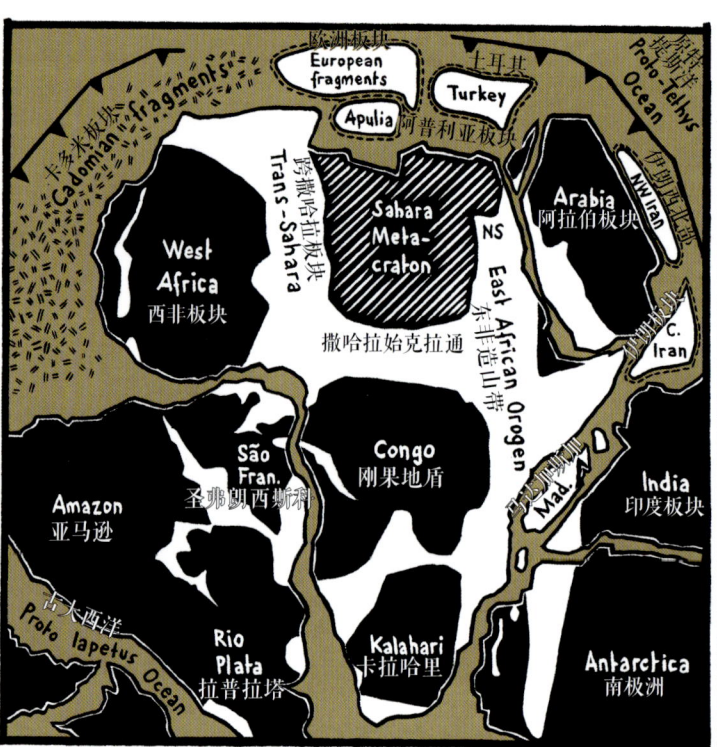

此时，冈瓦纳超级大陆终于离开南极，向北方另一片大陆漂去，并于日后与其接壤。

< 古生代 >

海平面上升，地球又潮湿又温暖，温室气候在全球催生了大片森林。

# 古生代

# 古生代

# 古生代

两千万年间,森林形成了厚厚的一层有机废弃物,大量碳元素得以固定。

< 古生代 >

一时期形成了丰富的化石燃料矿藏,以未来的北美和欧亚大陆地区储量最为丰厚。

厚的植被靠光合作用呼吸分解二氧化碳,大气含氧量是之前的一倍。

# 〈 古生代 〉

这一时期是植物的天堂。　陆地、天空、水里，都是植物的领地。

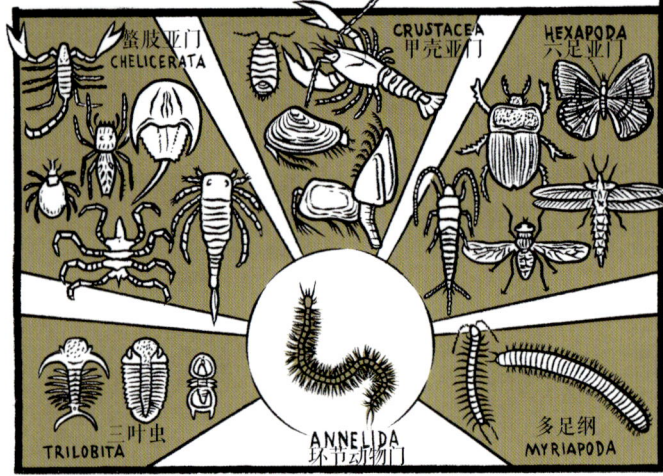 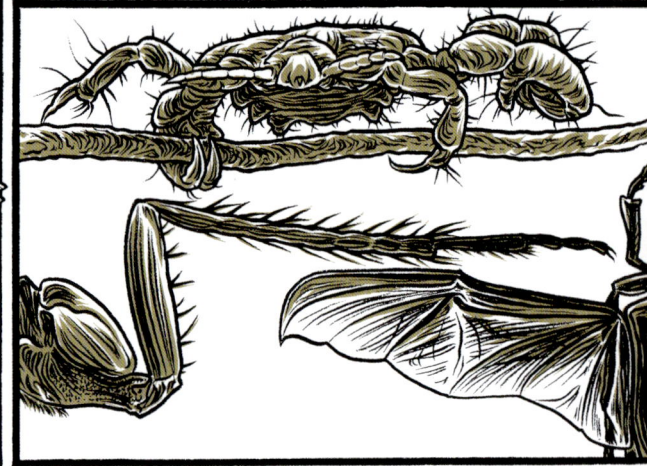

森林里住着数量庞大的节肢动物与膜翅目昆虫。　它们的行动能力不断增强。

 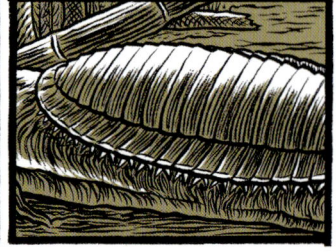  

< 古生代 >

< 古生代 >

此期间,进化最完善的四足动物又向全面适应陆地生活迈出了一步。

它们的肌肉和骨骼系统持续自我完善。　　　　原始蜥类即将　　登场。

# 古生代

< 古生代 >

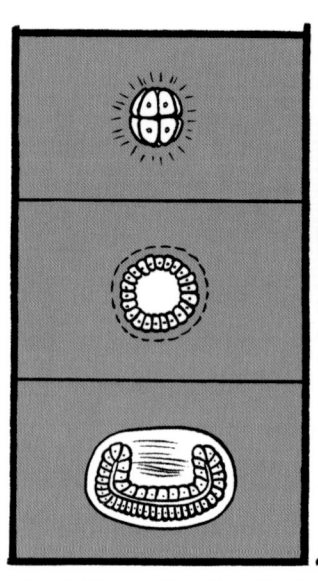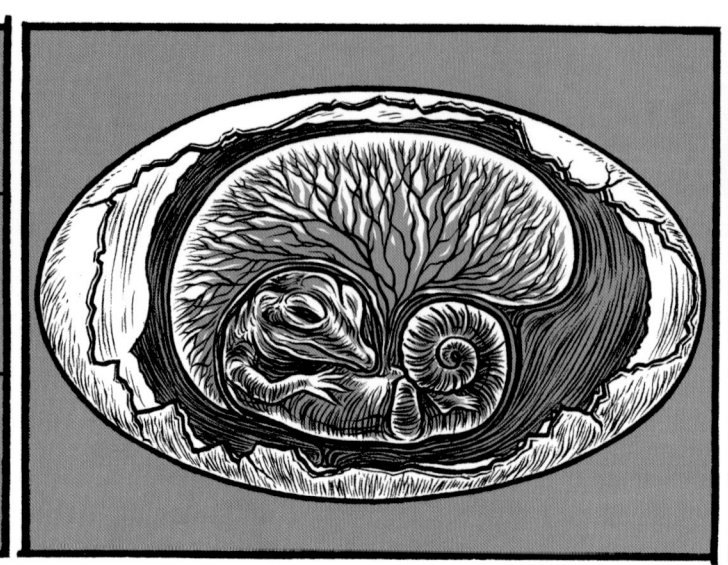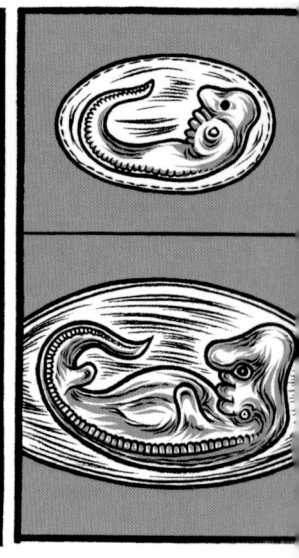

卵，就像一座带壳的暖箱，使得第一批原始蜥类彻底摆脱了水生环境。

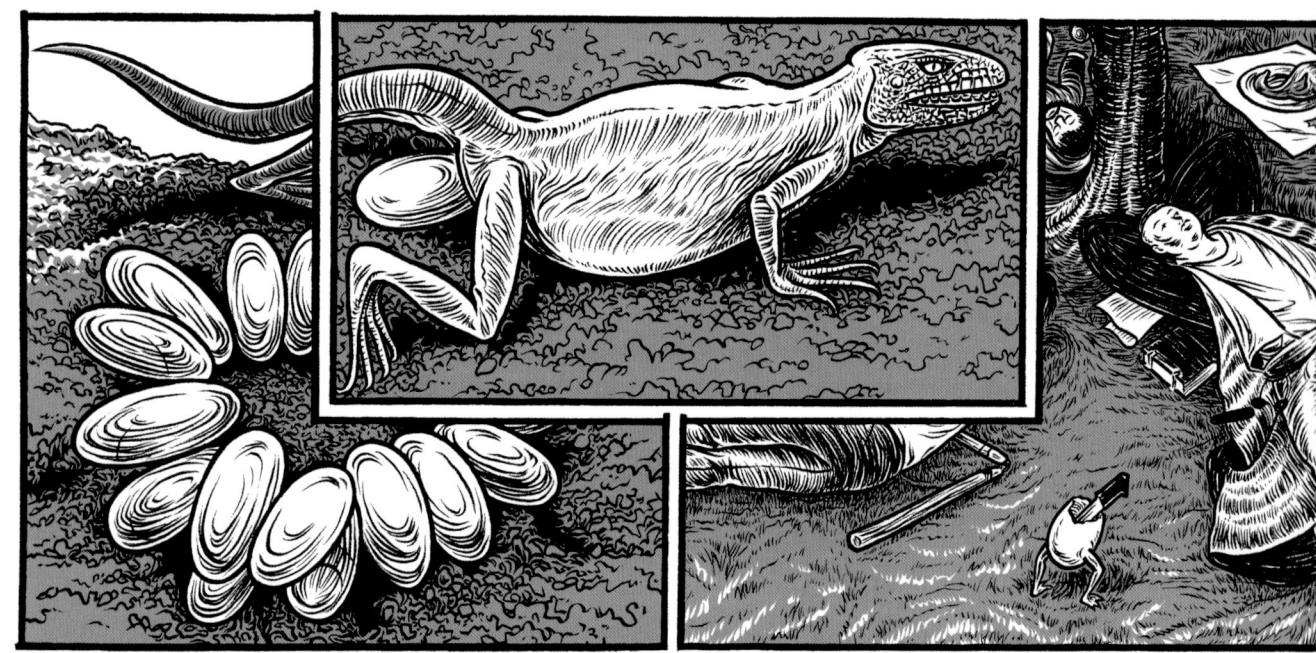

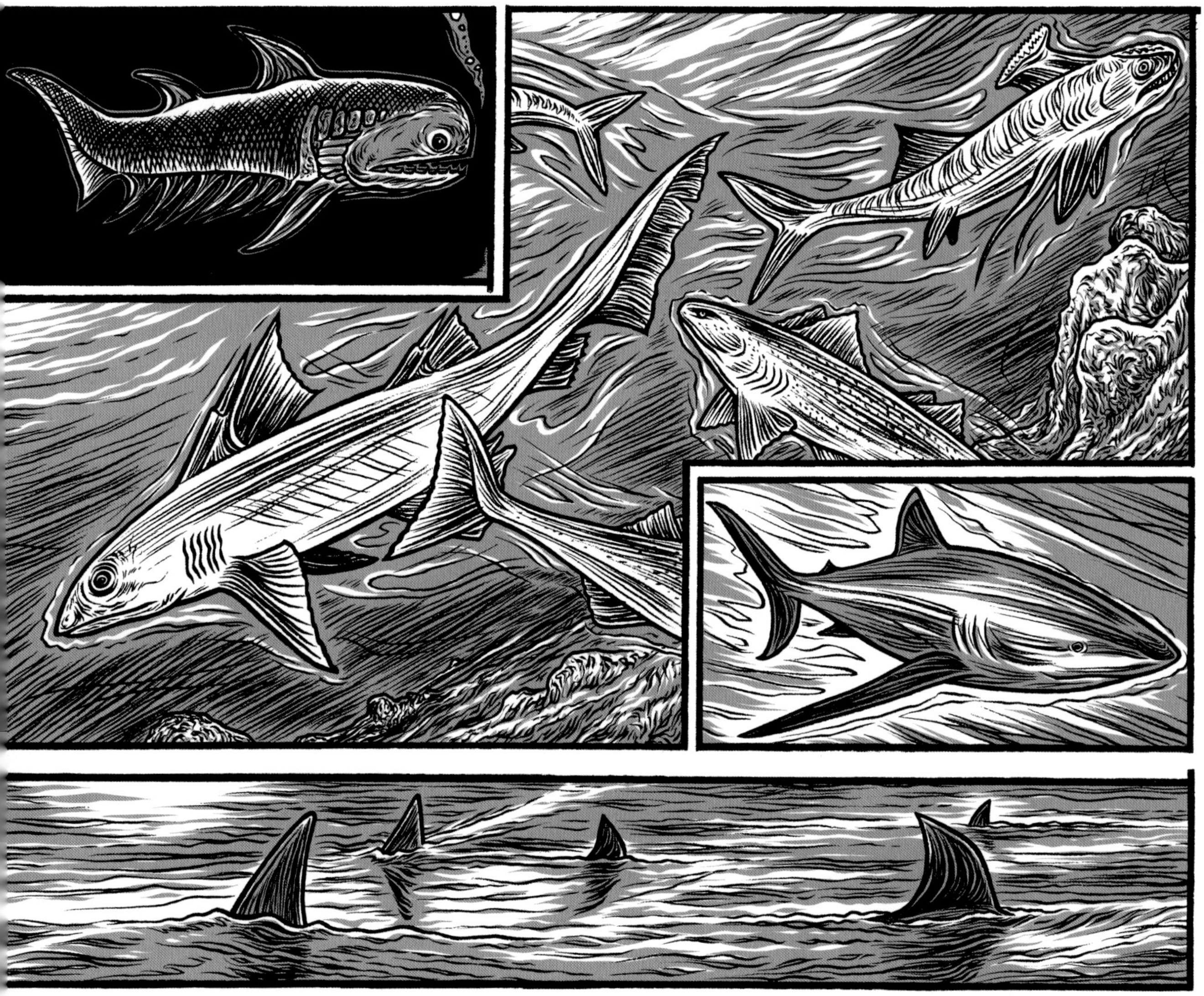

< 古生代 >

此同时，鲨鱼渐渐进化出流线型体态，并成为海中霸主。

些体态较修长的物种则离开海洋，在淡水中拓展地盘。

< 古生代 >

可是，地球又一次经历了一场巨变。

奥林匹斯众神与哈迪斯相继苏醒。

石炭纪以一场大规模的物种灭绝告终。

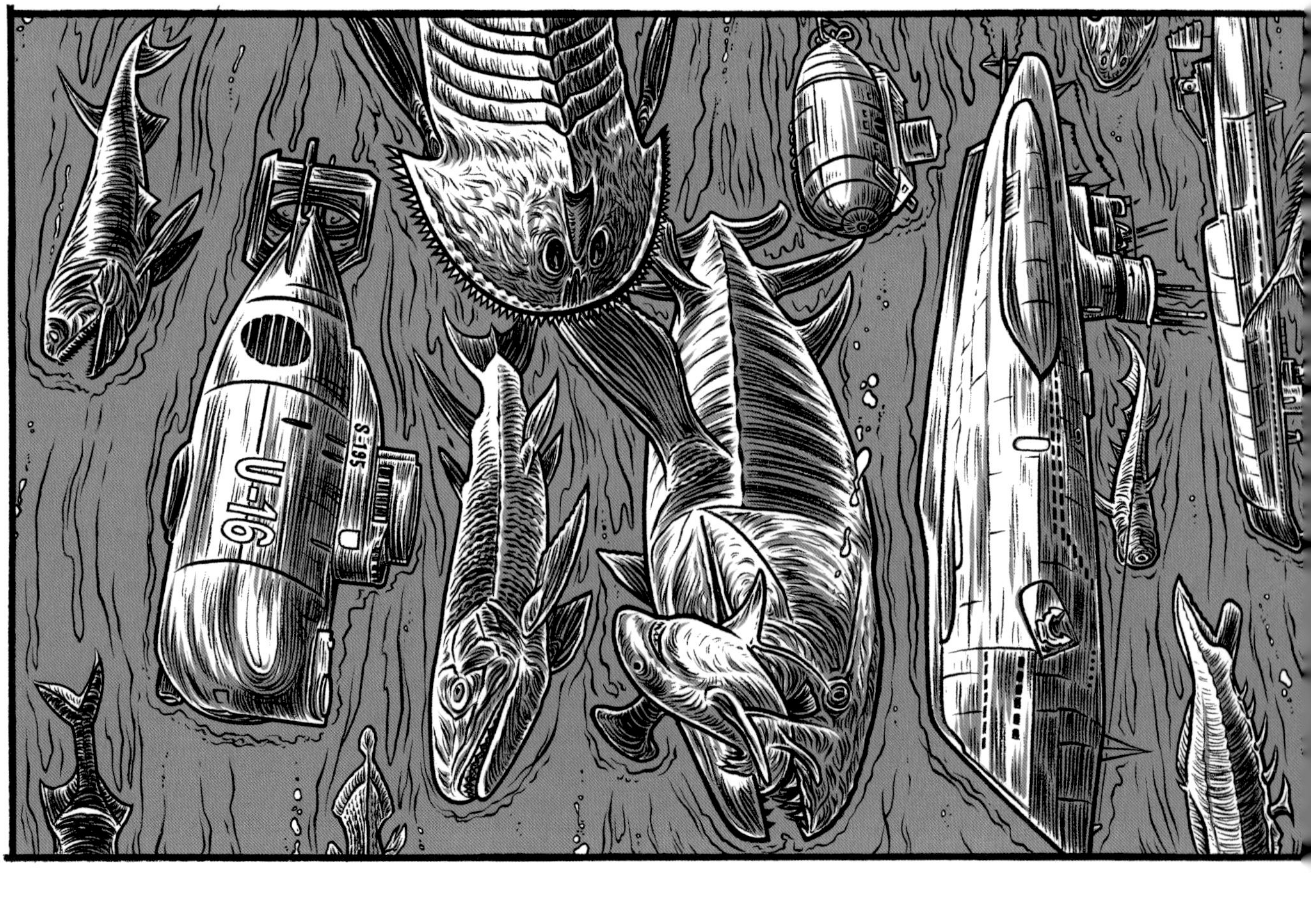

## < 古生代 >

无法适应环境的物种灭亡了,沼泽森林中生机勃勃的生物群落也不能幸免。

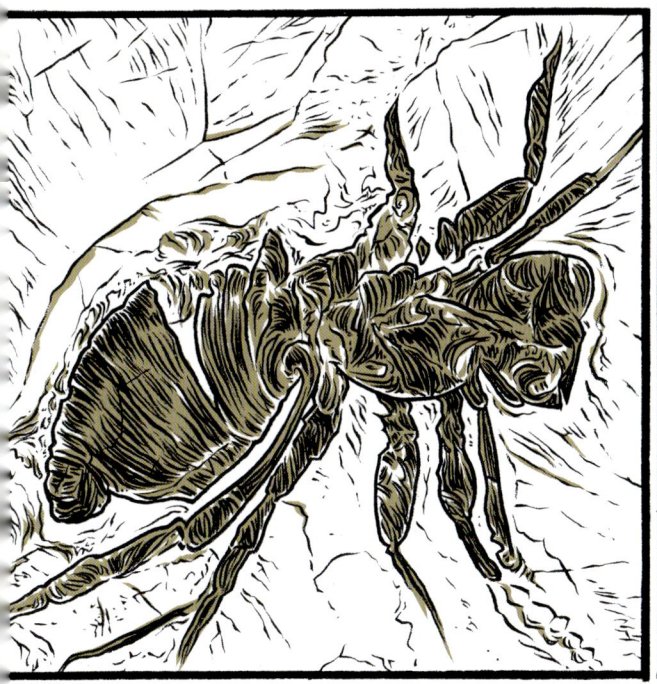

只有沉积岩中的化石保存了下来。　　　　　　　大量含有原始森林的地层变成煤炭。

# 古生代

5.1.5 石炭纪  3.592亿—2.99亿年前

**3.57亿年前**  冈瓦纳大陆漂离南极,并且解冻,导致海平面大幅上升。全球气候逐渐变暖,并越来越潮湿。

**3.44亿年前**  北方大陆,又称劳亚古陆,形成于泥盆纪,它逐渐向南方大陆靠拢。原本围绕南极运动的南方大陆开始向北漂移,引发了海西造山运动[①]。海西运动要一直持续到下一个地质时期,最终导致两块超级大陆接壤。

**3.42亿年前**  石炭纪成了两栖动物的天下。两栖动物是此时陆地上最大型的生物,某些生有甲壳的大型品种体长可达3米。两栖动物的一条分支后来进化成最早的爬行动物。

**3.23亿年前**  石松、鳞木和封印木构成了大片的沼泽森林,树木最高可达50米。森林将形成丰富的煤炭矿藏,矿层厚度可达几公里。石炭纪因此得名。

**3.11亿年前**  古蜻蜓出现,成为有翼昆虫的一员。有的蜻蜓个头巨大,翼展达75厘米。多足纲昆虫的品种也越来越多,有的体长达2米。

**3.08亿年前**  泥盆纪时大气含氧量只有15%,而到石炭纪,含氧量达到了35%。这要归功于数量庞大的植物。越来越复杂的生物种群开始出现,其中有的生物构成相互依存的关系,食物链也非常复杂。

**3.07亿年前**  原始四足爬行动物由两栖动物直接进化而来,前者的新陈代谢机制和繁殖方式都发生了改变,还进化出了卵生方式,从而成功地彻底摆脱了水生生活方式。从今往后,爬行动物有了征服干燥内陆的能力。

**3.03亿年前**  石炭纪后期,受陨石撞击和火山活动影响,全球平均温度大幅下降,两极冰盖和冰川大量增加,导致海平面大幅下降。大批动植物都未能经受住这场突变的考验。不过,石炭纪末期,主要消亡的还是大批热带森林。

---

① 由德国海西山得名。其所形成的褶皱带,称海西或华力西褶皱带。——译注

< 古生代 >

# 二叠纪

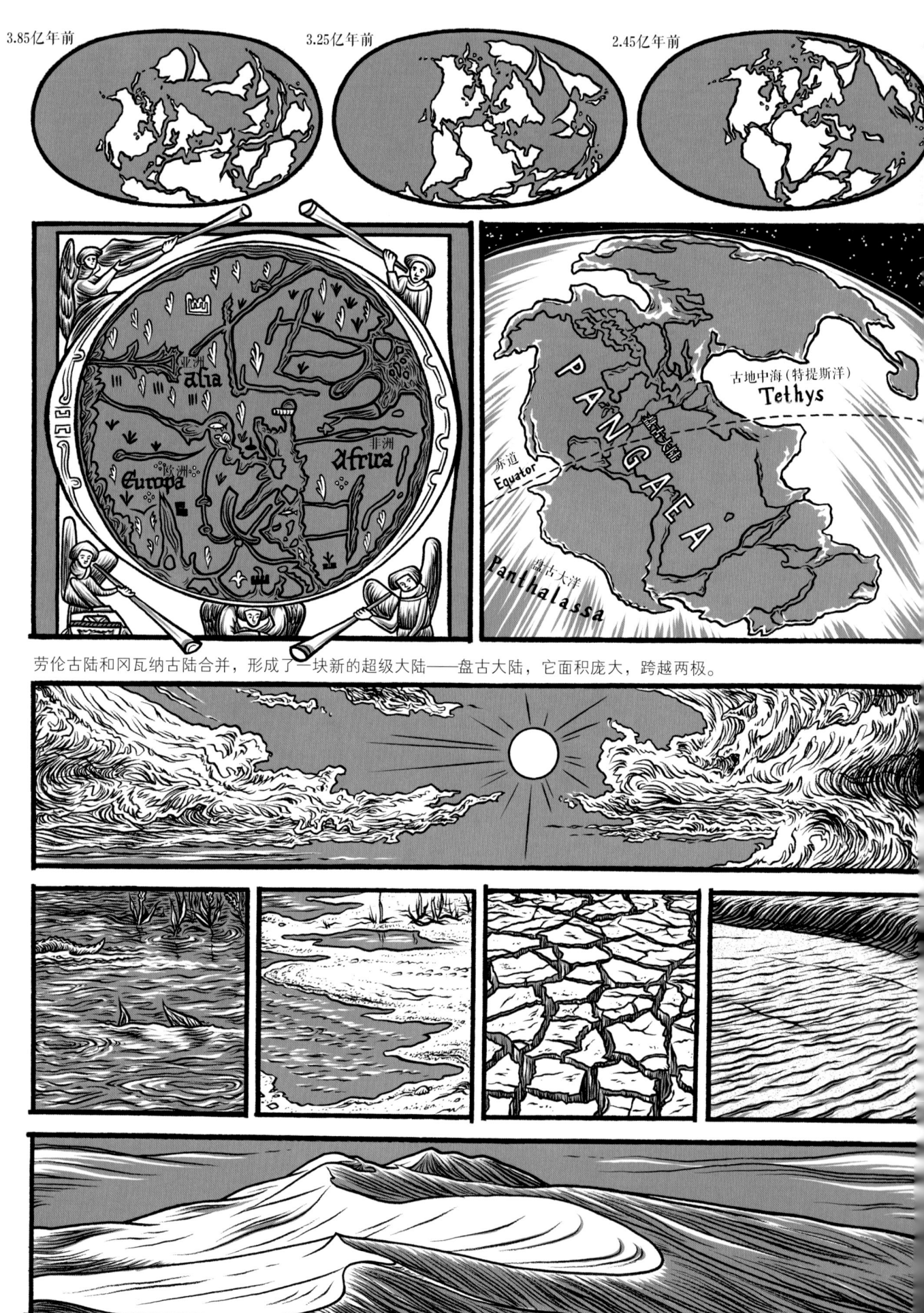

< 古生代 >

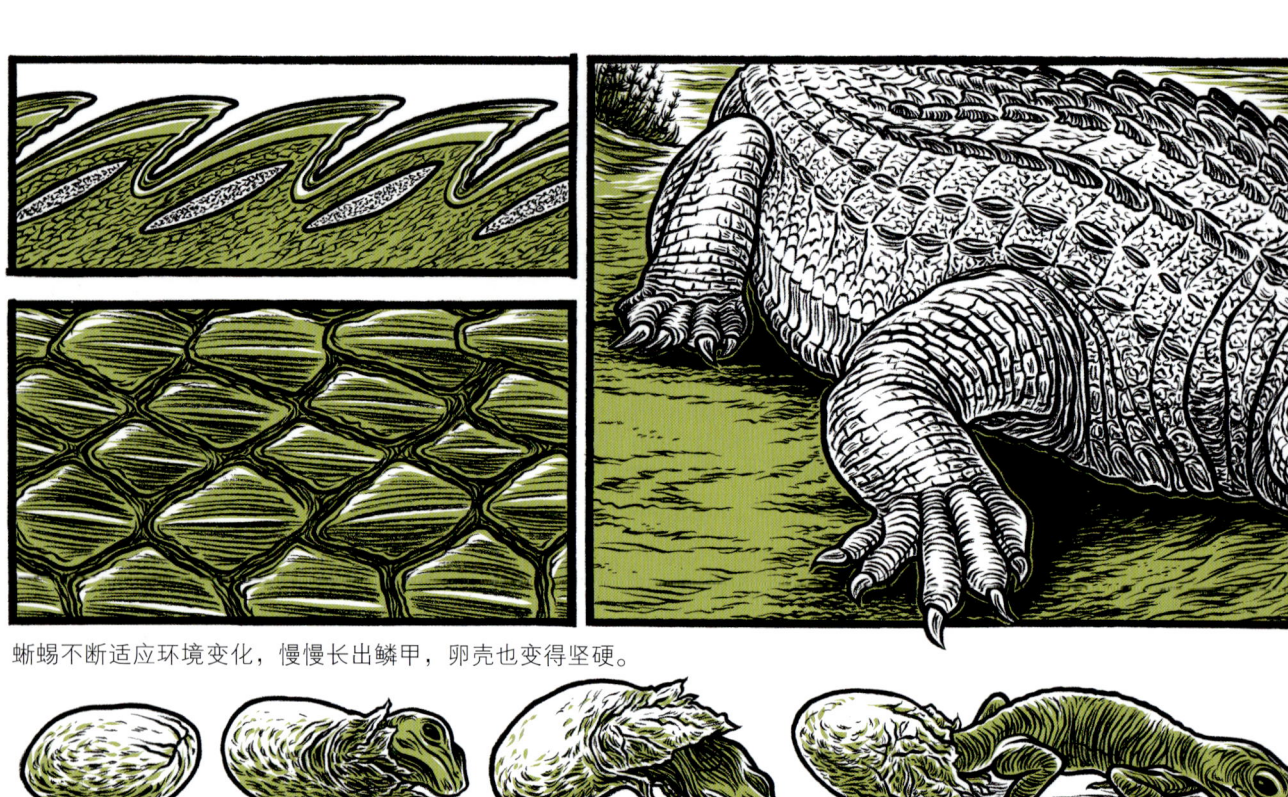

蜥蜴不断适应环境变化,慢慢长出鳞甲,卵壳也变得坚硬。

潮湿的生态环境中,两栖类动物的演化也产生了极大的飞跃,催生了一些体型巨大的种类。

# 古生代

……龙，牙齿尖利的潜水健将，成了水底世界新的猎食霸主。

……某些树生蜥蜴也开始涉足昆虫的领地：它们向天空进军啦！

# 〈 古生代 〉

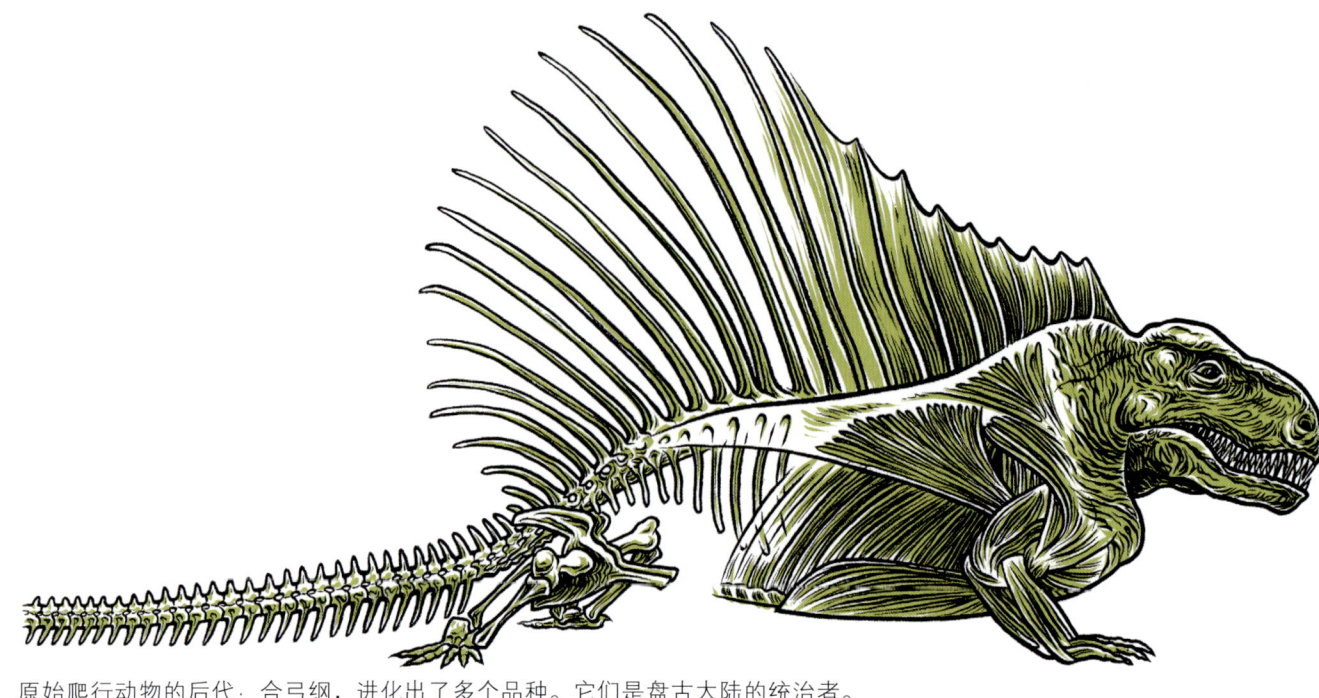

原始爬行动物的后代：合弓纲，进化出了多个品种。它们是盘古大陆的统治者。

作为第一批能保持体温恒定的动物，恶劣气候也拿它们无可奈何。

< 古生代 >

弓纲既有行动笨拙的食草动物,也有动作敏捷的食肉动物,它们共同勾勒出一派生机勃勃的景象。

< 古生代 >

兽孔目是所有动物中进化得最快的,它不再具备爬行动物的特征,而是更接近哺乳类。

# < 古生代 >

兽孔目的后代中,犬齿兽类具有哺乳动物的众多内外特质。

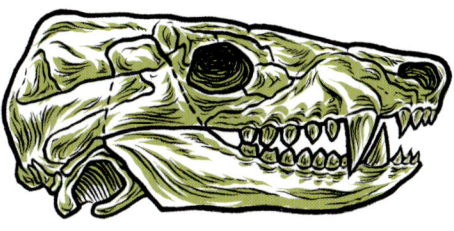
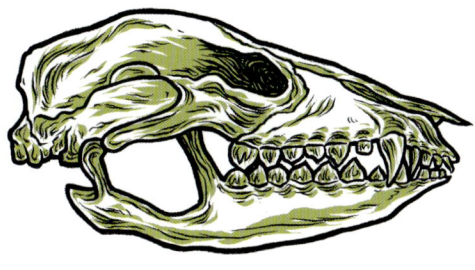

**Reptilia** 爬行动物　　**Cynodontia** 犬齿兽亚目　　**Mammalia** 哺乳动物

然而,伴随着一场史无前例的大灾难,这些生物的成长戛然而止。

< 古生代 >

就好比一颗定时炸弹,一座超级大火山爆发了,波及了几百万平方公里的面积。今天位于西伯利亚的陆地被厚厚的岩浆覆盖,数十万吨的岩石和粉尘被喷入空中。

< 古生代 >

物圈被彻底摧毁。古生代以一场大规模的物种灭绝告终。

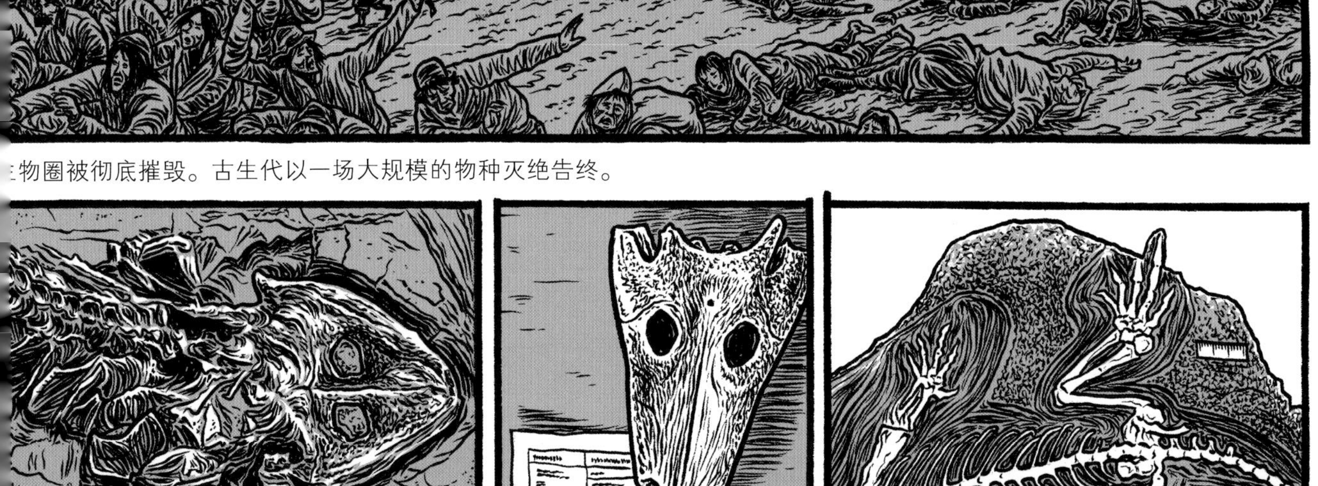

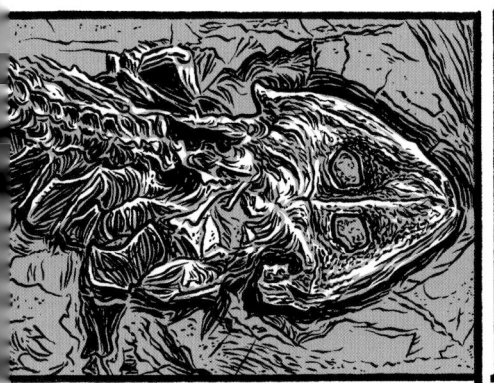
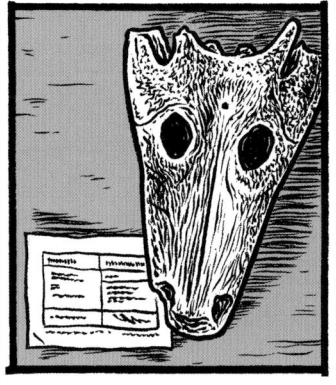
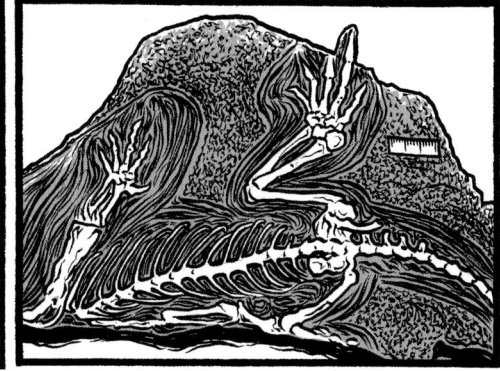

# 古生代

### 5.1.6 二叠纪  2.99亿—2.51亿年前

**2.96亿年前**　气候出现剧烈变化。劳伦古陆和冈瓦纳大陆合并，像波罗地大陆和西伯利亚大陆这样的小型板块也合并进来。地球就这么被分成两部分：一部分被盘古大洋覆盖，另一部分则是一块横跨各个纬度的超级大陆。

**2.81亿年前**　这块名为"盘古大陆"的超级大陆中心地带受极端干旱之苦，形成了一些沙漠地带，性喜潮湿的孢子类植物无法在这里生存。植物的应对策略是进化出了裸子植物，例如原始针叶植物和银杏，它们的繁殖策略更适应环境，可对抗水分蒸发。爬行动物和昆虫也演化出了完全不依赖于水的繁殖方式，比如硬壳卵生或直接产出幼虫。

**2.80亿年前**　浅海逐渐干涸，形成了大量盐矿结晶。

**2.74亿年前**　主要由食草及食肉动物构成的兽孔目统治了陆地，且体型越变越大。迷齿亚纲类则继续在潮湿栖息地称王，但它们的栖息地正日益变小。虾蟆螈属迷齿亚纲，体长可达4米，是有史以来最大型的两栖类动物。

**2.68亿年前**　外表酷似蜥蜴的小型蜥类出现了，它们的天敌是兽孔目。此时，蜥类仅占了食虫动物总数量的一小部分。

**2.66亿年前**　盘古大陆自中心开始分裂。全球性海洋形成了，其中一支，也就是地中海的前身特提斯洋，一直延伸到超级大陆的中心。它自东南亚始，面积随海平面高低而波动，有时甚至一直延伸到未来的中欧。

这一时期，海平面达到了地球有史以来的最低值。

**2.59亿年前**　滑翔爬行动物的原型出现在空中。

**2.57亿年前**　兽孔类动物的一支，犬齿兽次亚目，展现出越来越多的哺乳动物特征，尤其是骨骼、运动方式和新陈代谢机制。犬齿兽的命名（cynodonte）取自希腊语的"狗"（kunos）和"齿"（odontos）。

**2.52亿年前**　一次极其剧烈的火山活动产生的温室效应导致全球气温升高，且居高不下。这场火山活动还在西伯利亚地区形成一层面积达几百万平方公里的致密玄武岩层。这些突变还伴随着海平面的大幅下降。

此事件还导致了大范围的物种灭绝，古生代绝大部分植物都未能幸免于难。将近90%的物种都灭绝了：原始爬行动物几乎全军覆没，还有大量兽孔类、两栖类、珊瑚、放射虫，以及当时尚存的三叶虫全体，导致各个生态系统崩溃。很短的时间里，海洋物种数量由25万种锐减到1万种。

< 中生代 >

# 三叠纪

< 中生代 >

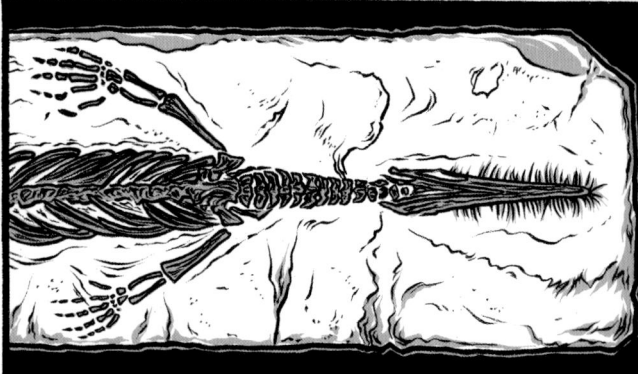

经过这场劫难，陆上生命缓慢地恢复元气，各处的空缺慢慢填补。

不过，幸存下来的不少动物都抓住了这次大好时机，蓬勃繁衍生息。

# < 中生代 >

犬齿兽已经进化出类哺乳动物的形态。它们数量众多，集结成群，在岩洞中生活。

机会对所有的生物都是平等的。相似的栖息地，也催生了相似的生物。

2.42亿年前

8700万年前

现代

# ＜ 中生代 ＞

更适应环境的新一代爬行动物出现了，直接威胁到相较之下原始得多的兽孔目类。

比起祖先来，初龙类更迅捷，更灵巧，力量、耐力和攻击性都更胜一筹。

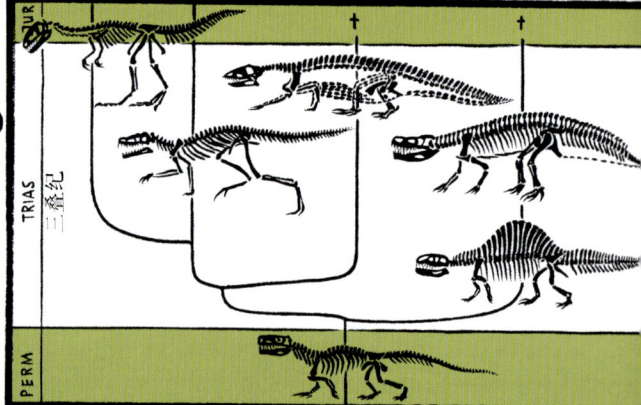

它们是新时代无可争议的王者。　　初龙类的骨骼结构决定了它可以演化出形态多样的种类。

## < 中生代 >

从巨鳄到身形纤细、用两条后肢直立行走的品种。

"爬行类王者"的称号它们当之无愧。

因为很快,它们的领地将拓展到各个领域。

< 中生代 >

某些初龙类很快重回海洋，并迅速适应了水世界。

Jenny Haniver
»Historia Animalium«
(1551 - 1558)

伪造外星
生物标本
《动物史》
（1551—1558）

< 中生代 >

盾齿类、幻龙类和鱼龙类形态趋同演化，没用多少时间就完美地适应了海洋生活。

< 中生代 >

还有的初龙类向蓝天发起了挑战,并迅速征服了天空。

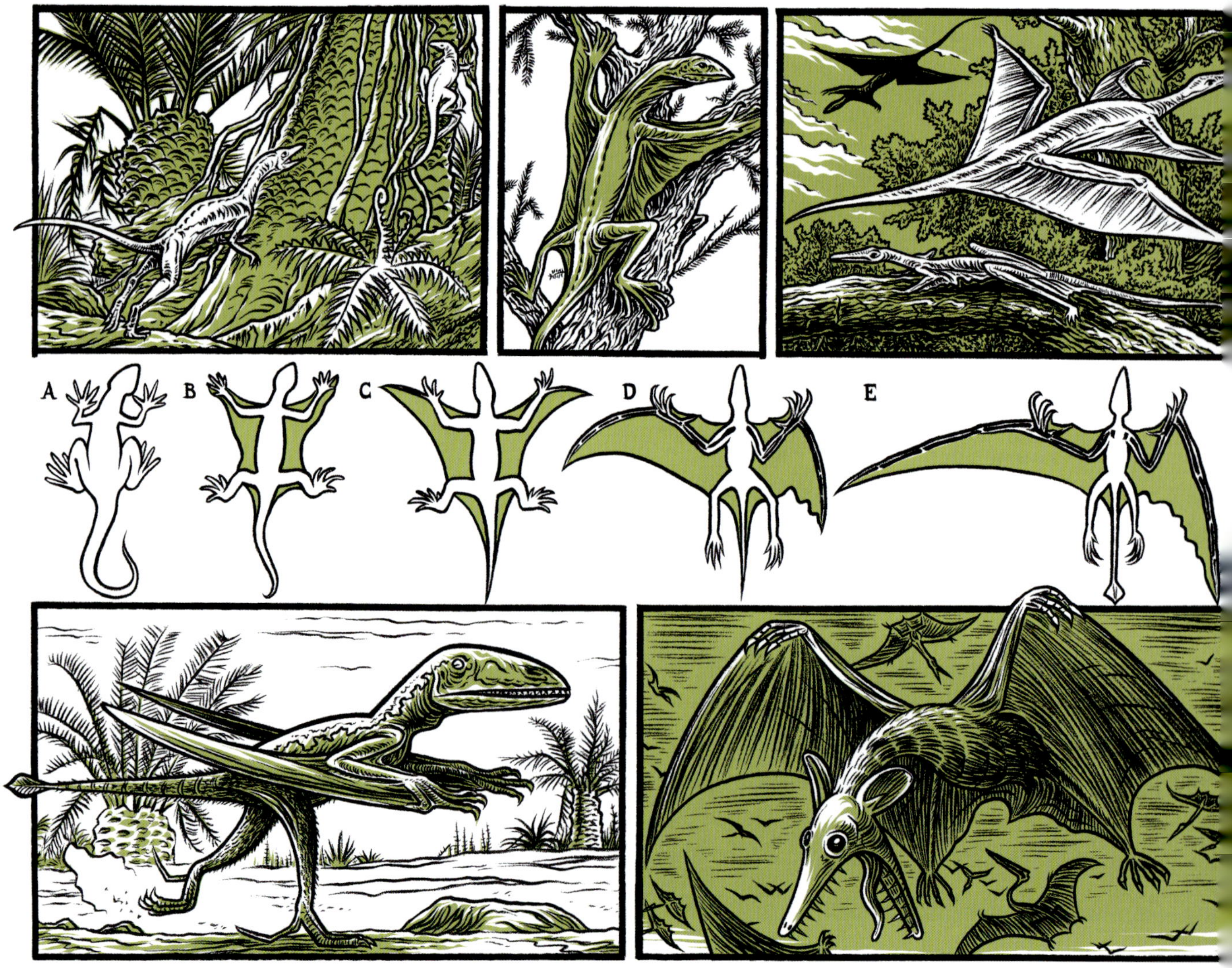

A  B  C  D  E

< 中生代 >

多亏了 从第四趾处生长出来的一层翼膜，它们可以在全球自由自在地翱翔。

# < 中生代 >

这一时期气候潮湿，非常有利于各种动植物的生长。

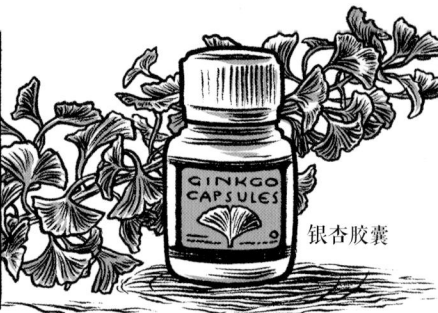

南洋杉油　　　　　银杏胶囊

之前有一种用双足直立行走的鳄鱼类，它们的后代，就是第一批真正的恐龙。

< 中生代 >

恐龙远比其他的脊椎动物更灵活，更机敏，不久就占据了食物链的顶端位置。

# 中生代

面对全副武装的恐龙，部分潜在猎物进化出了厚厚的盔甲。

各种恐龙不断进化，体型越来越大，越来越强壮…… ……它们将在很长一段时间内称霸地球。

< 中生代 >

而此同时，原始哺乳动物也在演化，但是，即便经过了接下来的漫漫1.5亿年，它们的个头也始终不比老鼠大。

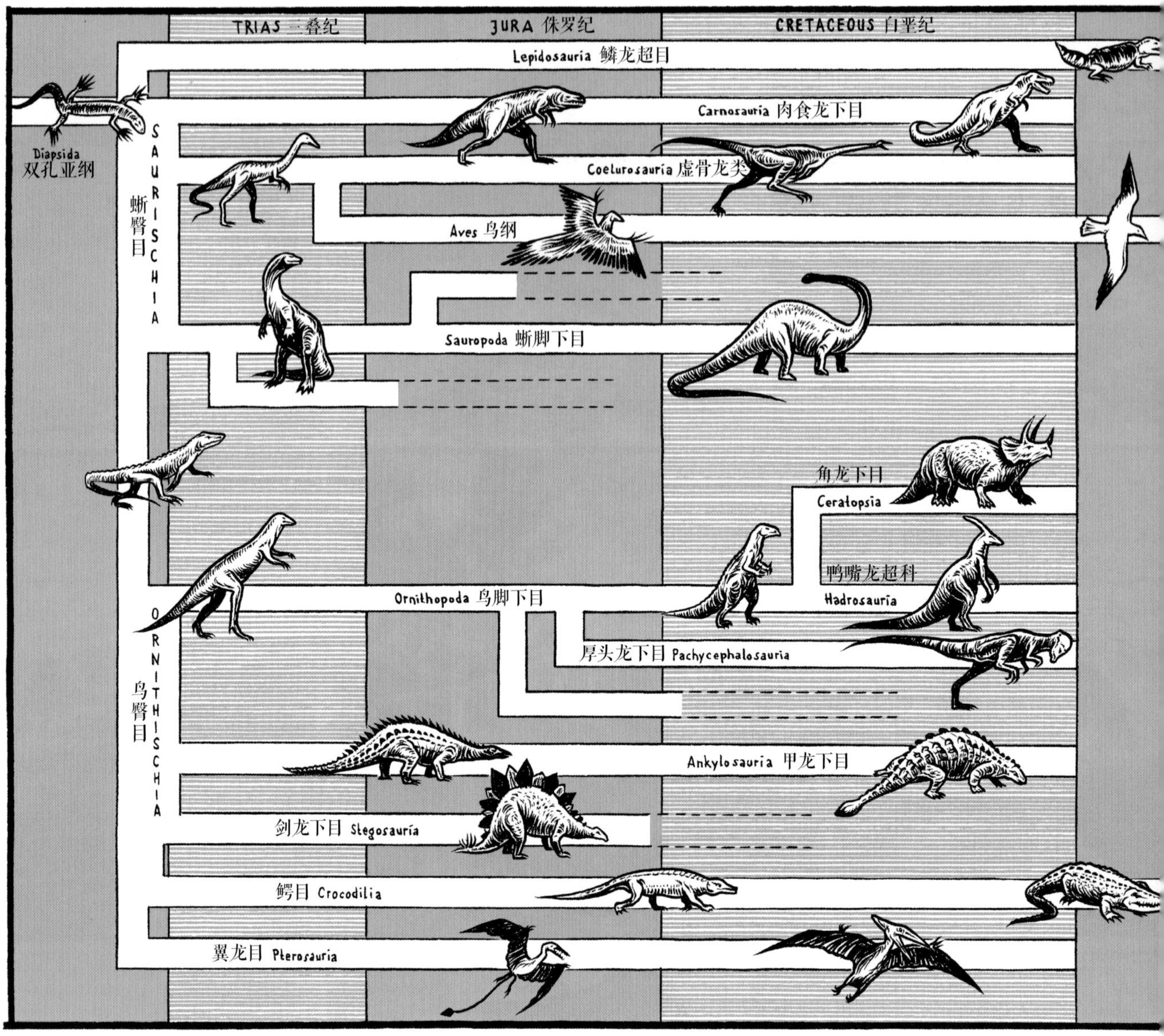

# < 中生代 >

恐龙继续进化出新的种类,并比前代有着更强的环境适应能力。

< 中生代 >

egalosaurus 斑龙属

三叠纪时期的生态灾难为恐龙清除了竞争对手，为它们铺平了迈向新时代的大道。

# 中生代

## 5.2 中生代　2.51亿—6550万年前

### 5.2.1 三叠纪　2.51亿—1.996亿年前

**2.51亿年前**　三叠纪开始。这个名称来自于该地质年代的典型特征：斑砂岩、壳灰岩和考依波泥灰岩三种岩层的叠加。

**2.48亿年前**　盘古大陆向北漂移，催生了更有利的气候条件，特提斯洋移动到赤道附近。冈瓦纳古陆上一些碎片逐渐脱离主大陆，这就是今天的东南亚。强烈的季风吹袭冈瓦纳古陆北部，并将湿润空气带到内陆。但总体来讲，三叠纪的气候还是属于炎热干燥的大陆性气候。

**2.45亿年前**　一些先锋植物物种，例如蕨类和木贼，在之前寸草不生的地方出现。这个时期的四足动物大多为食草类，但是到本期，它们开始飞速进化。小巧敏捷的犬齿兽数量远超过其他脊椎动物，当今世界个别地区出土的化石中，犬齿兽占了绝大部分。

**2.43亿年前**　海平面回升，海生动植物再次活跃起来。

**2.42亿年前**　海洋动物群落重组，并建起了大型的壳灰岩礁。除珊瑚、海胆外，由头足纲演化而来的菊石和箭石繁殖达到全盛期，种类多达3000种以上。

**2.4亿年前**　新的掠食者：初龙类，登上舞台。它们形似鳄鱼，但身形比鳄鱼高大，有时可以只用后肢行走。有的种类生着厚重的盔甲，有的则身形纤细，动作灵敏。它们和初龙类一起统治着陆地。

**2.39亿年前**　有的蜥类则走上了不同的演化道路，经过飞速发展，重新占领了祖先曾经生活过的海洋。其中最著名的要数酷似鱼的鱼龙和四肢进化成鳍的蛇颈龙。蛇颈龙的身形很快进化得非常庞大，身长可达25米，属胎生。

**2.33亿年前**　针叶植物也经历了迅速的进化：南阳杉、柏树、紫杉和松树都出现了。森林面积重新开始逐渐扩张，树蕨、棕榈和银杏树出现。

**2.25亿年前**　用双足行走的初龙类进化成"恐怖的蜥蜴"，也就是恐龙。早期的恐龙几乎全是食肉和掠食型，但是，兽孔类被淘汰后，一些恐龙也进化成食草类，以填补空缺的生态位。

**2.21亿年前**　早期的翼龙在天空中翱翔。它们第四趾处生出翼膜，并越长越大，逐渐将前后肢连接起来，这样，翼龙就能飞了。恐龙逐渐进化成两目：蜥臀目的骨盆与爬行动物类似，而鸟臀目的骨盆则接近日后出现的鸟类。

**2.18亿年前**　中国北部和南部的大陆板块相撞，形成秦岭。

**2.15亿年前**　个别生有毛皮的小型犬齿兽品种逐渐进化成最原始的哺乳动物。它们属胎生，以昆虫为食，体型仅有老鼠大小。母兽产崽后哺育幼崽的行为也越来越普及。

**2.12亿年前**　气候变化导致海平面再次下降，部分浅海干涸消失。这个过程催生了一些咸水湖和盐矿层。

**2.09亿年前**　一颗大型陨石撞击地球，形成了位于今天加拿大魁北克省的马尼夸根火山口。

**2.03亿年前**　剧烈的环境变化导致了原始爬行类动物种群的灭绝，例如初龙类，以及当时尚存的兽孔目。

< 中生代 >
# 侏罗纪

< 中生代 >

生物圈稳定下来之后,形态多样的动植物占据了各个地盘。

炎热潮湿的热带气候统治全球。这个时期,仅存的沙漠也让位给森林。

## < 中生代 >

被繁茂，品种繁多，成了丰盛的食物来源。

恐龙演化成两大目，逐渐成为侏罗纪无可争议的霸主。

《恐龙葛蒂》（Gertie the Dinosaur）是一部1914年的动画短片，也是有史以来第一部以恐龙为主角的动画片，作为当时综艺杂耍活动的项目之一上映。本图为当时的海报。

# ＜ 中生代 ＞

最具代表性的恐龙体型越来越庞大。　　它们身长可达45米，体重可达90吨，而且没有任何制约力量

< 中生代 >

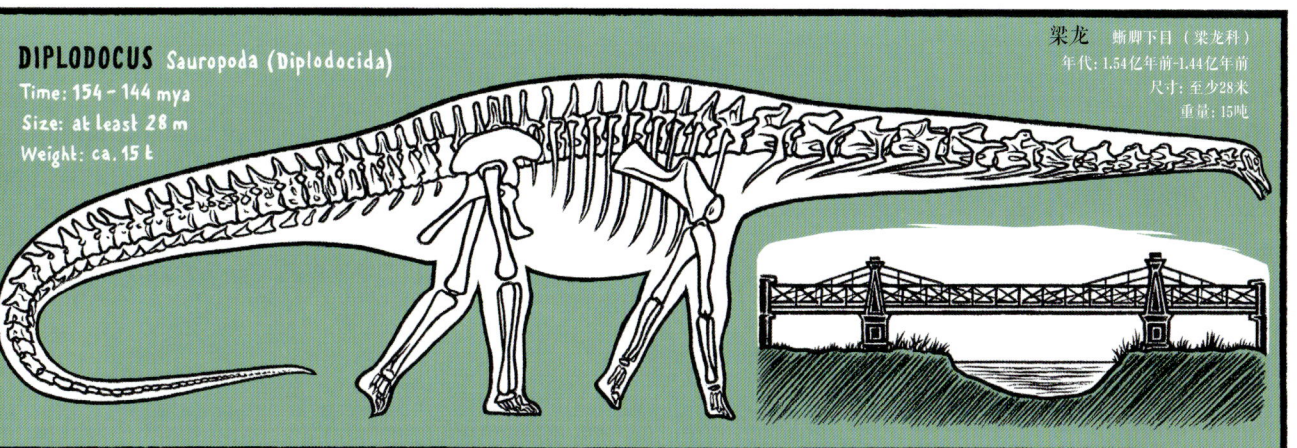

**DIPLODOCUS** Sauropoda (Diplodocida)
Time: 154 – 144 mya
Size: at least 28 m
Weight: ca. 15 t

梁龙　蜥脚下目（梁龙科）
年代：1.54亿年前-1.44亿年前
尺寸：至少28米
重量：15吨

梁龙的骨骼结构经过了优化，可以保证它们庞大的身躯移动灵活。

# 中生代

< 中生代 >

< 中生代 >

没有什么是恐龙吃不到的——食草恐龙生着长长的脖子,能够到南阳杉的最顶端。

然而,食草恐龙对食肉恐龙而言,无疑是一顿移动的美餐。食肉恐龙的体型也越来越庞大。

# < 中生代 >

化出庞大身躯的并不只是恐龙。

当时理想的自然条件下，爬行动物各个种类也争相进化。

# 中生代

海生蜥类不甘示弱。它们身长近25米,创下了新的纪录。

< 中生代 >

翼龙类也进化得很快:除了交配和产卵,它们根本就无需落地。

型翼龙小如麻雀,而大型翼龙就好比一架小型飞机,翼展可达12米。

# < 中生代 >

地面、林间，翼龙潜在的竞争对手也出现了。

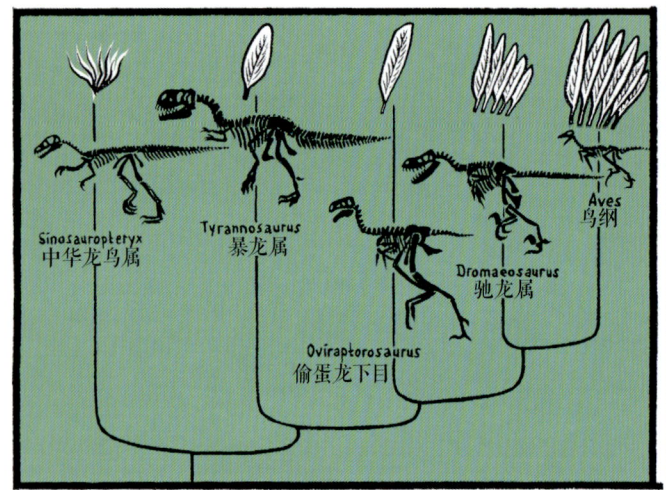

某些蜥类进化出了革命性的新装备：原始鳞片演化成了羽毛！

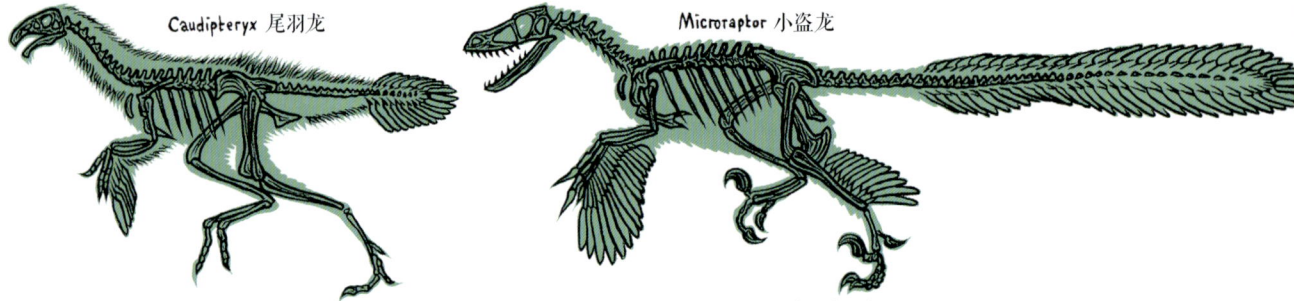

几百万年的时间里，它们的体重变得轻盈，羽毛覆盖全身，前肢变成了强健的翅膀。

< 中生代 >

< 中生代 >

一些擅长跳跃和飞行的种类则逐渐进化成了原始鸟类,但还保留着牙齿和爪子。

< 中生代 >

虽说日后命运多舛，但新进化出的鸟类会比它们的先祖更长命。

# 〈 中生代 〉

此时,陆地霸主是这些凶猛、敏捷的猎食者,遍布全球各个气候区域。

# < 中生代 >

这个时期,地球板块仍在运动,并发生了许多重大变化。

| 2亿年前 | 1.7亿年前 | 1.4亿年前 LAURASIA 劳亚大陆 GONDWANA 冈瓦纳古陆 Tethys 特提斯洋 | 1亿年前 | 6500万年前 |

位于大陆南北两端之间的特提斯洋逐渐深入内陆。另外……

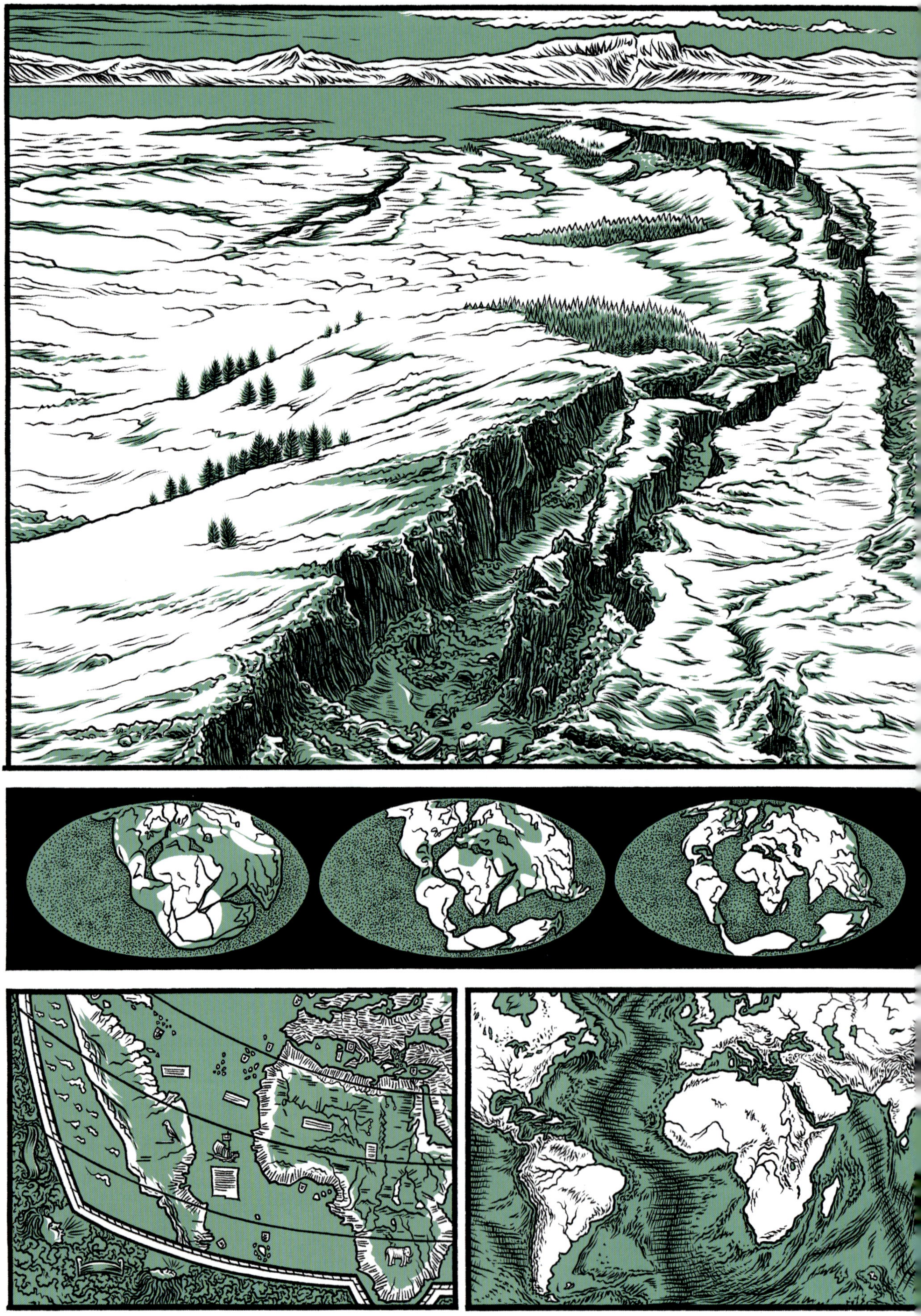

< 中生代 >

在盘古大陆地下岩浆活动的作用下，左半边的陆地脱离出去。地壳撕裂，海水涌入东西两侧陆地之间。大西洋诞生了。

## < 中生代 >

其他剧变继续发生。

全球气候再次经历了一轮重大变化。

形成的地层埋藏在地壳中,成了这场物种大灭绝的见证。

# 中生代

### 5.2.2 侏罗纪：1.996亿—1.455亿年前

**1.99亿年前** 侏罗纪早期里阿斯统时期气候较凉爽，但侏罗纪整体气候特征为持续炎热、高湿度。海平面高低波动很大，但平均高度高于三叠纪。陆地和海洋的交界处有着面积宽广的浅海，是海洋生物理想的繁殖环境，例如宽广的礁石生态系统。接下来的1亿年间，中生代浅海区积聚的生物量，特别是浮游生物的遗骸（冈瓦纳古陆北岸尤多）不断沉积，形成了厚达几百米的地质沉积层。以后，这些沉淀物将会经过压缩、变质的过程，成为全世界各地的石油和天然气储量。

**1.97亿年前** 沙漠停止增长，沼泽和森林的扩张占了上风。针叶类植物继续扩张，蕨类则在竞争中败下阵来。

**1.96亿年前** 来自三叠纪的一些物种进化成了现代蛙类。

**1.94亿年前** 温血恐龙比冷血恐龙更具适应环境的优势，它们的踪影遍布各个气候区，从赤道到副极地，还包括中间的热带地区。天空和海洋则是其他蜥类目动物的领地。

**1.89亿年前** 劳亚古陆和冈瓦纳古陆之间的缝隙逐渐扩大，特提斯洋涌入。新生海洋的面积逐渐扩大，一度达到今天的巴拿马地区。这个过程促成了墨西哥湾的形成，并差点导致盘古大陆再一次解体。

**1.88亿年前** 海龟和咸水鳄首次出现在进化史上。

**1.86亿年前** 蜥脚类的食草恐龙成为陆地上体积最庞大的生物。腕龙和地震龙（名字很形象）生着长长的脖子，可以吃到高大树木最顶端的叶子。它们的觅食习惯也反过来塑造了侏罗纪的植物界。

**1.84亿年前** 兽脚类恐龙（双足食肉类陆生恐龙）进化出了越来越强壮的品种。侏罗纪最出名的兽脚类恐龙当属异特龙，体长可达12米。

**1.8亿年前** 剧烈的地震造成了板块的合并，北美洲和南美洲合并了，欧亚大陆和非洲大陆也合并在一起。与此同时，之前已经存在的板块间缝隙继续扩大，形成了1万公里长的板块裂口。一片狭长的海洋诞生了：这就是大西洋。大量岩浆从地幔中涌出，不断重塑海底地形。板块分离后，中间的距离越拉越大，形成了大西洋洋中脊，这是地球上规模最庞大的山脉结构。

**1.74亿年前** 侏罗纪的海洋中，菊石、鹦鹉螺、鱿鱼和箭石的数量经历了一次新的爆发。硬骨鱼（真骨鱼类）继续进化；生有软鳞的现代鱼类首次出现。

**1.69亿年前** 第一批真正的哺乳动物出现（胎生有袋类动物，但身长仅10—15厘米，喜夜间活动，捕食肉虫、昆虫），具备哺育、照顾幼崽等生活习性，且这些生活习性不断完善。它们还具备中耳听小骨和下颌；此外，被毛和良好的视力让它们能够非常好地适应夜行生活。

**1.53亿年前** 原始被子植物进化。它们属开花植物，种子不再暴露在外，典型代表植物有玉兰花。

**1.5亿年前** 一些双足掠食性的恐龙祖先，例如手盗龙，进化成了原始鸟类。其中最著名的是始祖鸟。这种原始鸟类表现出的特征仍介于爬行类和鸟类之间，比如牙齿和利爪。这一时期昆虫也继续发展，原始白蚁出现。

**1.47亿年前** 南极、南非和北美洲东部的火山猛烈喷发，形成了厚厚的玄武岩层。之前一直非常理想的动植物生存条件到此时开始恶化。

**1.46亿年前** 气温极端不稳定，一些适应力差的动物因此灭绝。这一变化标志着向白垩纪过渡的开端。过去几百万年间，特别是侏罗纪末物种灭绝时期形成的有机物残骸形成了大量石灰岩及页岩层，岩层中包含有保存完好的化石（今天的欧洲，从苏格兰到阿尔卑斯山脉之间，到处都能找到这样的化石）。

< 中生代 >
# 白垩纪

< 中生代 >

白垩纪初期,新的栖息地出现了:森林和沼泽一直延伸到极地。

# < 中生代 >

植物界的面貌发生了翻天覆地的改变。

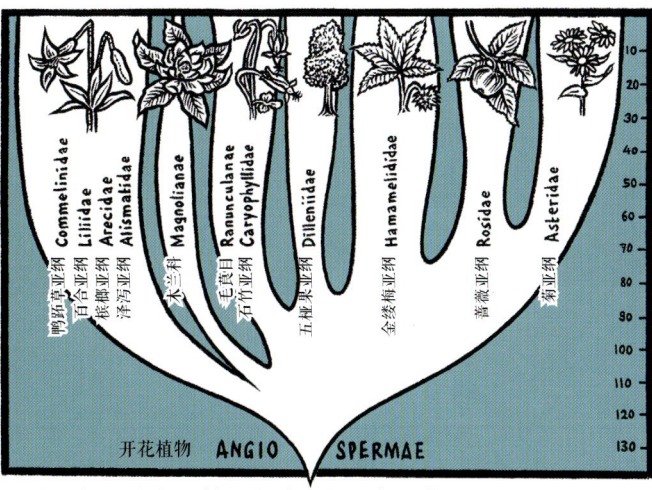
现代植物的生长和繁衍方式已经固定下来。

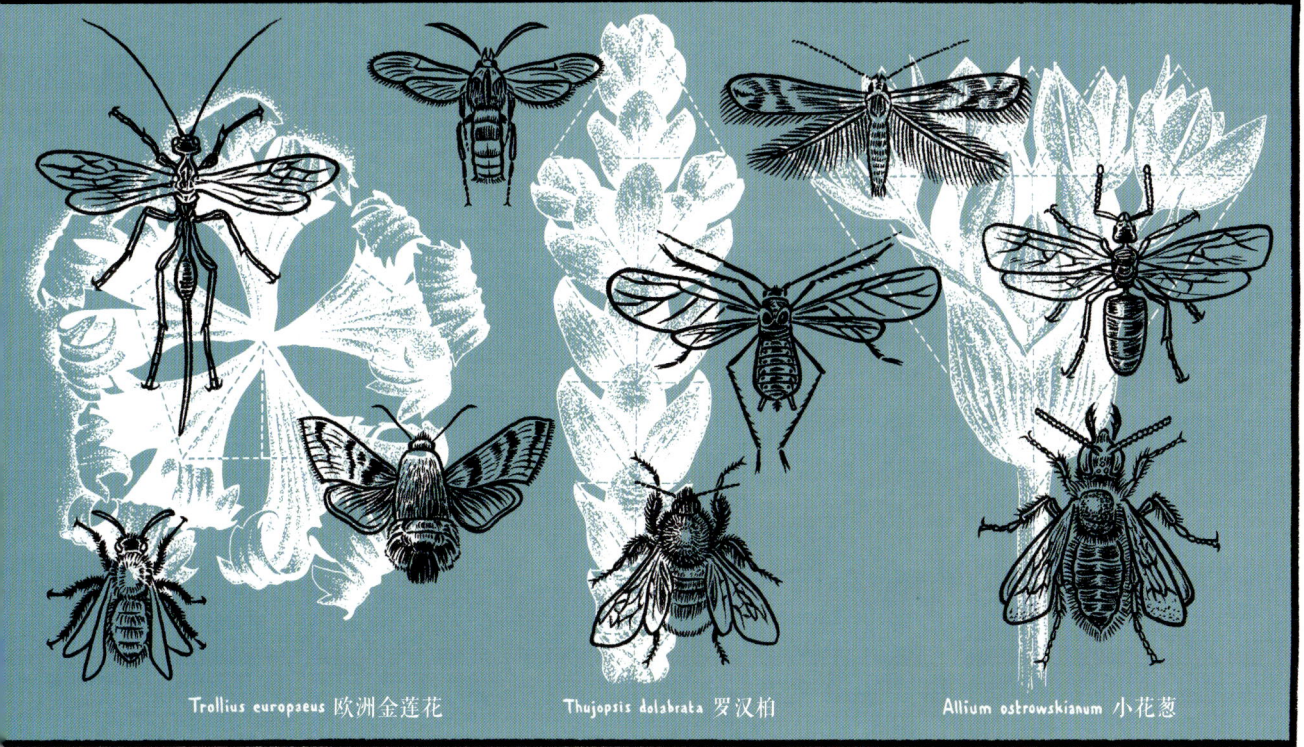

Trollius europaeus 欧洲金莲花　　Thujopsis dolabrata 罗汉柏　　Allium ostrowskianum 小花葱

温暖的气候非常有利于动植物生长，与此同时，也促进了开花植物和昆虫的进化。

< 中生代 >

开花植物利用花朵的颜色和香气吸引昆虫。

昆虫前来采蜜的同时也为植物授粉。

*Silvianthemum suecicum*
瑞典白垩纪晚期虎耳草目古植物

< 中生代 >

蜜蜂和蚂蚁的出现标志着鞘翅目的诞生：这是动物界品种最多的目。

< 中生代 >

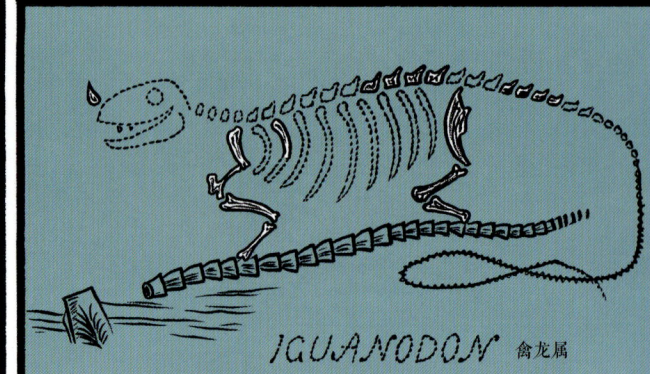

IGUANODON 禽龙属

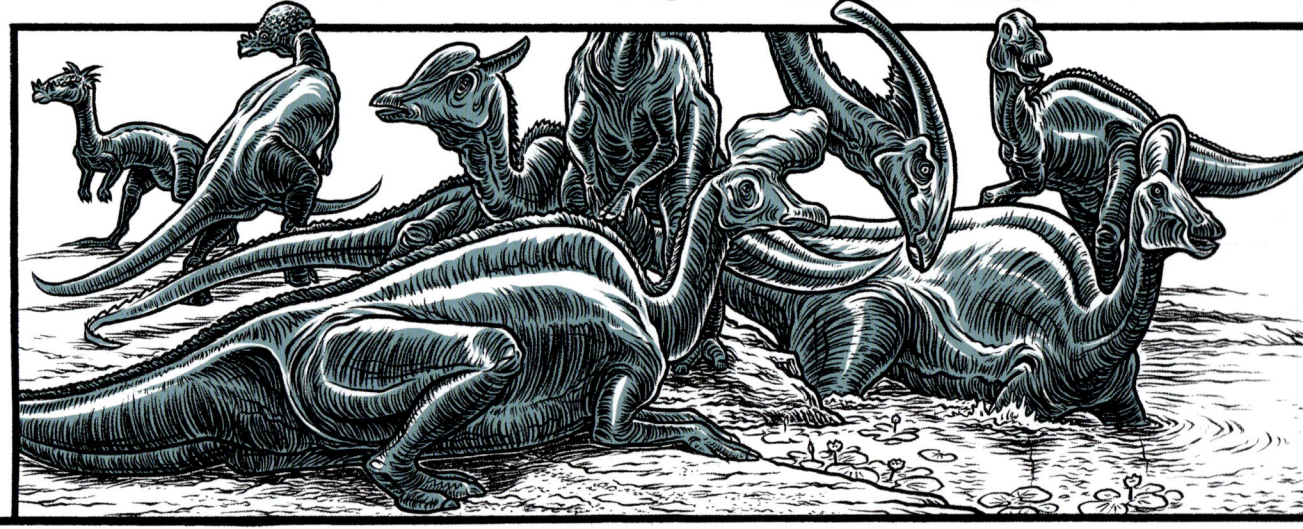

恐龙继续统治地球。千奇百怪的新品种陆续出现。

头上长角的。  带装甲的。

< 中生代 >

:得像鸟的。 长着大爪子的。

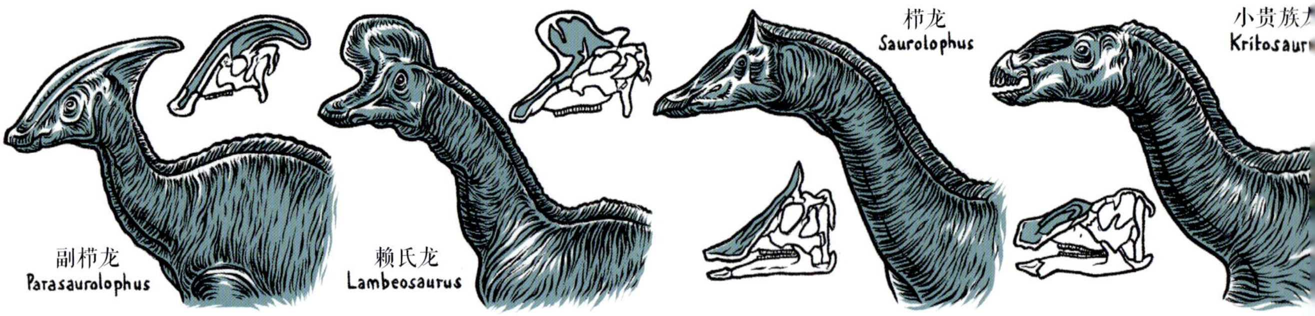

< 中生代 >

副栉龙
Parasaurolophus

赖氏龙
Lambeosaurus

栉龙
Saurolophus

小贵族龙
Kritosaurus

虽然无法根据已出土化石进行严格的年代分类,但是我们可以大致确定,这个时期体格最庞大的恐龙,一般都是性情温和、细心照料幼崽的食草品种。

< 中生代 >

处,争夺食物链顶端位置的永恒斗争都在继续,无论是陆上还是水中。

# 中生代

# < 中生代 >

洋中生活着大量生物，成千上万吨的微小生物在海床上沉积。日后，它们将形成白垩、石灰岩和石油层，并被层覆盖。

< 中生代 >

大地上则驰骋着各种巨大的兽脚类食肉恐龙，例如霸王龙。

# 中生代

## < 中生代 >

比起恐龙，别的脊椎动物相形见绌，特别是哺乳动物和鸟类，它们的进化历程还很长。

为了逃过恐龙的捕食，它们进化出了灵敏的感官和小巧敏捷的体型……

< 中生代 >

……以及适应环境和大量繁殖后代的能力,一旦有生态位空出,它们就见缝插针地补上。

< 中生代 >

然而，新一轮物种大灭绝正在迫近。这次的灾星是一颗直径10公里、混杂着冰的巨大陨石。

这次撞击在墨西哥湾南部的石灰岩层上造成了一个巨大的陨石坑，而且……

## < 中生代 >

彗星來啦！地球末日降临。

……紧接其后的地震引发了一系列火山活动。于是，天翻地覆。

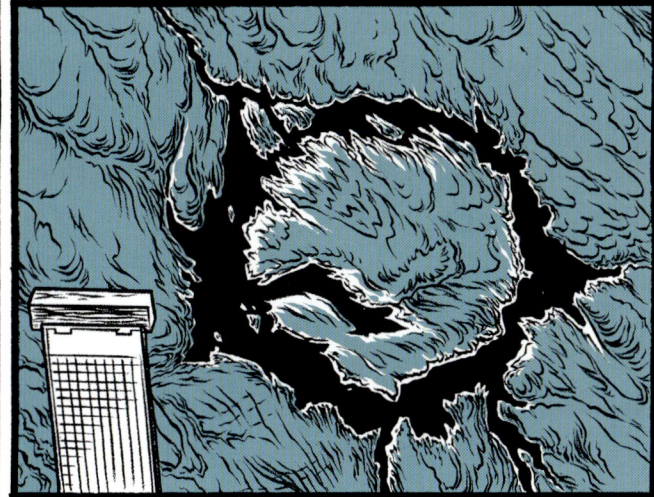

景象犹如地狱，火山灰形成的浓云一望无际，恐龙时代即将终结。

# < 中生代 >

# < 中生代 >

天空黑暗的时代开始了。几千年的时间里,暴风雨时不时降临。当天地间的平衡终于恢复,世界已经不复从前的模样。

# < 中生代 >

### 5.2.3 白垩纪：1.455亿—6550万年前

**1.44亿年前** 冈瓦纳古陆脱离北方大陆，并分裂成几个部分：南美洲、非洲、印度、大洋洲和南极洲。各片陆地之间由陆峡连接，动植物界借此互通。大洋洲大陆面积最小，再过几千万年，它将彻底孤立出去。因此与其他大陆相比，大洋洲的动植物种类格外特殊。

**1.43亿年前** 大量温室气体的作用下，全球气候再次变得炎热干燥。白垩纪是地球历史上气候最炎热的时期。两极冰盖和大部分冰川融化，大大提升了海平面的高度。

**1.41亿年前** 植被发生变化：雪松和巨杉取代了蕨类、银杏和原始针叶植物。开花植物迅速发展，并借助昆虫授粉遍布全球。这个时期出现的灌木类包括无花果树、柳树、杨树和梧桐树。昆虫类则包括鞘翅目，例如胡蜂、蜜蜂和蚂蚁，还有膜翅目。

**1.35亿年前** 分布在北半球的蜥脚目恐龙和剑龙逐渐被甲龙、禽龙、鸭嘴龙和角龙所淘汰。

**1.3亿年前** 哺乳动物中的第一批真兽下纲出现，它们在全球与比它们更原始的卵生单孔目和有袋类进行竞争。

**1.28亿年前** 最早的群居蚂蚁化石正是这个年代的产物。

**1亿年前** 当时的海平面比"正常标准"足足高出170米。大片陆地边缘地带被浅海覆盖，新生的动植物群落在此蓬勃繁衍。几百万年来，体表覆有一层钙质壳的微生物在海床上大量沉积，形成了世界各地的白垩沉积层，白垩纪因此得名。当今世界大部分的石油和天然气储量由此形成。

**9800万年前** 地幔内物质的对流制造出新的洋脊，各大板块逐渐分离。大陆漂移伴随着频繁的火山活动。冈瓦纳古陆继续分裂：马达加斯加脱离了印度板块，后者则慢慢向北方移动。新西兰也从大洋洲大陆独立出来；在北方，大西洋中新产生的海湾将不列颠群岛、纽芬兰与拉布拉多地区分开，并将格陵兰岛和挪威分开；西藏板块和东南亚板块则发生碰撞，催生了该地区的造山运动。

**9400万年前** 沧龙在海洋中出现。这是一种巨大的肉食性蜥蜴类生物体，体长可达15米。同在大洋中游弋的还有蛇颈龙和大海龟，以及原始的硬骨鱼，个别硬骨鱼种类体型也相当可观。现代鱼类大部分都属于硬骨鱼。此外，无脊椎动物门中的菊石、双壳纲和腹足纲分布也相当广泛。

**8300万年前** 某些鸟类除了具备飞行、行走能力，也演化出了潜水和游泳的本领。

**7500万年前** 兽足类恐龙中进化出了新的王者：暴龙科，其中最著名的是霸王龙。霸王龙是最大型的食肉恐龙之一，身长可达12米。

**7000万年前** 白垩纪晚期，大型火山活动发生，导致全球范围内生存条件恶化。许多生物不是灭绝，就是遭遇了重大打击。海平面下降，气候转冷，四季开始分明。这些变化对当时尚占统治地位的大型爬行类来说并不理想，但是对于鸟类、哺乳动物和开花植物来说，新的环境却代表了前所未有的机遇。

**6550万年前** 一颗直径10公里的陨石撞击地球，在墨西哥尤卡坦半岛北部的墨西哥湾形成了一个直径180公里的撞击坑。巨大的爆炸产生了数十亿吨的碎石。之后的几千年内，地球上暗无天日，大气中烟尘弥漫。海啸不断，巨浪高达百米，席卷全球沿海地区。剧烈的地震引发了更为频繁的火山活动，位于印度中部的广阔的德干高原完全被熔岩覆盖。灾变波及全球，造成恐龙全体灭绝，中生代最具代表性的动植物，例如菊石、树蕨等，也无一幸免。超过70%的生物灭绝。

< 新生代 >

# 第三纪

# < 新生代 >

生物圈面临着重组。恐龙，地球历史"中世纪"时期最典型的动物，已经跟许多其他生命形式一道，在过去几百万年间的剧变中消失了。

## ＜ 新生代 ＞

几乎所有的动物种类都受到了冲击。

"全能型"物种是适应能力最强的。

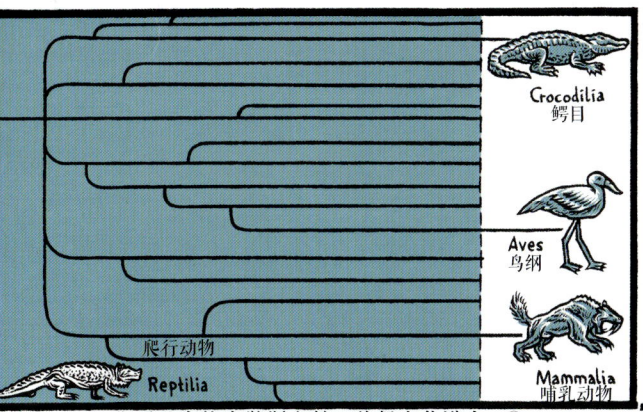

此石乃安格内勒斯主教，基督之仆谨立。①

相当长的一段时间内，生命似乎停滞了。

但是，适合生命生存的环境还是欣欣向荣。

① 图为意大利拉韦纳市主教安格内勒斯〔Agnellus, 487—570〕主持，在拉韦纳大教堂内建造的一座大理石布道坛，现存残片。

< 新生代 >

鸟类是恐龙当 之无愧的继承者。它们毫不费力地取代了恐龙的位置。

# 新生代

# < 新生代 >

鸟类中间,不仅仅有身长4米的掠食者。 体型小巧的鸣禽亚目也登上舞台。

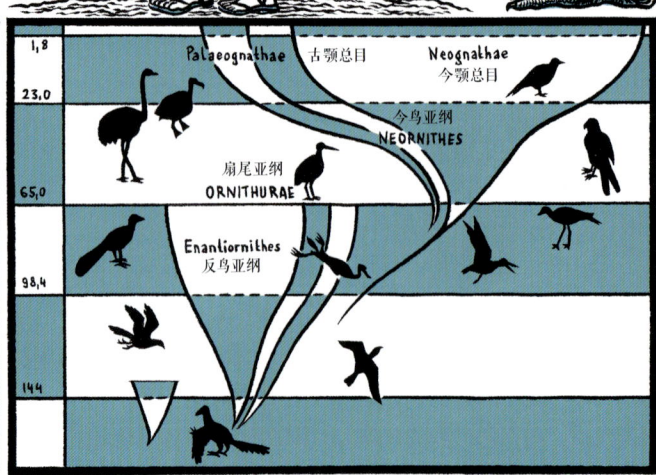

## < 新生代 >

之前四处称霸的恐龙终于被除掉了，哺乳动物开始兴盛。

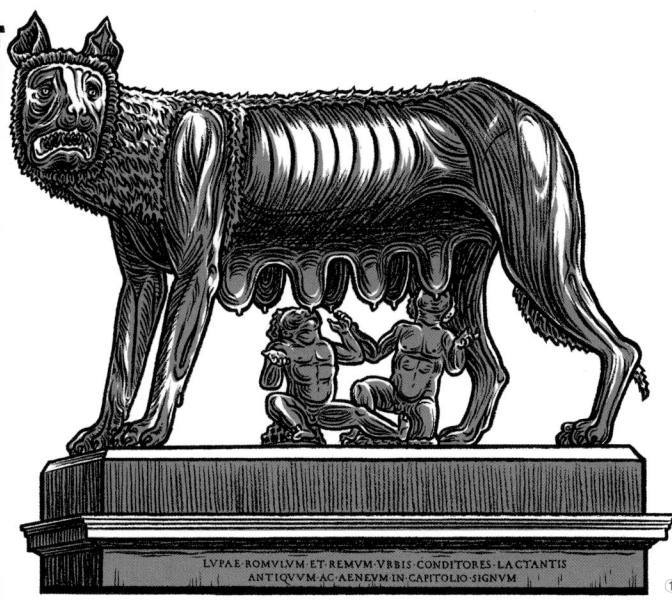

原始胎生陆生动物的幼崽需要哺乳，还需要细心照料，才能成活。

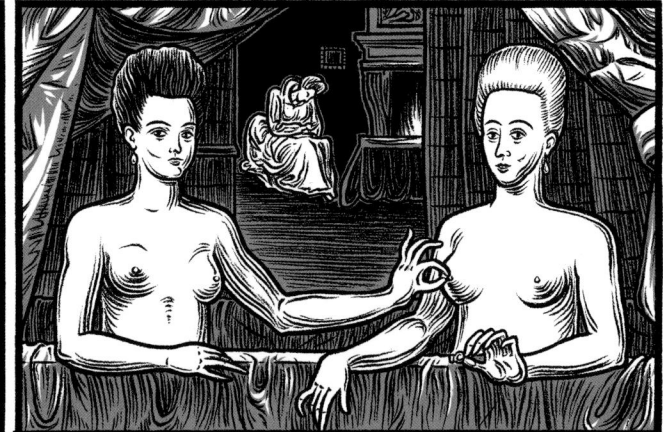

① 图为罗马城徽，母狼哺婴雕像。
② 图为16世纪法国枫丹白露画派的重要作品《埃斯特雷姐妹》（Gabrielle d'Estrées et une de ses sœurs）。

# 新生代

这是生物进化大试验场的开端。优胜劣汰的较量将持续1000万年。

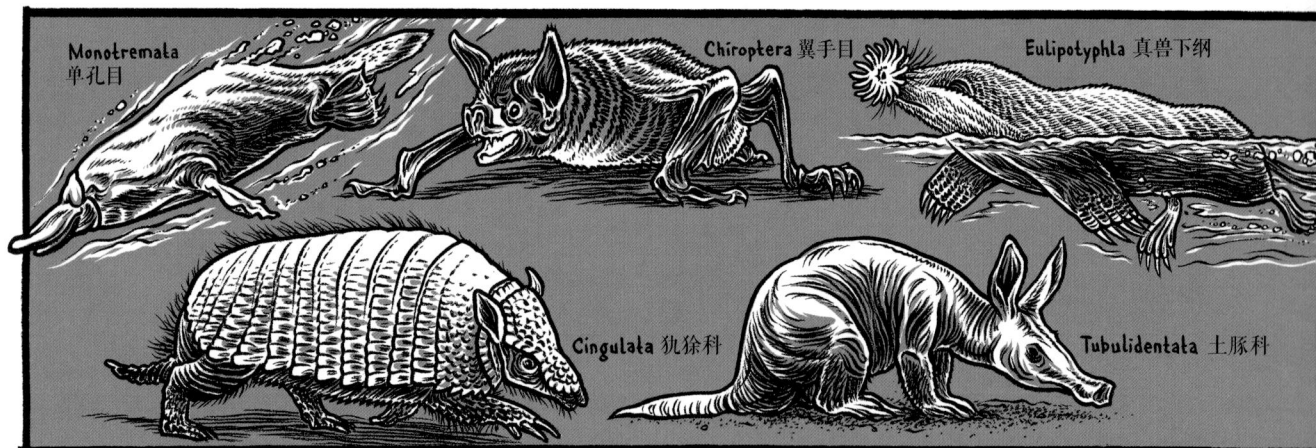

啮齿类迅速繁殖,在竞争中占得先机。　　　　　　　　　　之后是有蹄类、树懒和蝙蝠。

# < 新生代 >

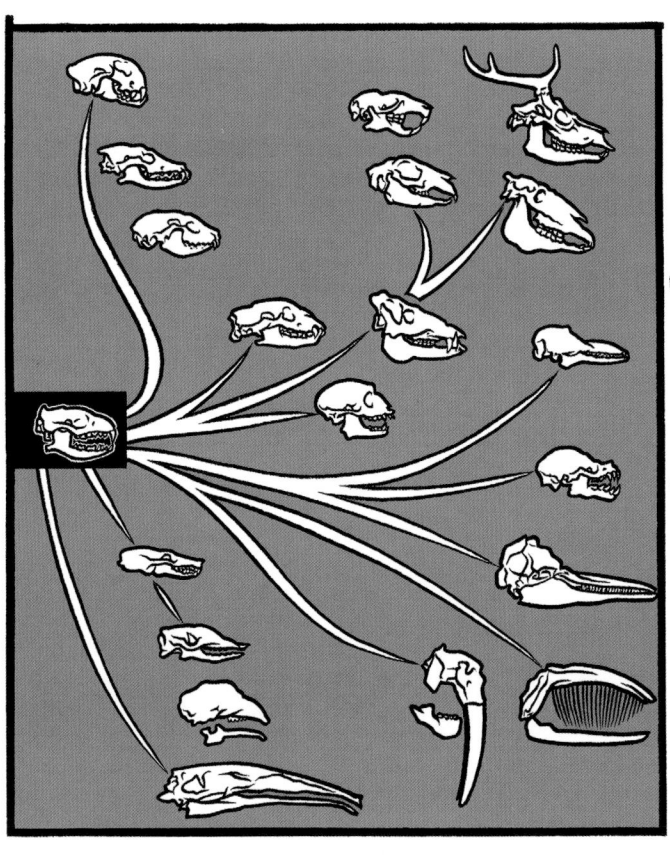

白垩纪大灭绝留下的空缺生态位很快得到填补。

没用多长时间，原始食肉类动物很快进化出了犬型亚目和猫型亚目两条分支。它们的猎物数量众多。

# < 新生代 >

|  |  | | | | | | | | | |
|---|---|---|---|---|---|---|---|---|---|---|
| | | Marsupialia 有袋目 | Edentata 贫齿目 | Pholidota 鳞甲目 | Lagomorpha 兔形目 | Rodentia 啮齿目 | Primates 灵长目 | Dermoptera 皮翼目 | Chiroptera 翼手目 | Insectivora 食虫目 |
| CENOZOIC 新生代 | Pleistocene 更新世 | | | | | | | | | |
| | Pliocene 上新世 | | | | | | | | | |
| | Miocene 中新世 | | | | | | | | | |
| | Oligocene 渐新世 | | | | | | | | | Creodo |
| | Eocene 始新世 | | | | | | | | | |
| | Paleocene 古新世 | | | | | Proteutheria 原兽亚纲 | | | | |
| MESOZOIC 中生代 | Cretaceous 白垩纪 | Holoclemensia 原袋兽 | | | | Aegialodon 滨齿兽 | | | | |
| | Jurassic 侏罗纪 | Symmetrodonta 对齿兽 | | | | Pantotheria 古兽次亚纲 | Kuehneotherium 孔耐兽 | | | |
| | Triassic 三叠纪 | | | | | | | | | |

# < 新生代 >

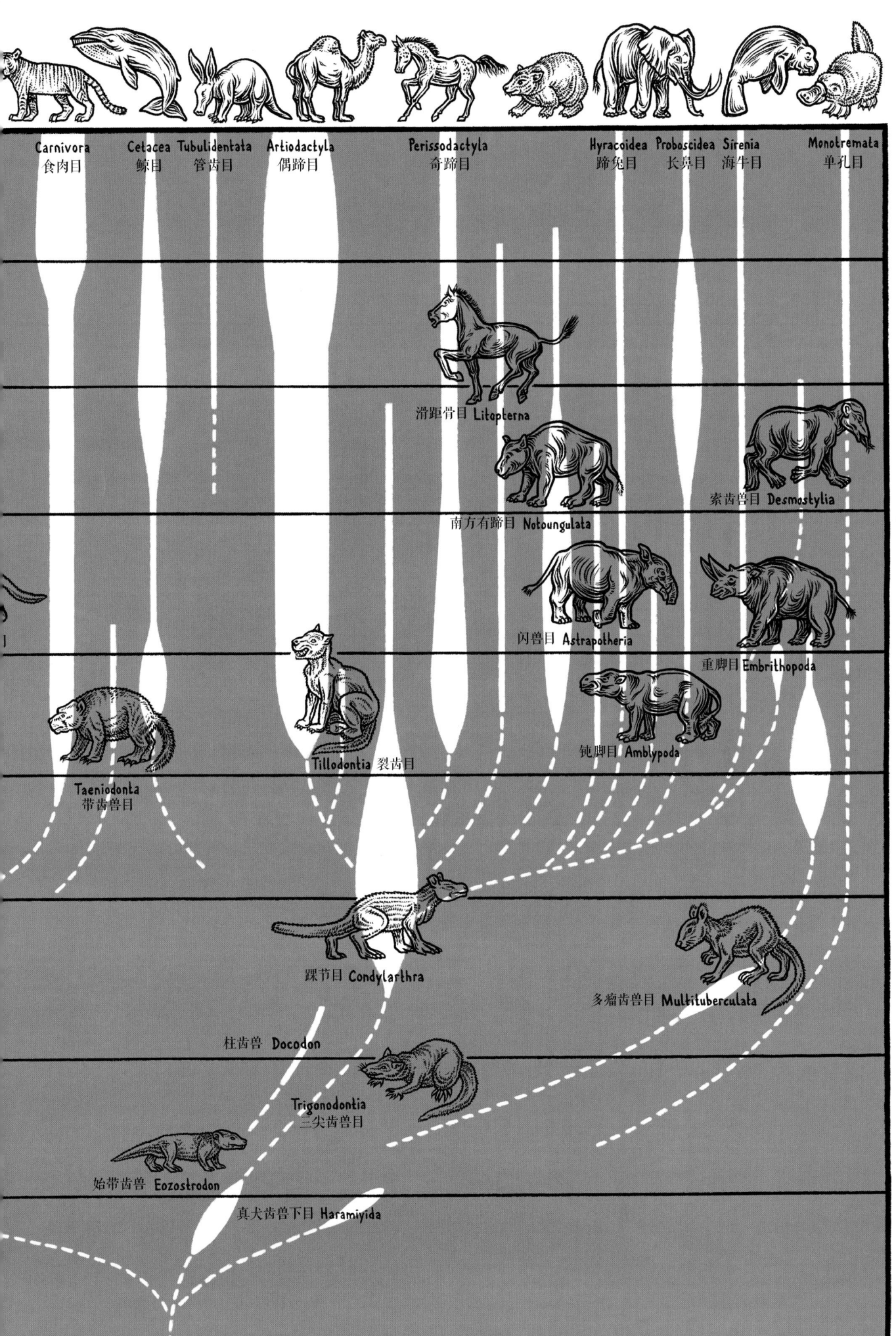

# < 新生代 >

个别原始有蹄目尝试重新回到水中生活。学习游泳的过程中,它们的四肢逐渐退化。

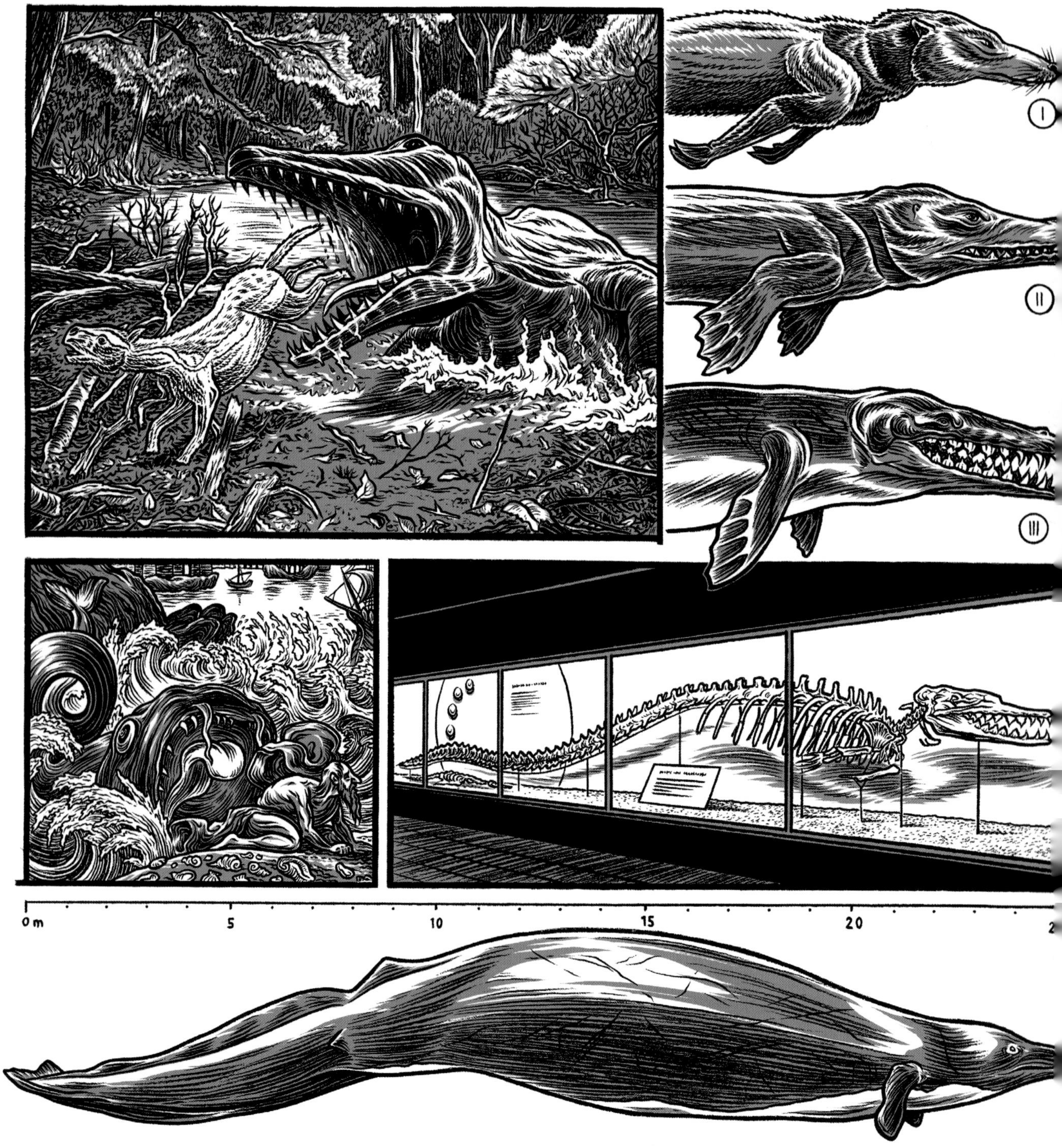

< 新生代 >

适者生存。几百万年后，海豚和鲸类出现了。

# 新生代

< 新生代 >

< 新生代 >

森林广阔，生物圈在这里繁荣，并于几百万年后，变成了巨大的煤炭储量。

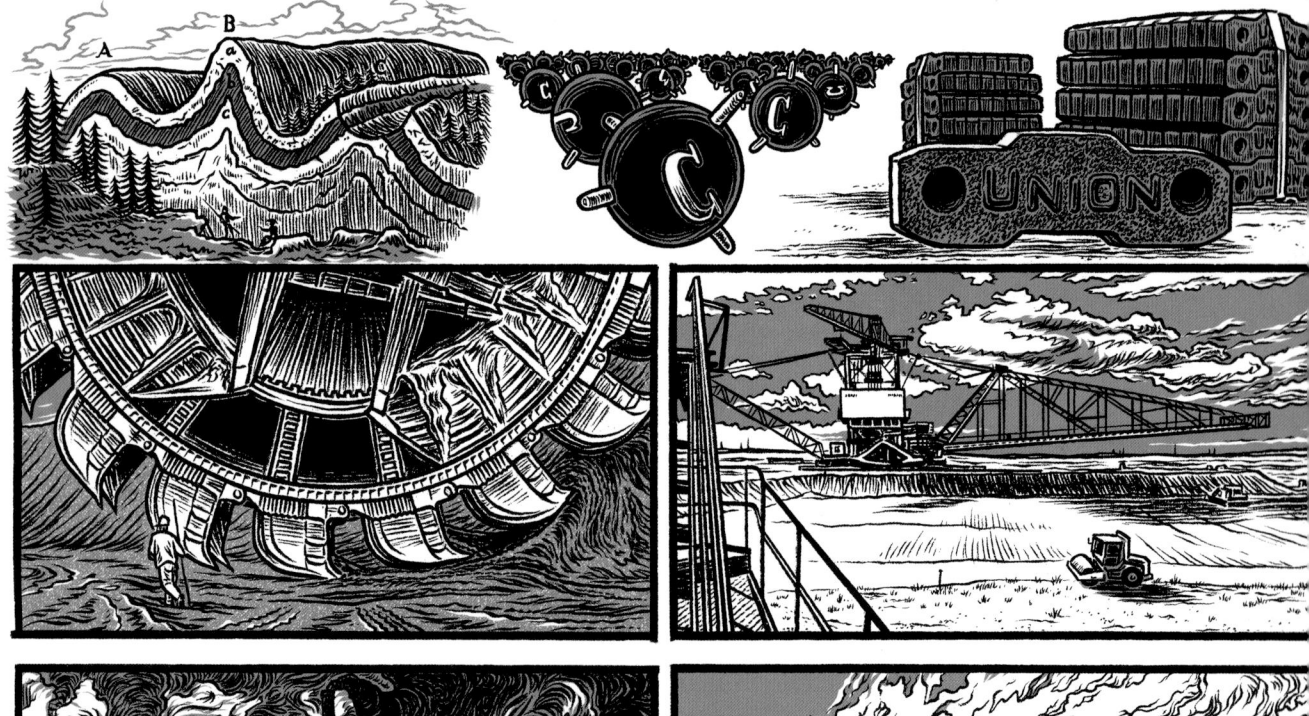

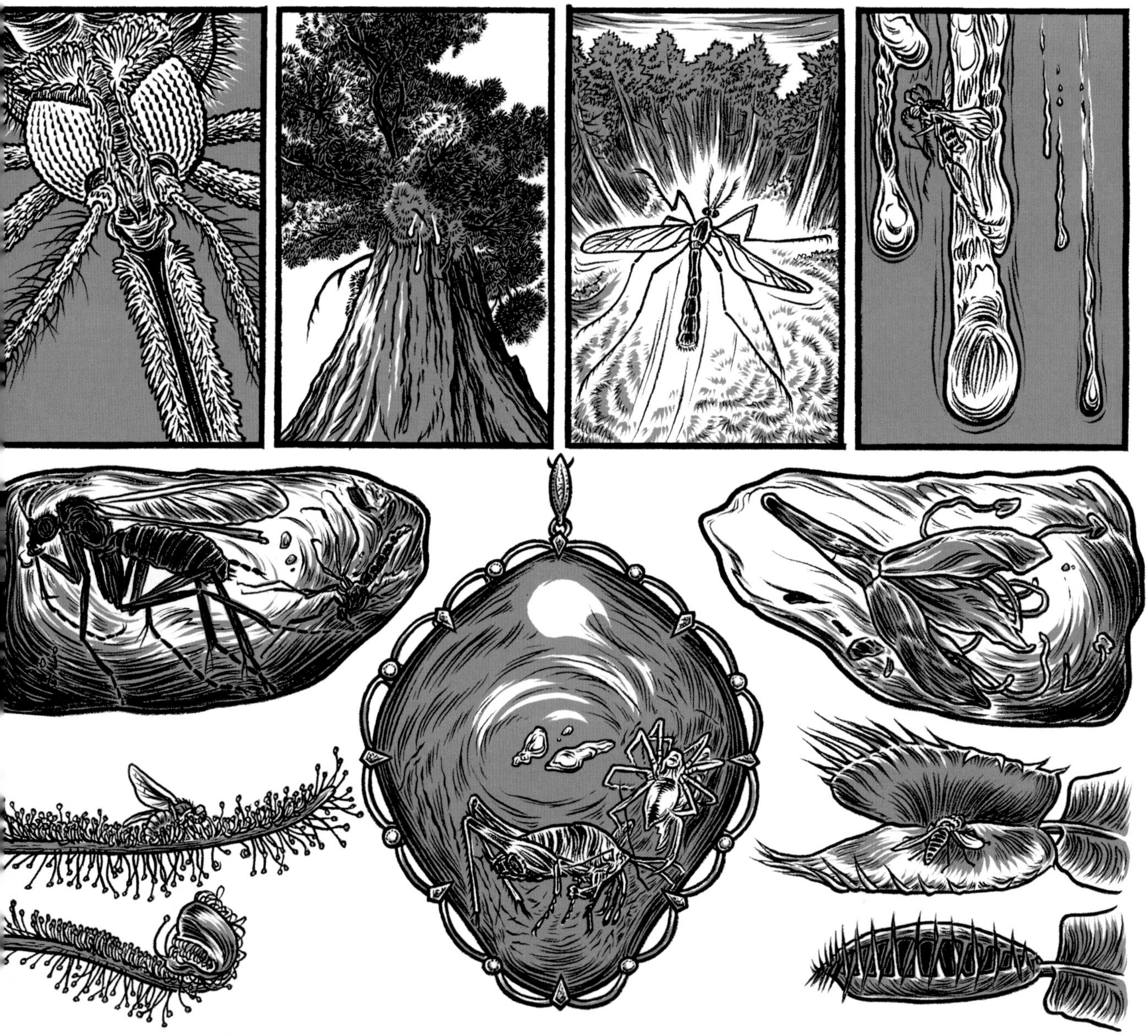

< 新生代 >

直到今天，我们还能在煤炭和琥珀中看见，植物和昆虫进化史上凝固的一幕幕完整景象。

# < 新生代 >

气候重新变得凉爽干燥，森林的面积逐渐萎缩，大量土地裸露出来。又一场小型进化拉开了序幕：草本植物开始在世界各地出现。

哺乳动物也随之扩散。巨大的哺乳动物生活在一望无际的原野上。

# < 新生代 >

始祖马
Hyracotherium

渐新马
Mesohippus

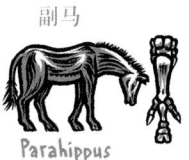
副马
Parahippus

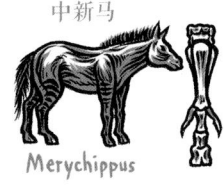
中新马
Merychippus

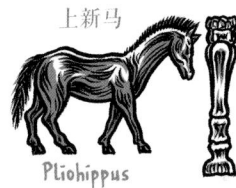
上新马
Pliohippus

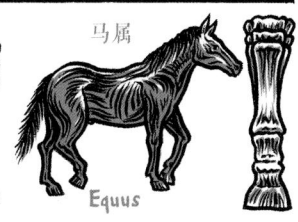
马属
Equus

之前生活在森林里的一些动物也来到了草原生活，例如马。

# < 新生代 >

Deinotherium 恐象
(5 mya) 500万年前
Gomphotherium 嵌齿象
(20 mya) 2000万年前
Phiomia 渐新象
(35 mya) 3500万年前
Moeritherium 始祖象
(50 mya) 5000万年前

Mammuthus 猛犸象
(1 mya) 100万年前

Elephas maximus (0 my)
亚洲象（现代）

长鼻目也开始兴盛，出现了一些身形巨大的品种，十分令人敬畏。

# 新生代

# < 新生代 >

与此同时，大陆板块拼图的游戏一直在进行，一条狭窄的地峡将南北美洲连接起来。

造山运动亦继续进行：欧洲板块、非洲板块和亚洲板块互相接近的速度越来越快。

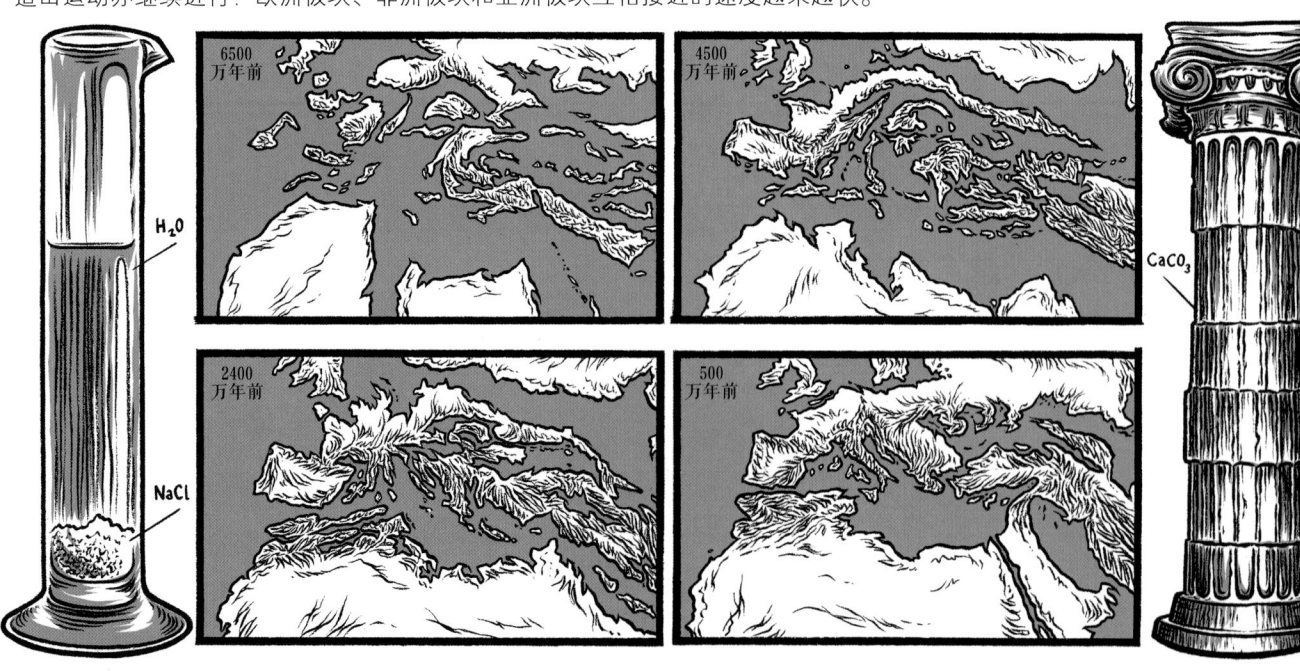

< 新生代 >

地球气温下降了好几摄氏度,厚厚一层冰封的形成标志着第三纪的结束。

# < 新生代 >

5.3 新生代　6650万年前—人类纪元

## 5.3.1 第三纪　6650万—180万年前

**6300万年前**　要等到2500万年之后的古新世，气候、洋流和大气——陆地间水循环才能稳定下来。

**6200万年前**　大西洋领土继续快速划分。冰岛出现在大西洋洋中脊活动最剧烈的区域。特提斯洋不断收缩；碰撞过程中，非洲板块插入欧亚板块下，将其"拱起"，加速了欧洲大陆的造山运动。阿尔卑斯山脉和比利牛斯山脉在这个时期出现。

**5900万年前**　大型鸟类成了平原地区的霸主。它们大多不会飞（如骇鸟），身高可达4米，占据了已灭绝的肉食恐龙的生态位。鸣禽亚目等现代鸟类首次出现（今颚总目：具备飞行本领）。哺乳动物的形态也越来越多样化，除了体型小巧的物种外，一些身形巨大、长角的物种也出现了。

**5500万年前**　由于气候变化，始新世的气温在短时间内急速变暖（升温超过10摄氏度）。温暖的气候催生了大片大片的热带丛林，日后将成为欧洲、澳大利亚、北美和东亚地区的大量褐煤储备。哺乳动物的发展经历了一个高潮（包括啮齿动物、蝙蝠、偶蹄动物、奇蹄动物、树懒和灵长动物），一些旧物种则被逐渐淘汰。

**4400万年前**　某些原始有蹄动物开始向两栖形态过渡，接下来，真正的原始海生哺乳类出现，它们是日后海豚和鲸类的祖先。

**3600万年前**　气候变化导致众多哺乳类消失，它们无法适应低温、干燥的环境。

**3400万年前**　到了渐新世，一些哺乳动物的体型已经进化到恐龙般大小。还有一些种类已经具备现代动物的形态，例如犀牛、骆驼、马、兔和猪，还有食肉动物。食肉动物此时已进化成两支，即今天的猫型亚目（猫、獴和鬣狗）和犬型亚目（狗、熊、狼、水獭和海豹等）。

南极洲此时已漂到极地，这片大陆与世隔绝，且远离暖流，因此逐渐被厚厚的冰层所覆盖。

**3250万年前**　巴拿马地峡沉入海中，将南美洲与邻近的大陆隔离开来；大洋洲也与南极洲脱离，并成为一片孤立的大陆。

**2500万年前**　鸣禽亚目在这个时期经历了第二次发展高峰。

**2400万年前**　中新世时期，阿尔卑斯山脉、安第斯山脉和落基山脉开始形成。印度次大陆冲入欧亚板块之下，主峰海拔高达8000米以上的喜马拉雅山脉就此诞生。

**2200万年前**　以亚洲为起点，草本植物征服了全世界：中亚草原、非洲平原和南美潘帕斯草原出现，很快，全世界五分之一的面积都被草原覆盖。反刍动物在全世界大量繁殖，群居生活，一群数量动辄几百万。灵敏、生命力强的食肉类动物也迅速适应了平原生活。

**1500万年前**　大洋洲的莎赫尔大陆架向东北方漂移，与东南亚板块发生碰撞。新几内亚岛的高原因此形成。

**500万年前**　到了上新世，太阳活动减缓，全球气候显著变冷，大量冰川遍布北半球，某些时期，厚达几公里的冰层覆盖了北半球30%的陆地。地球各个地区的气候差异日趋分化，热带和寒带形成了鲜明对比。很多原始哺乳动物在这个时期灭绝。

**250万年前**　经过3000万年的分离，南美洲大陆和北美洲对接，导致了著名的"南北美洲生物大迁徙"。之前主要生活在南美洲的有袋目得以进入北美洲。与此同时，巴拿马地峡的形成迫使大西洋暖流改向，造成了重大的气候变化。

< 新生代 >

# 第四纪

< 新生代 >

全球再度进入冰川期。北欧、北美洲和亚洲北部相继冰封。

< 新生代 >

阔的地貌发生了天翻地覆的改变。　　　　　　　　　　　　　生命体受到严寒的极端考验。但不是所有的生物都乖乖就范。

< 新生代 >

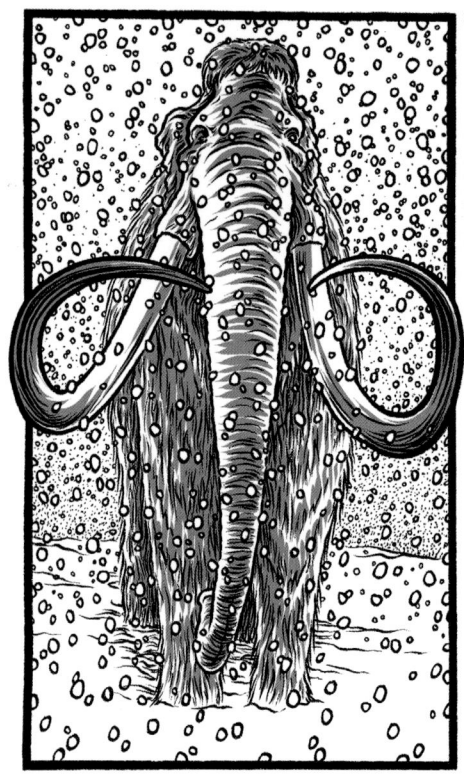

某些生物依靠毛皮和脂肪,在残酷的冰雪世界中生活下来。

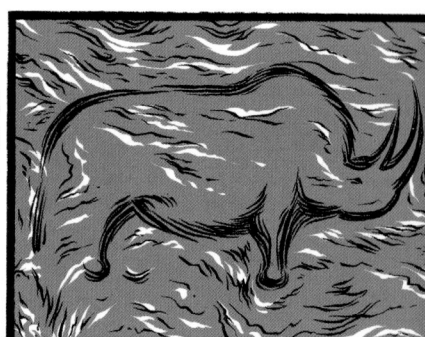

猛犸象生活在从北向南延伸的广袤冻土带上。它们在恶劣的环境下生存,觅食残余的草叶。

< 新生代 >

够抵御严寒的动物还包括洞熊、穴狮、披毛犀、大角鹿、狼和剑齿虎。

< 新生代 >

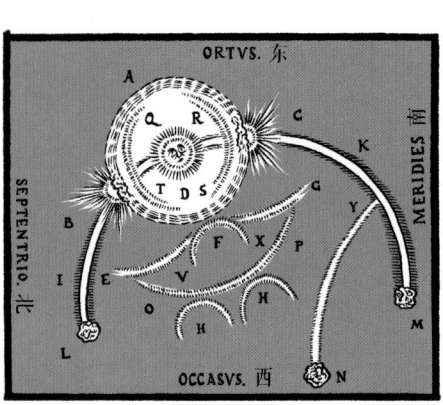

漫长的冰川时代拉锯战结束了。气温开始回升。　　只有极地还是一片银白的世界。

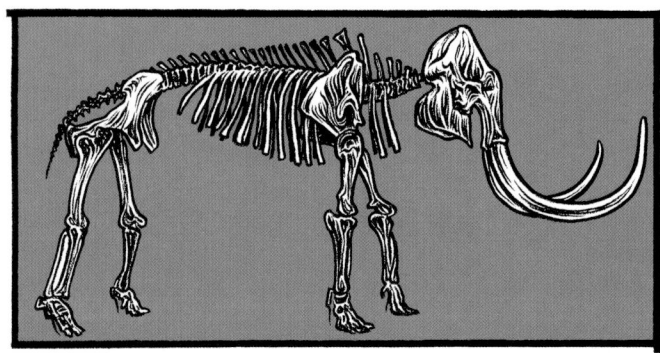

< 新生代 >

大片草原出现了。

还有稀疏的植被,

以及数量众多的野生动物。

# 新生代

# 新生代

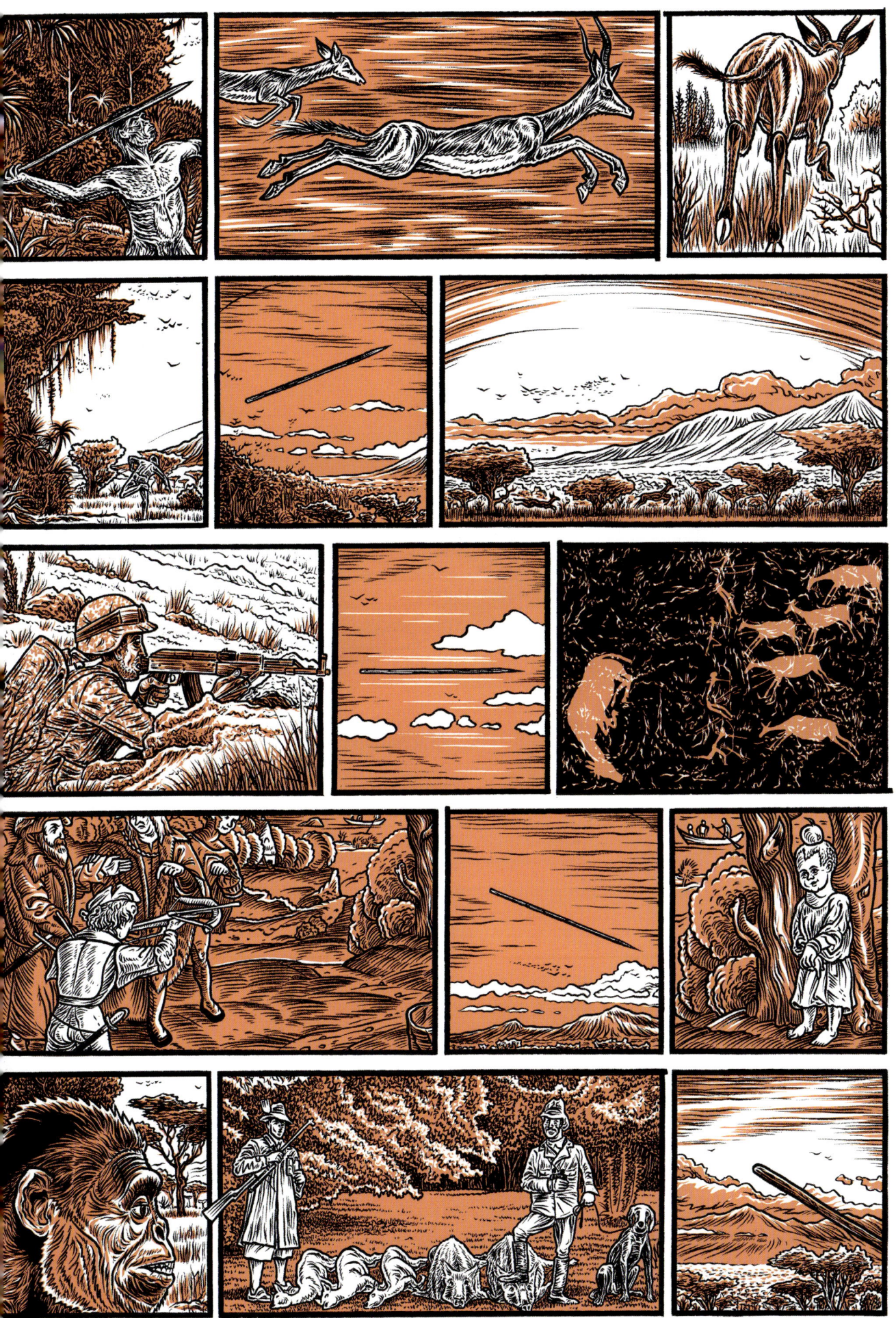

# < 新生代 >

## 5.3 新生代　6550万年前—人类纪元

### 5.3.2 第四纪　180万年前—人类纪元

**180万年前**　更新世经历了新一轮冰河时期，其间二十多次冰期与间冰期交替（意思是说冷暖期交替，一般频率是10万年的冰期紧接着10万年的气候回升期）。最后一次冰川全盛期，北美洲、欧亚大陆北、安第斯山脉高峰和西藏高原被厚达几公里的冰层覆盖。

地球水总量的5%结成了冰，全球90%的淡水储量都被封冻，海平面因此下降了约100米。

更新世最具代表性的动物是能够抵御严寒的种群，包括史前象（猛犸象和乳齿象）、有蹄目（披毛犀和大角鹿）以及掠食动物（洞熊、穴狮和剑齿虎）。这些动物体型庞大，并进化出了厚厚的毛皮和脂肪来适应寒冷的气候。冻土带从两极冰盖脚下发源、延伸，热带地区只余赤道一线的狭长地带。

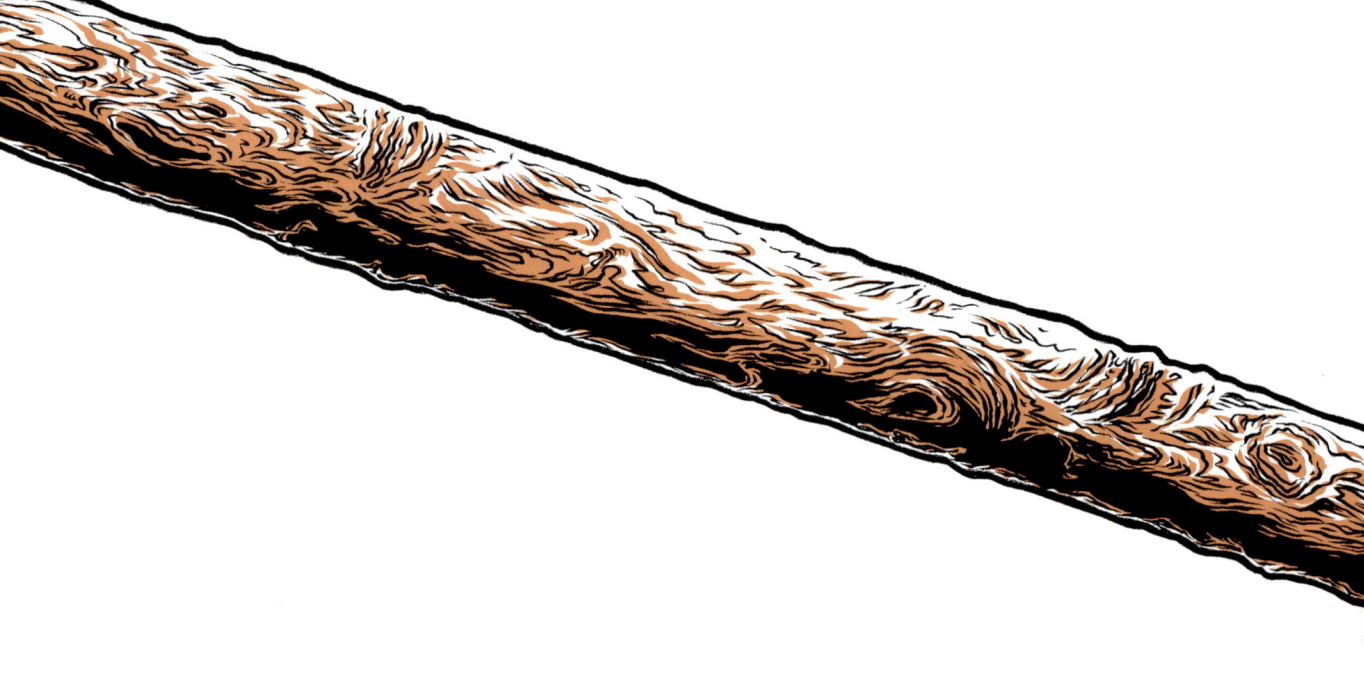

**1万年前**　到了全新世，气温转暖，冰川消融，只有高海拔山区和极地才能找到仅存的冰川。海平面在这一过程中升高。多数大型哺乳动物由于人类的捕杀和气候的变化而消失。

**人类纪元**　全新的人类纪元开始了。

< 新生代 >

# 人类世

"人类世"是一个全新的时代。上新世始到第三纪末期间,人类已经迈出了试探的第一步。第四纪期间,南方古猿和直立人终于出现。

《万物:创世》一书中,作者准备先不介绍人类进化史。本系列的第二部《万物:文明》将会详细阐述从500万年前至今的人类文明演化史。三部曲的最终篇,《万物:未来》,将讨论地球和人类未来的发展方向。

# < 附录 >

## 后记

"归根结底，人类的终极问题可以归结为两个：一切如何开始？又将如何结束？"

——斯蒂芬·霍金

  这两个问题当然没有确切的答案。至于第二个问题，也许时间会给出答案（前提是我们不执迷于武断的臆测，或当下的各种时髦理论），也许我们会发现，未来是根据一些循环模式运转的，也许我们甚至能够基于历史事件，推导出一些说得通的因果关系或是法则。而涉及第一个问题呢，则需要结合多个学科的研究成果和理论模型，并综合天文学、物理学、化学、生物学、古生物学和考古学等众多领域日益更新的知识体系，才能对它作出解答。

  回顾近代史，经历了19世纪的科技飞速发展，人类对历史的兴趣日益增长。科学家们不再满足于仅仅向大众展示新奇的发现，而是试图摆脱宗教的理念，向大众普及各种现象背后的科学道理。世界各地的考古工作发掘出了各种化石，包括巨大的骨骼、奇特的巨大脚印、神秘生物的化石，还有大片大片变成了煤炭的远古森林。很快，人们开始在各种场合展示这些当时尚被称为"化石"的东西。首先是当时很时兴的世界博览会，之后是巡回展览，最后是各家新建的博物馆。今天，专家团队仍在世界各个角落进行孜孜不倦的考察，甚至不惜远赴南极开凿冰洞，或是在各地的矿山、工地上发掘新的宝藏。相关的各种论文、书籍、杂志、数字化资料、科普动画、网络论坛、纪录片甚至是电影，铺天盖地，几乎无人能一窥其全景。

  最晚不过六七岁那时，我就开始对地球历史产生兴趣了。和很多同龄的孩子一样，一开始，我对恐龙也十分着迷（当时《侏罗纪公园》还没有上映）。爸爸妈妈带我去看古生物展。我们在柏林自然历史博物馆门口排队，一排就是好几个钟头，还参观了位于包岑附近的克兰韦卡（Kleinwelka）恐龙公园，这座公园当时还一直在扩建。它的历史要追溯到20世纪70年代，始于一位恐龙爱好者在自家小花园里制作的混凝土恐龙模型。今天，整座公园都是模型，规模在全德同类展览中首屈一指。家乡和成长的环境也对我的兴趣发展起到了不可忽视的作用。我成长在前东德上劳西茨县（Oberlausitz）的魏斯瓦塞市（Weißwasser）。从我记事起，家乡环境就在不停地经历各种变化。一方面，整个地区都曾经遭受过一系列的冰川活动，就连最不起眼的山峦都带有历史的痕迹。冰川还给我们留下了很多纪念品：它们从斯堪的纳维亚半岛搬运来了许多光滑的巨石，这叫"冰川漂砾"。除此以外，本区地下还埋藏着大量的褐煤矿。巨大的挖掘机在当时尚存的原始森林里进行开采，夷平了好几座村庄和大片大片的土地，只剩一片荒芜、破败的景象。当时我还在博克斯贝格（Boxberg）发电站当学徒。这是欧洲规模最大的火力发电站，直到很久以后，还有人为这个称号感到骄傲。我就在这里满怀热情地工作，眼看着来自第三纪的"黑金"遗产被转化成能源和天空中一朵朵巨大的黑云。

  在爸爸的鼓励下，我从小就喜欢画画。当时我有一些塑料制的恐龙玩偶，它们造型夸张，气味刺鼻（这些是"波兰制造"的；"香港制造"的玩偶气味没有那么刺鼻，但也更难买到），我不仅会跟它们玩，自然而然地，也开始把这些原始动物的形象临摹到纸上。为了画好画，我手边有什么，就学样画什么，这本书的创作过程也是如此。很快，我发现了捷克大师泽兹德涅克·布里安（Zdeněk Burian）的作品。他的画非常生动地再现了远古历史，水准至今无人能超越。我开始一遍又一遍地临摹，把他十几部作品中的插画翻来覆去画了一个遍，直到铭刻于心（《万物：创世》一书中，许多灵感都来自于他的作品，希望大师能够原谅我，并将这理解为一种致敬）。

# 附录

到了少年时代，我对这方面题材的热情略微减退了。尽管如此，去图书馆时，我有时还是会从书架上抽出一本布里安的作品，带着怀旧的心情去读一读（当时我还没有条件拥有一本属于自己的布里安作品。直到网络时代，我才从欧洲各地的旧书商手里弄到书况良好的二手画册）。不过，这段倦怠期并未持续多久，因为比起今天我关注的那些问题，世界和生命起源的问题实在太本质、太重要了。对这些问题，西方宗教无法给我答案，世界上其他宗教也无法给我答案。除了这些，我也在结合思考从20世纪90年代开始兴起，日益受人关注的环境保护问题。只要稍作研究就能发现，环境保护和地球历史上的自然灾难、大型气候变化、冰川时代和生物大灭绝之间有着相当直接的联系。历史和现实的唯一区别在于，地球历史和灾难史历时几百万年，而当今人类的所作所为，似乎是要向大自然证明，这一切在很短的时间内就可以完成。

我们从哪里来？又向哪里去？这是一个容易引发争论的问题。进化论拥护者和神创论拥趸之间的隔阂近年来再次加深，原教旨主义在东方和西方重新抬头，价值观体系变得越来越激进。美国一些学校规定，生物课教学内容不得违背《圣经》的教说；无独有偶，德国也有人希望禁止学校教授达尔文理论。

可是，基于达尔文的发现建立起来的知识体系太重要了，必须将其视为进化的普适模型。当然我不接受对进化论的曲解，例如"强者生存"法则和由此延伸而来的种族主义。我所理解的进化论理念是万物的一种不断的演化，但它不一定是"进步"意义上的，因为有时回到老方法也一样好用，螺旋型、循环型的发展有时也是完全可行的。变异、突变、共生、组合、趋同乃至适应，这些都不仅仅是生物学上的概念，放到其他例如技术革新、社会关系、语言系统、建筑或是音乐等领域中，这些概念同样有意义。甚至是延伸到否定进化论的各种宗教、宗教世界观以及教义当中，这些法则也有所体现。

我创作《万物：创世》的目的，是想试着综合目前所有的图像资料，以宇宙大爆炸为起点，描绘我们所认识的这个宇宙的诞生。这样的尝试还没有前人做过。以前有人专门给不识字的读者编一本图像版《圣经》，本书即类此，但本书面向的是识字读者群体，用意在介绍科普，不要求读者具备任何专业知识。但这并不意味着本书不包含任何宗教形象或是宗教符号。恰恰相反，我在本书中经常会借鉴前人对创世和创世力量的表现手法，以及各种传说人物或是极乐世界的形象。因为有时，它们用一种惊人（虽说很抽象）的方式，展现了今天我们要靠哈勃望远镜或是DNA分析才能解读的现象，形成的对比十分鲜明有趣。还有的形象则显得幼稚、天真，表现出天马行空的想象力。我特意将它们穿插安排在介绍粒子流的章节中，不是为了起解释作用，而是为了和有时稍嫌空洞枯燥的理论形成对比。

除若干细微处外，本书包含的图像均不应被看作个人创作。放到这么一部宏大三部曲的框架下，我甚至会觉得，将自己想象出来的历史落到纸上，是一种没有意义的做法。相反，自本书开篇始，我就采取了这么一种做法：尽可能丰富地采集各种图像原始资料，并将它们汇集到本书中。我希望借《创世》一书营造出一种全景：它从人类3万年的图像创作历史里汲取灵感，它是对世界起源的各种表现手法的一次总结，从克罗马农人的岩壁画到3D图像。当然，我也希望在这个过程中嵌入众多大师的作品：从古罗马马赛克艺术到文艺复兴画作；再到近几十年最著名的古生物艺术形象；主题或历史机缘合适的时候，我还会选用漫画大师的作品。这么看来，其实可以将本书看作一部记录片性质的作品，因为我不仅仅想表现进化史本身，也想表现观念、世界

# < 附录 >

表象、以及人类对世界和万物起源的观念是如何改变的。除了上文提到的一些只在当时才具合理性的宗教性质的引用,我也采用了一些来自不同年代的科学插图作为范例——其中有的插图表现了一种非常初级的知识状态,已经被人们弃用了很长时间(例如288页的禽龙图像);其他的图像,例如英国广播电视台(BBC)精彩的科普动画图像,则始终是符合现行科学知识水平的。

时间是无法用触觉感知的四维空间。虽说用区区350页来表现140亿年的历史,乍听像个笑话(全书约2000张插图,算下来,每张图要讲700万年的故事),但是,根据我对时间这个概念的思考和理解,我觉得,漫画是一系列连续画面的形式,用这种媒介来表现时间,无疑是最理想的方式。生命的出现,在我们人类眼中,是一场奇迹。生命起源的秘密尤其让我着迷。因此,本书用了相当大的一部分篇幅,试图用图画来阐述这个主题。创作本书期间,我也有幸见证了我家两个孩子的成长:从第一张模糊不清的超声图像,到今天4岁和半岁的两个孩子,他们有能力在五分钟的时间内,把家里的客厅搞得天翻地覆。归根结底,事物永远不会终结,事物也永远不完美,一切都在变化之中:这就是贯穿全书的主题。甚至就连本书所书写的历史本身也逃不过改变的命运。仅仅从四年前动笔时起到现在,我们对这个世界的了解已经加深了许多。许多理论获得了证实,也有许多理论已经被人遗忘。这一切在本书中都未能一一得到表现。如果有一天,三部曲有幸再版,我一定会对个别章节作出修订、添补。谁知道呢?说不定到那时,会有别的漫画家,想要画一部《史上最长的历史》。我相信,这个故事一定非常值得一听。

延斯·哈德,2011年10月

时间乃万物之尺度。
人乃蛆虫。

< 附记 >

### 作者简介

延斯·哈德（Jens Harder，1970年生于前德意志民主共和国魏斯瓦塞市），1996至2003年间在柏林白湖艺术学院（Berlin-Weißensee）学习平面设计。

他移居柏林多年，从事插画和漫画创作，已发表多部作品，并多次获得国际奖项（2004/2010年德国埃兰根国际漫画沙龙最佳德语漫画"马克斯与莫里茨"奖、2007年德国卜劳恩市及卜劳恩协会颁发的"卜劳恩"表彰奖、2010年法国安古兰国际漫画节"魄力奖"，2011年汉斯·麦特奖）。

他的作品曾在德国及国外多座城市展出，包括法国艾克斯、瑞士巴塞尔、巴西贝洛奥里藏特、巴西库里蒂巴、瑞士日内瓦、耶路撒冷、葡萄牙里斯本、瑞士卢塞恩、新西伯利亚、挪威奥斯陆、法国巴黎、巴西阿雷格里港、以色列特拉维夫和瑞士苏黎世等。

他的作品刊于多种漫画期刊（*Mogamobo*，*Nosotros somos los muertos*，*Panel*等刊物）和选集：（《日常间谍》，柏林Monogatari漫画社团2001年；《瓦尔伯格》，斯洛文尼亚Stripburger出版社2003年；CARGO-以色列-德国报道纪实文学类漫画集，德国Avant-Verlag出版社2005年；《野兽》第11卷，美国Fantagraphics出版社2008年；《神与兽》，NoBrow伦敦插画艺术杂志2009年，等等）。

### 延斯·哈德近年作品：

《列维坦》（德/法/英/日语版）
法国l'An 2漫画出版社，2003

《上帝之城》（法语版）
法国l'An 2漫画出版社，2003

《宏观微观》（德/法语版）
纽伦堡现代艺术出版社，2007年

《万物：创世》（法语版）
法国Actes Sud出版社2009年
德国Carlsen漫画出版社2010年发行德语版

《万物：文明》（法语版）
法国Actes Sud出版社2014年
德国Carlsen漫画出版社2014年发行德语版

< 附记 >

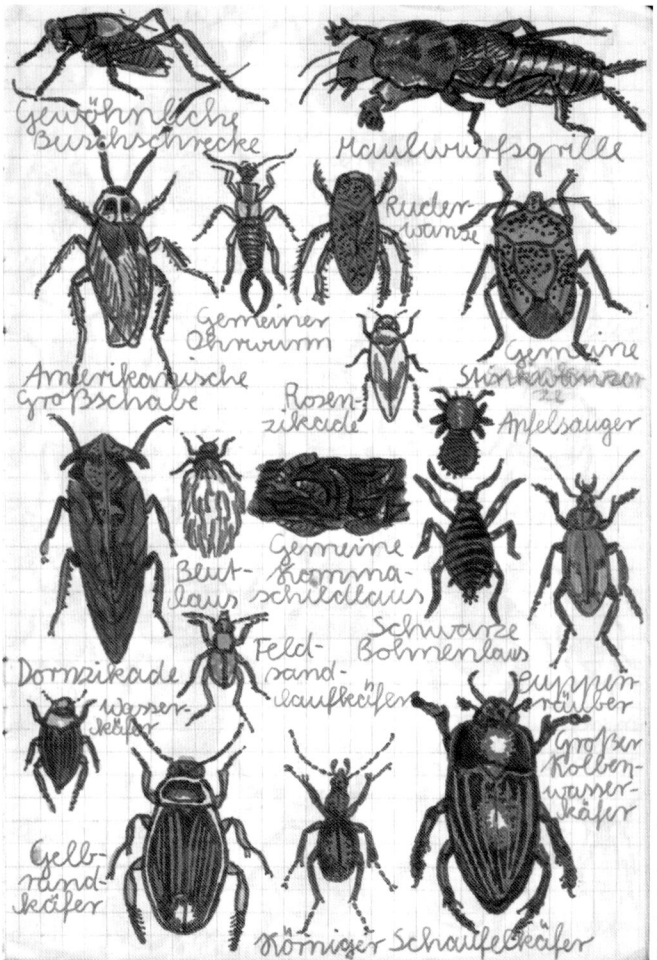
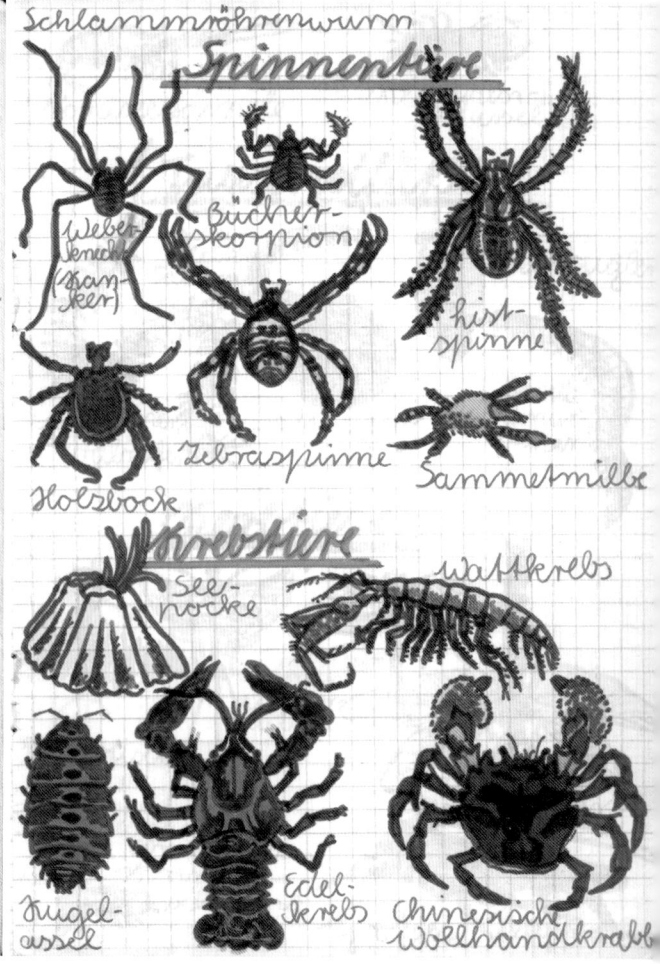

## ＜ 附记 ＞

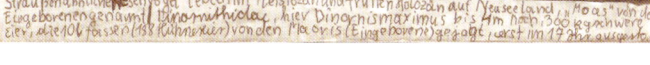

左页：
剑龙大战异特龙
（仿布里安作）
节肢动物一览图I+图II

右页：
蜜熊/恐鸟/白垩纪草图（仿布里安作）
豹猫/乳齿象大战猛犸象

草图和素描，1979—1981

# < 附录 >

《创世》故事板 2004-2007年初期工作阶段草图。

< 附录 >

# < 附录 >

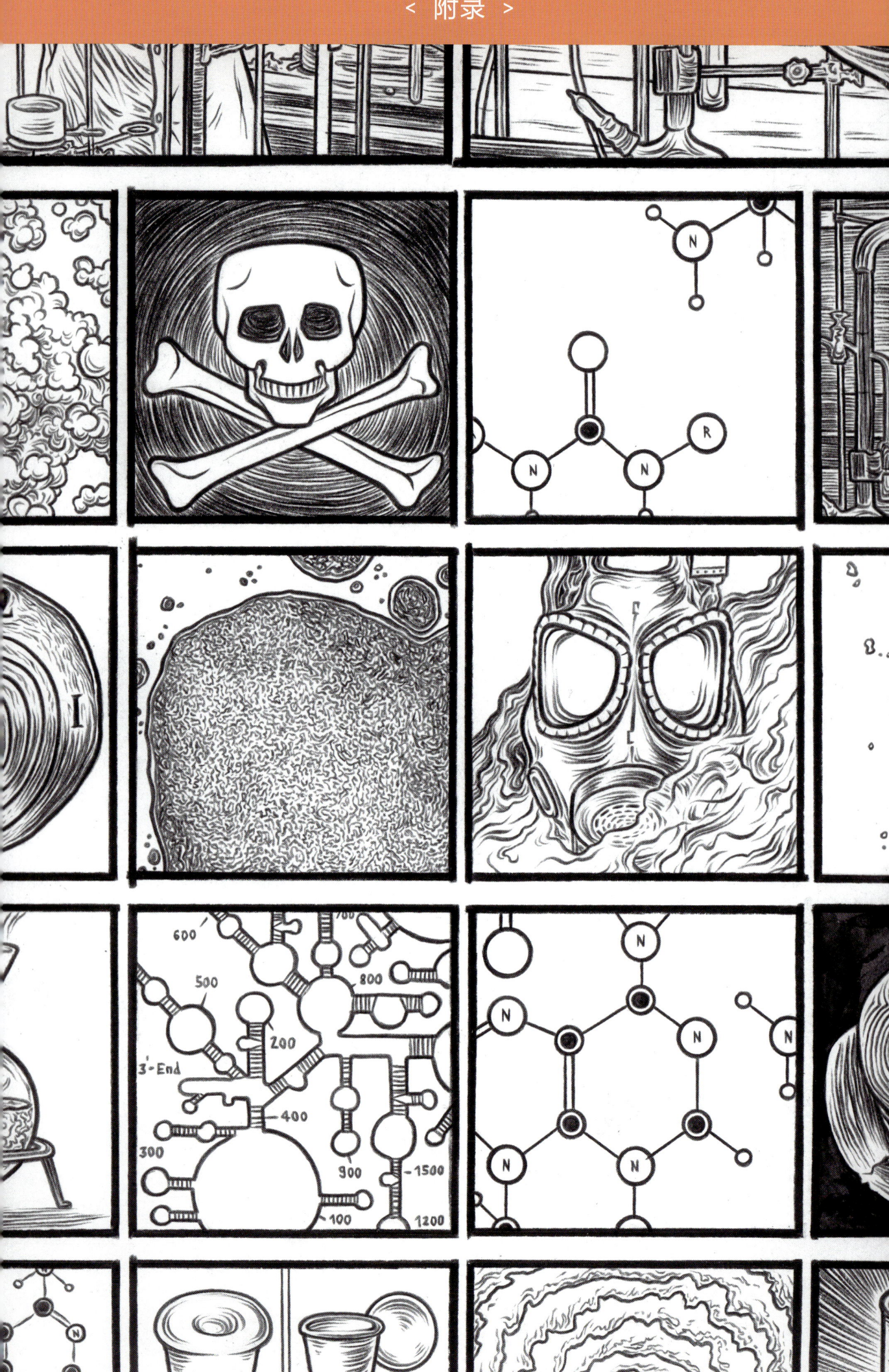

# < 附录 >

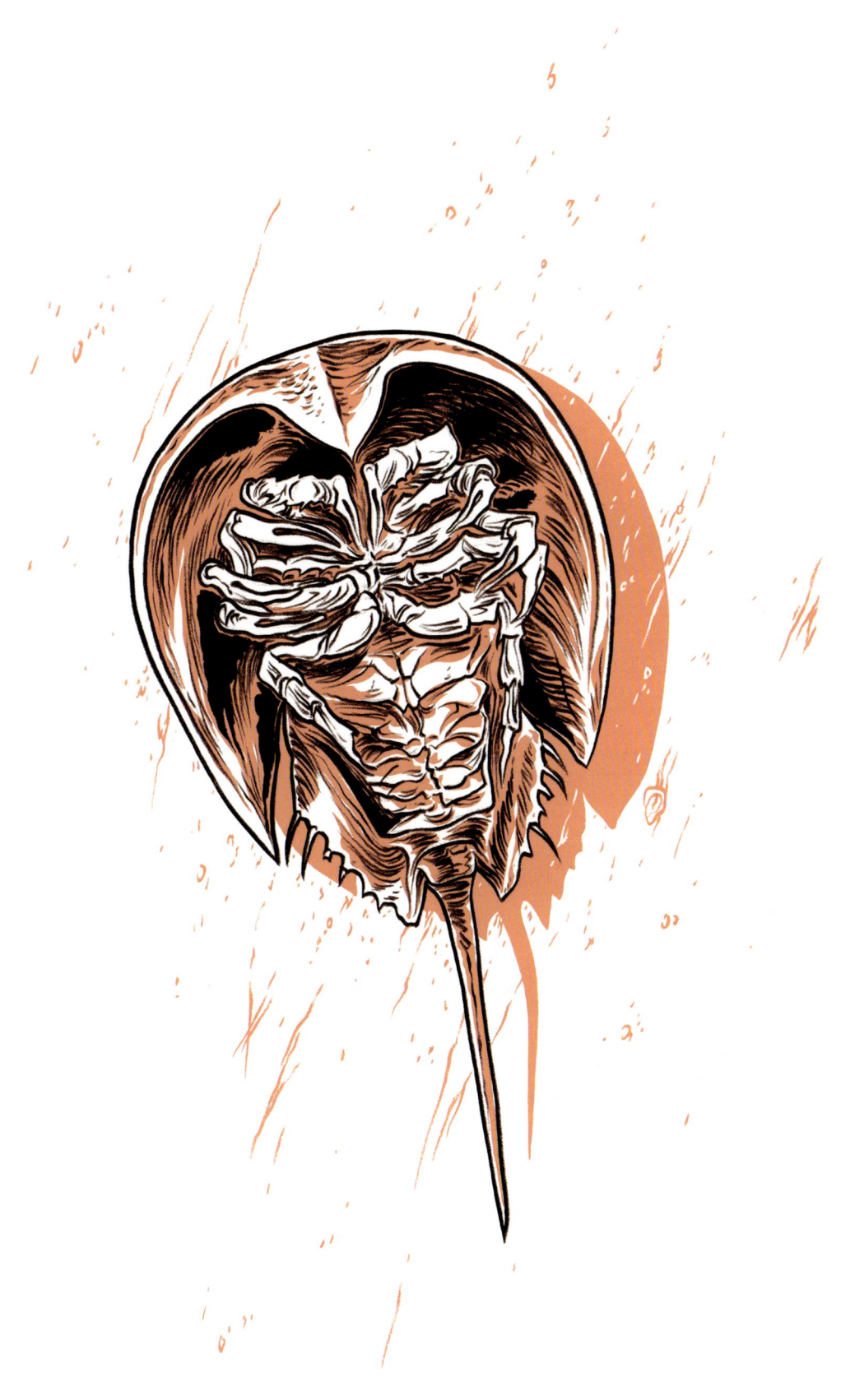

左页：《创世》原稿影印（铅笔+墨，开本A3）

# < 附录 >

## 年表

### 隐生宙

46亿—5.42亿年前

**冥古宙**
46亿—38亿年前

**太古宙**
38亿—25亿年前

**元古宙**
25亿—5.42亿年前

### 显生宙

5.42亿年前—人类纪元

**古生代**

| 寒武纪 | 奥陶纪 | 志留纪 |
| --- | --- | --- |
| 5.42亿年前 | 4.883亿年前 | 4.437亿年前 |
| 泥盆纪 | 石炭纪 | 二叠纪 |
| 4.16亿年前 | 3.592亿年前 | 2.99亿年前 |

**中生代**

| 三叠纪 | 侏罗纪 | 白垩纪 |
| --- | --- | --- |
| 2.51亿年前 | 1.996亿年前 | 1.455亿年前 |

**新生代**

第三纪

| 古新世 | 始新世 | 渐新世 | 中新世 | 上新世 |
| --- | --- | --- | --- | --- |
| 6550万年前 | 5580万年前 | 3990万年前 | 2303万年前 | 533万年前 |

第四纪

| 更新世 | 全新世 |
| --- | --- |
| 180万年前 | 11500年前 |

# 〈附录〉

上帝六天创世记
里昂版《圣经》插图,十六世纪

# 附录

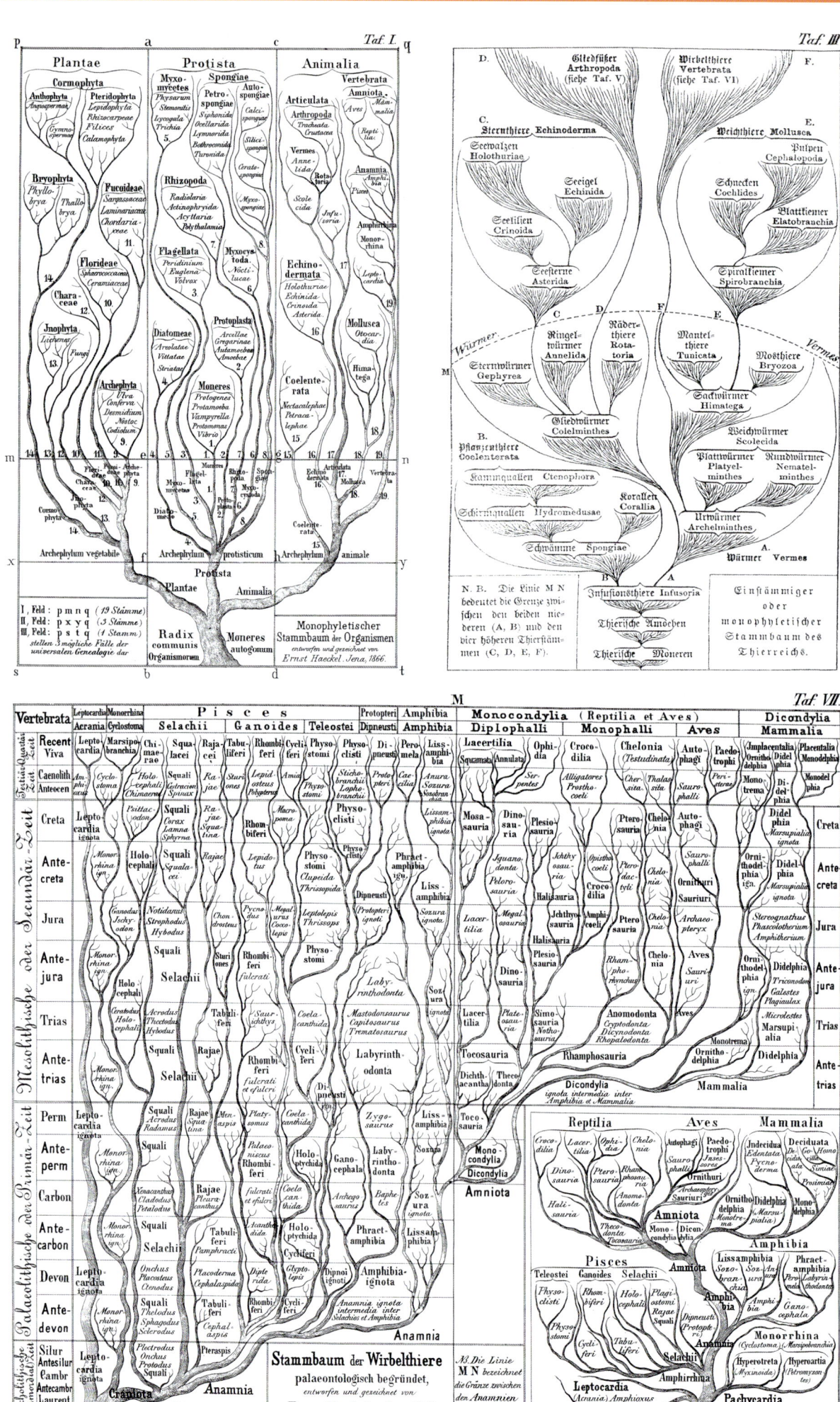

## < 附录 >

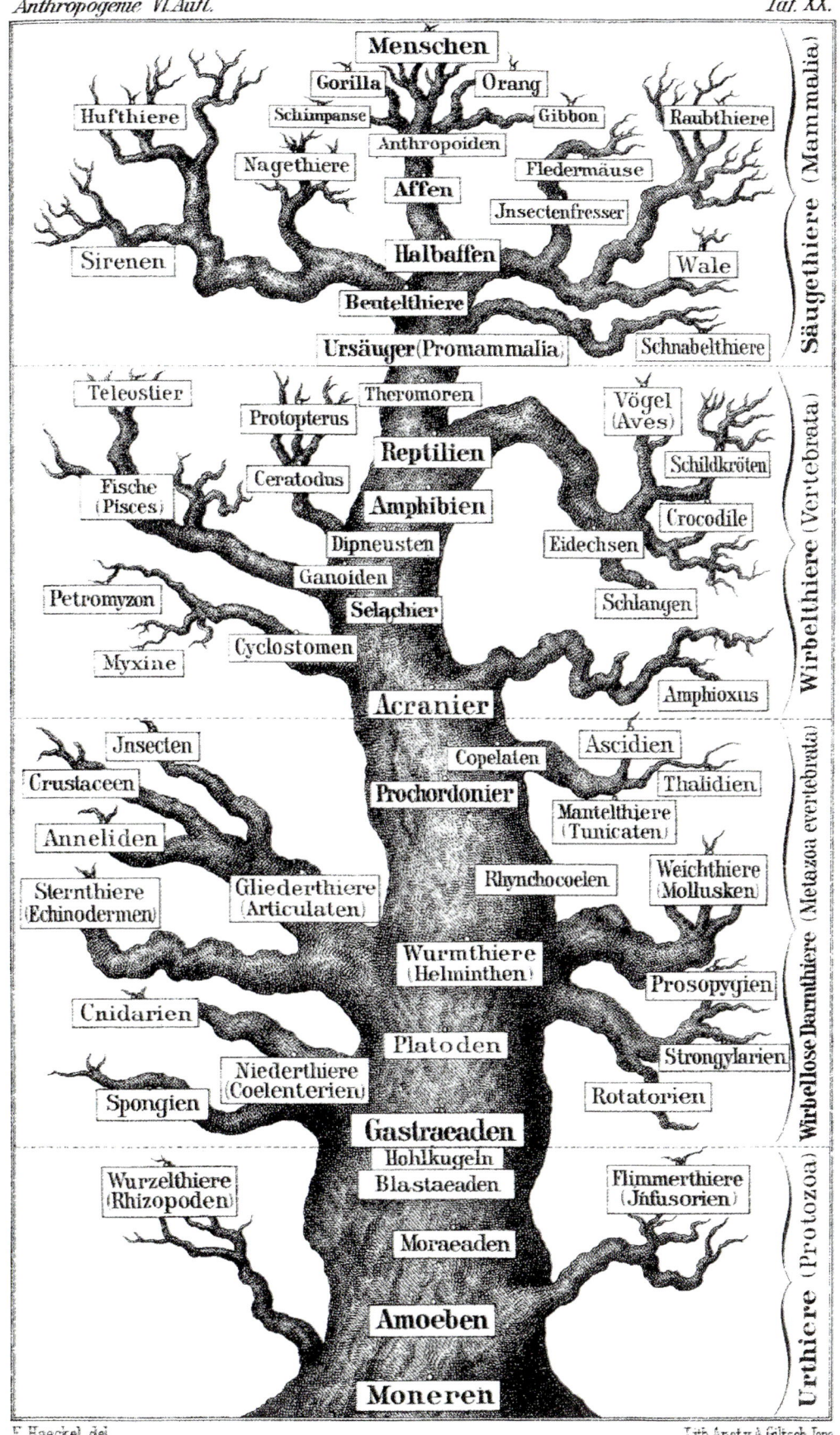

Page de gauche : Arbres généalogiques des organismes vivants / des animaux / des vertébrés.
Source : Ernst Haeckel, *Generelle Morphologie der Organismen*, 1866.
Page de droite : Arbre généalogique systématique de l'homme.
Source : Ernst Haeckel, *Anthropogenie oder Entwicklungsgeschichte des Menschen*, 1874.

# 附录

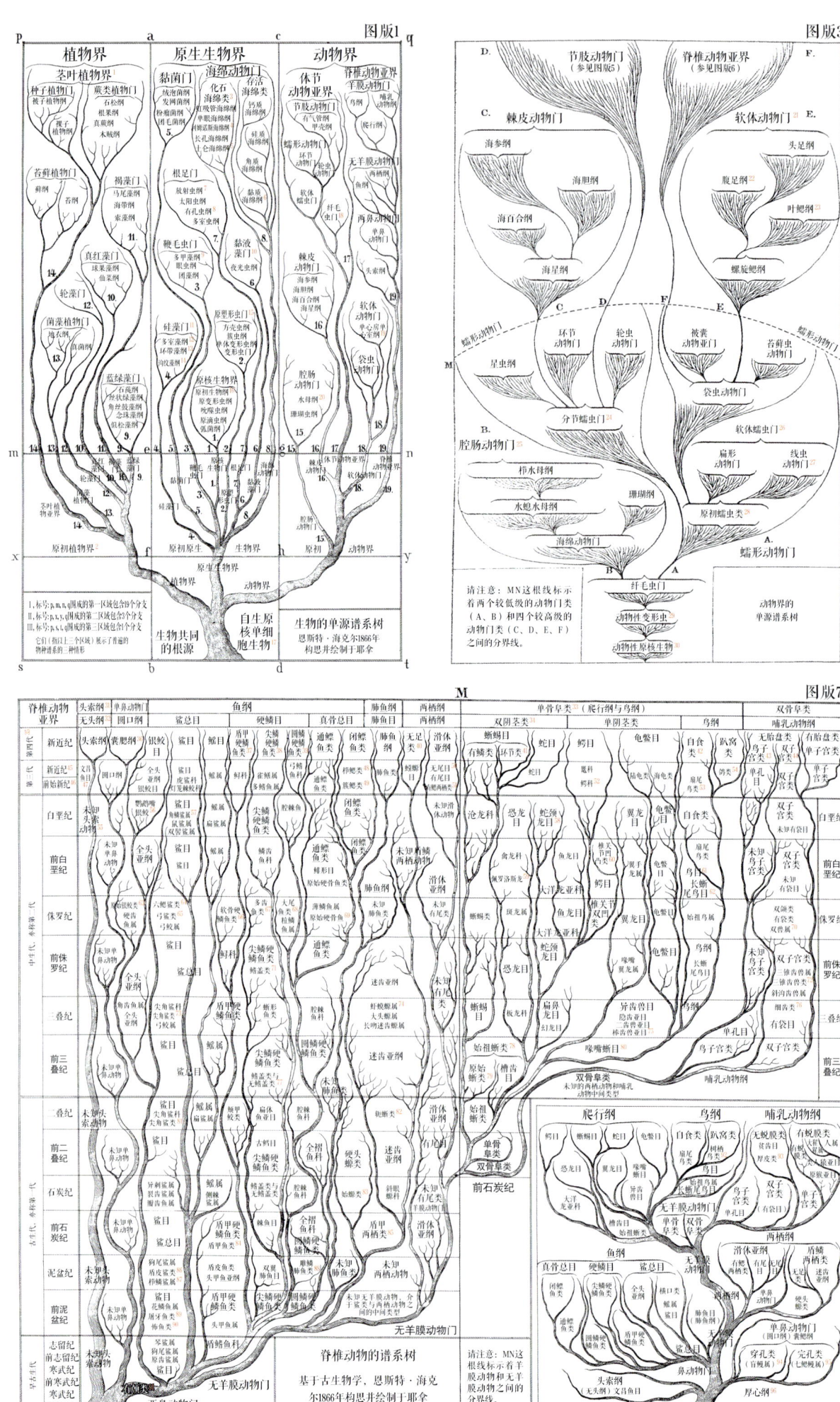

# <附录>

## 人类的系统谱系树

《人类起源》第6版　　　　　　　　　　　　　　　　　　图版20

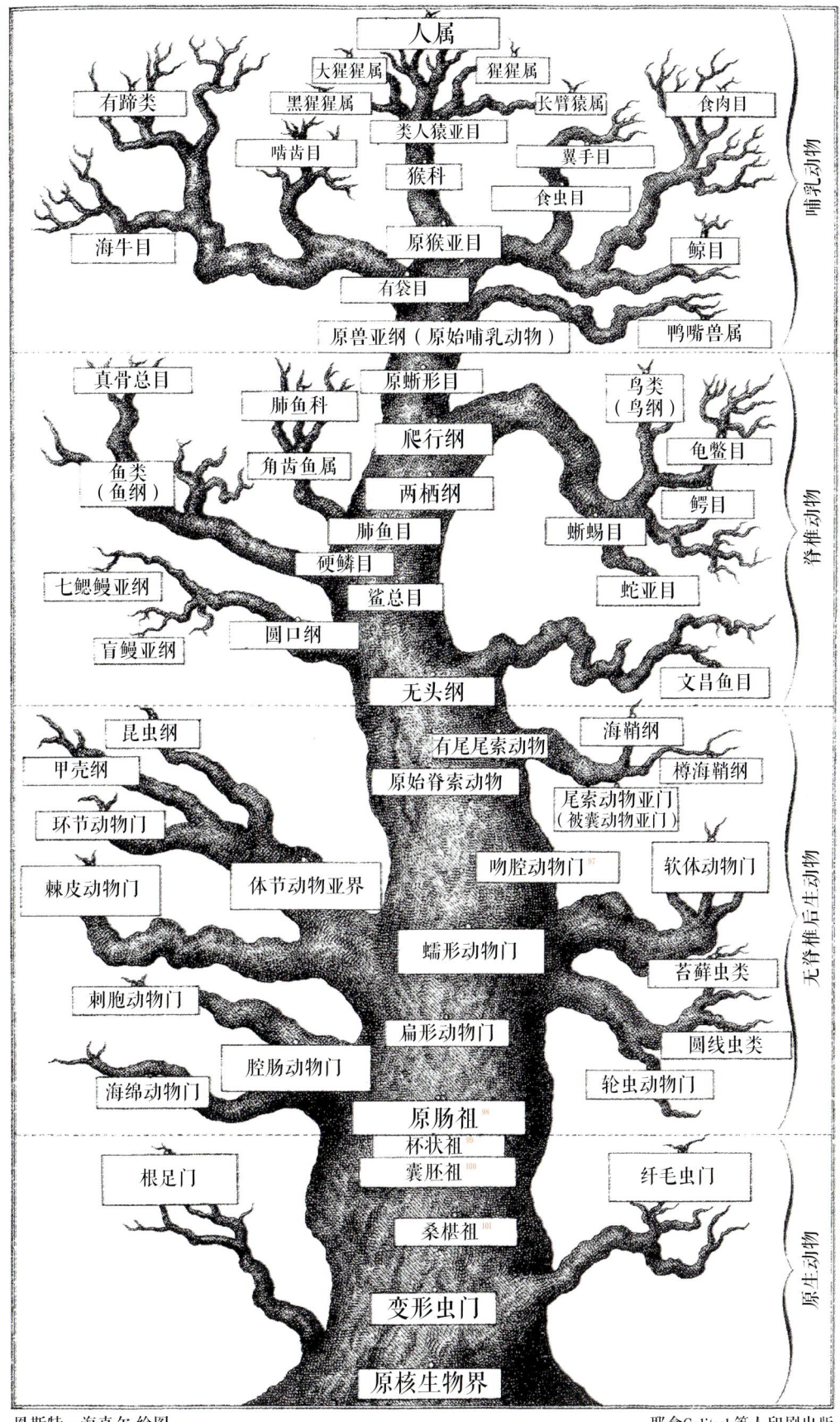

恩斯特·海克尔 绘图　　　　　　　　　　　耶拿Golitsch等人印刷出版

左页：生物谱系图 / 动物界 / 脊椎动物门
出处：《普遍生物形态学》，恩斯特·海克尔著，1866
右页：人类谱系图
出处：《人类起源：人类进化史》，恩斯特·海克尔著，1874

# < 附录 >

## 译者注

1 对物种分类的看法在当时和现在都不是很统一，因而对海克尔图版中的译名不完全按照域、界、门、纲、目、科、属、种的层级划分，而是重在揭示海克尔对物种分类的看法，即按照图示的层级关系，参考了原图中各类名的字体大小和斜体与否，标示出生物界各物种群之间的相对分类关系，故而对于有些拉丁词尾如-phyta，-ceae，不作统一翻译。

2 Archephylum是海克尔造的词，其中词根arche-表示远古、原始，-phylum表示界。

3 据海克尔在著作中自述，他将海绵分为两大类，一类仅见于化石，另一类还生活于他所在的时代。因而此处将他造词所用的词根petro-译为"化石"，另一个词根auto-译为"存活"。他的化石海绵下分五类，其命名大多不见于今日的文献。因为海克尔的这个分类多有讹误之处，大多不为后世的科学界所接受。

4 该词仅见于海克尔的这本著作，其义不明，不过因其归在化石海绵之下，很可能词根lymno-指的是此类化石所在的地层，而化石的地层命名经常采用欧洲的地名。猜想Lymno源自Limnos（利姆诺斯），为希腊的一个岛屿。古时候，利姆诺斯土被用於治疗蛇咬伤、创伤和鼠疫。

5 该词也仅见于海克尔的这本著作，其义不明，不过词根turon-可能指地层名。白垩纪的分期以欧洲海相地层为依据，总体分为早晚二世，其中晚白垩世有一个分期以Turon（土仑）命名。

6 海克尔的这一命名也未被后世所采用。

7 海克尔是对放射虫类进行分类的第一人，他描述了430种放射虫，其中新物种350多种。

8 该词仅见于海克尔的这本著作。海克尔在另一个关于根足生物的专著中又将多室虫（Polythalamia）和单室虫（Monothalamia）并列，同归于Acyttaria类之下，下辖于根足类。故而根据其分类所在位置，结合其同一分类等级生物的意思，将其译为有孔虫。

9 海克尔的这一分类不为后世所采纳。多甲藻属如今一般归入甲藻门下。

10 这一藻类如夜光虫在水体富营养化及其他条件适宜时，有可能造成赤潮，产生大量的黏液，粘住鱼鳃，造成渔业灾难。

11 海克尔对硅藻类的分类不为后世所采纳，因而他对硅藻类下的子类的命名也未得到广泛流传，其义不详。不过他的命名方式很可能是对硅藻外形对称方式的分类和描述。

12 该名目前被用于对一类竹节虫的命名。海克尔采用此名，可能是从areolation而来，即此类藻的结构具有多个分隔的小室。

13 海克尔的该命名不为后世所采纳。从拉丁词根上推测，指这一类藻具有环形带状结构。

14 海克尔的该命名不为后世所采纳。从拉丁词根上推测，指这一类藻具有褶皱状下凹的沟纹。

15 该词为海克尔所创造，并不为后世所采用。词根plast有可塑形之义，而其所囊括的种类正合此义，据之而拟此译名。

16 海克尔的这一命名为后世所采纳，但在英汉词典中有时被误译作同名的一个古希腊画家普罗托格尼斯。据海克尔所述，此词意指远古自有生命产生以来最初的生物形式。

17 这是海克尔造的一个词，用以表明所有的生物都源于共同的祖先，即一种无真核的原核单细胞生物。autogonum的希腊词源意为自我生成。海克尔对微生物的关注，表明他在达尔文基础上对物种统一性的认识又进了一步，并且他的单一起源假说得到了现代生物学的支持。

18 从这个树状图分析，海克尔并未将纤毛虫纲归入体节动物门之下。

19 这个词为海克尔所造，他以之指称那些心脏结构有心房和心室的动物，以别于那些其心脏无有心房和心室分化的动物。

20 这个词和Petracalephae为海克尔所造，他以之指称营浮游生活和固着生活的两大类腔肠动物。

# < 附录 >

21 根据海克尔自述，他将软体动物门分为四大纲，其中两种的分类以鳃的形态为依据，分别为螺旋鳃和叶鳃，拥有这两种形态特征的软体动物皆无头、无嘴，因而可归为一大类，统称为贝类。另两类则分化出了头和嘴，可统称为有头类或有口类，较为高级。

22 Cochlides一词为海克尔所造，不为后世所采纳，但根据其分类所在的位置，所指为腹足纲。

23 该词为海克尔所造，甚少为后世所采用。词根-branchia意为鳃，elato-意为叶状。

24 该词为海克尔所造，不为后世所采纳。他将星虫纲、环节动物纲、轮虫动物门归于一类之下，认为它们具有相同的特征，即是身体分节的蠕虫类。

25 海克尔所用的与Coelenterata对应的德语词为Pflanzenthiere，意为植虫类，即像植物的动物。

26 海克尔用Scolecida一词概括身体柔软的蠕虫类，包括身体扁平的蠕虫和身体横切面圆滚滚的蠕虫，该分类词不为后世所采纳。

27 海克尔所用的与Nematelminthes对应的德语词为Rundwürmer，意为圆柱形的蠕虫类，与身体扁平的蠕虫类相对。

28 这是海克尔所设想的一个蠕虫发展阶段，他认为由之发展出了后来的袋虫动物和线形动物。

29 这是海克尔所设想的一个蠕虫进化阶段。

30 这是海克尔所设想的一个蠕虫进化阶段。

31 该词从其词源上看，lepto-意为狭窄，-cardia意为心，也可译为狭心纲。但鉴于该纲是头索动物亚门唯一的纲，还是译为头索纲。

32 头索动物因其无头部，也称无头动物。

33 海克尔和Huxley一样特别关注骨头末端的小突起Condylia，认为它会影响骨骼的连接方式，进而造成身体结构的巨大差异。今日这个术语Monocondylia常用于指称昆虫的一个亚纲。

34 有些爬行动物如蜥蜴有一对交接器。

35 地质史早先分为4个时期：第一纪、第二纪、第三纪和第四纪。19世纪中发现第一纪和第二纪可以分出更细的层次，于是取消了这两个名称，但保留了第三纪和第四纪的称呼。今天的地质时代分期层级更多更分明，采用宙、代、纪、世、期、时这6个层级。如今将中生代以后统称新生代，下面再分出第四纪和第三纪。海克尔时期已经在第一分类层级Zeit下分出了各纪，所以在此将Zeit译为代。

36 这一个词甚少为后世所用，词根marsipo-意为袋囊。

37 该词为海克尔所造，对应的德语词为Panzer-Ganoiden。

38 该词为海克尔所造，对应的德语词为Eckschuppen-Ganoiden。

39 该词为海克尔所造，对应的德语词为Rundschuppen-Ganoiden。

40 该词为海克尔所造，不为后世所采纳。据他自述，他以此词命名那些小型有鳞状结构的无足两栖类动物，如状如蚯蚓的蛇皮蜥。

41 海克尔的这一分类不为后世所采纳。Annulata这一词如今常用作Annelida（环节动物）的同义词。

42 海克尔对鸟纲的这一分类不为后世所采纳。他的分类依据是幼鸟出生以后是很快就能自己找食，还是需要在鸟窝里长期被喂养。

43 海克尔对哺乳动物的分类依据的是雌性动物生殖系统的结构，尤其是子宫的数量和心态，这一分类法不为后世所沿用，但与后世的分类原则大体相符。Ornithodelphia其词根ornitho-意为鸟，-delphia意为子宫，意即该类动物的生殖系统类似于鸟，亦无乳头。他所用的对应的德文是Kloakenthiere，意即单孔动物。

44 海克尔命名的Didelphia，其词根di-意为二。该词对应的德语词是Beutelthiere，意即有袋动物。

# < 附录 >

45 该命名不被后世所采纳，从其词源上看，caeno-意为新，-lith译为石，故而译为新近纪。

46 该命名不被后世所采纳，从其词源上看，ante-意为新，-eocene意为始新世，故而译为新近纪。

47 Amphioxus的命名后世较少采用，词源为希腊语，意思是"两头尖"，描绘的是文昌鱼目的形态特征。

48 海克尔的该命名不为后世所采纳，他所用的相应的德语词为Reihenkiemer，意为鳃的形态一行行排列整齐，如同梳子。

49 海克尔的该命名不为后世所采纳，他所用的相应的德语词为Büschelkiemer，意为鳃的形态呈簇状，集束在一起。

50 海克尔的该命名不为后世所采纳，根据其希腊语词源，sozein-意为保留，-auron意为尾部，推测此义为有尾目。

51 该类对应于蝾螈亚目。

52 该词在海克尔的其他著作中也不见，故而不能确知其含义，但据其所在的分类位置，知道它指鳄目下的一个分支。

53 海克尔的这一命名不为后世所采纳，不过从他其他的著作得知，此词相应于Ornithurae，意为有扇形尾部的鸟类。在海克尔看来，短尾的蜥蜴类构成了今日鸟类的起源。

54 Perissterae在古希腊语中意为鸽子，海克尔在其著作中所用的对应的德语是Tauben，证实了这一点。

55 海克尔常在分类名后加一个限定词ignota，从其拉丁词源ignotus看，意为未知的。可能他想表达这一类动物的远祖尚未找到确切的化石或存世的动物证据。

56 海克尔将银鲛目分为两大类，一类存世，一类仅见于化石，该命名属于化石类，鹦鹉嘴但是据其嘴部特征而言。

57 该属已灭绝，生存于白垩纪。

58 词根Plesio-意为接近，-sauria意为蜥蜴，意指蛇颈龙形态十分接近现代的蜥蜴。

59 该词仅见于海克尔的著作，根据恐龙类的命名原则，词根Peloros可能是指这类恐龙化石的发现地，Peloros位于今日西西里岛东北的尖角处。

60 该词今日甚少使用，这是早期对脊椎动物进行分类的一种依据，即按照椎关节的形态，根据其双凹（Amphicoeli）或是有凹有凸而作分类。

61 该词为海克尔所造，今日不被沿用。从其词根ornith-看，意为鸟类。

62 该词为海克尔所造，今日不被沿用。海克尔认为尾的形态尤其是长短的区别是今日鸟类与古鸟类的分水岭。

63 该词不被沿用。指银鲛类的原始类型。

64 该词从其词源上看，not-意为非，-idanos意为好看，即该类鱼形象丑陋。

65 该词如今不被沿用，Strophodus的词义即形容这类鱼的牙齿呈弓形。

66 此类鱼仅存于化石。

67 Pyconodus依其希腊语源意为多齿。

68 该词为海克尔所造，今日不被沿用。从其词源看，其形态特征为大尾。

69 该种鱼尚未见中文译名，它仅存于化石，牙齿稀疏，背鳍非常靠后。

70 希腊词源amphi-意为双，-therion意为兽。双兽属已绝灭，其特征为牙齿数目多且结构独特。

71 该词较少为后世所用，海克尔命名的依据是这类鱼的尾鳍脊部都有鳍盖(fulcra)。

72 该名仅见于此表，从其分类位置，和后人对于命名的归类，得知它等价于Triconodon。

## < 附录 >

73 该名仅见于此表，从其分类位置，和后人对于命名的归类，得知它等价于Acrodus。

74 Mastodonsaurus从其希腊语源直译，意为乳齿蜥。

75 该名词在今日不被沿用，从其语源上看指化石牙齿的形态如一个末端变粗的棒状。

76 该词为海克尔所造，他将最早的哺乳动物命名为Microlestes antiquus。

77 该词为海克尔所造，未被后世沿用。与之对应的德语词为Schindellose，即无鳍盖类。

78 该词为海克尔所造，未被后世沿用。其希腊词源toco-意为始祖，-sauria意为蜥。

79 该词为海克尔所造，未被后世沿用。该词对应于Proterosaurus，意即原始蜥形动物。

80 该词为海克尔所造，未被后世沿用。其希腊词源rhampho-意为喙，-sauria意为蜥。

81 该名仅见于此表，从其分类位置，和后人对于命名的归类，得知它等价于Acrodus。

82 该名仅见于此表。其希腊语词源zygo-意为轭，这可能是指化石骨骼关节之间的连接方式。

83 该词从其词源上看，ahchegonos-意为初始，故译为始鲵。

84 该词不为后世所沿用，从其词源上pamphract意为护甲。

85 该词为海克尔所造，不为后世所用。对应的德语为Panzerlurche，意为盾甲两栖动物。

86 该词不为后世所沿用，从其词源上，placo-意为平板状。

87 该词不为后世所沿用。从其希腊词源上，ctenoid-意为栉鳞。

88 该词不为后世所沿用。从其希腊词源上，glypto-意为雕刻。

89 该词不为后世所沿用。从其希腊词源上，sphagodus形容其牙齿极其具有杀伤力。

90 该词不为后世所沿用。从其希腊词源上，sclerare形容其形态恐怖。

91 从其希腊词源上，cranium意为颅骨。

92 从其拉丁词源上，insessor意为蹲着，指这类鸟发展了在树上栖息的能力。

93 该分类不为后世所沿用。从其希腊词源上，pycno-意为厚，-derma意为皮肤。

94 该分类不为后世所沿用。从其希腊词源上，hyperotreta意为穿孔的，指的是该类动物的鼻孔与喉部相通。

95 该分类不为后世所沿用。Hyperoartia指的是该类动物的鼻孔与喉部不相通。

96 该分类少为后世所沿用。从其希腊词源上，Pachycardia意为宽心或厚心，指该类动物的心较大，与狭心纲（Leptocardia）相对。

97 该词从其语源上，rhycho-意为嘴部，-coelen源自koilos，意为空，指有体腔。

98 海克尔提出了原肠祖（Gastäa）理论。据海克尔1903年的信件，他认为个体发生有与其各阶段相对应的祖先型，变形虫样的原生动物经过不断分裂形成一个桑椹球状，最后进化为原肠祖。原肠祖对应原肠胚阶段，有肠、有口的多细胞动物，可区别出组织。原肠祖类动物是后生动物的祖先。

99 据海克尔的原肠祖理论，杯状祖是原肠祖之前的一个进化阶段，中空泡状体的细胞层分化为两部分。

100 Moraeaden用于表示与后生动物发育阶段的桑椹胚（Morula）相对应的假想的进化阶段。

101 Blastaeaden用于表示与后生动物发育阶段的囊胚（Blastula）相对应的假想的进化阶段。

（陈亮）

# < 附录 >

# < 附录 >

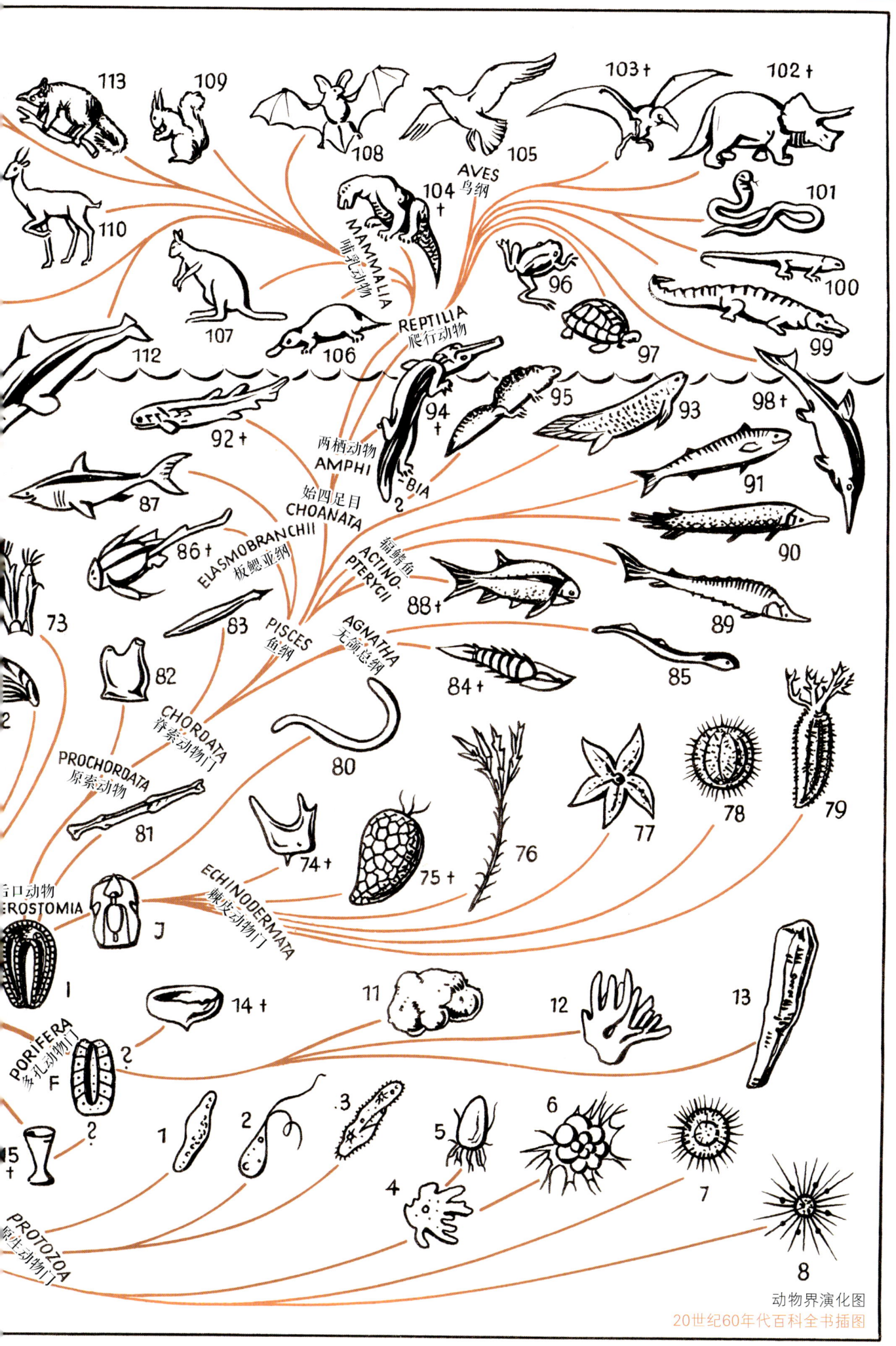

动物界演化图
20世纪60年代百科全书插图

# < 附录 >

本杰明·沃特豪斯·霍金斯[①]作品（1854年）

本杰明·沃特豪斯·霍金斯作品（1854年）

先是四足着地的……

这是一批实体大小的恐龙雕塑，根据著名恐龙学家理查德·欧文提供的尺寸说明设计完成，为伦敦万国博览会水晶宫而制。此处亦引用了雕塑图纸。

尼夫·帕克作品[②]（约1960年）

然后是用后肢直立的……

本图根据符合当时解剖学知识的科学尺寸说明而绘制，鸟脚亚目恐龙的骨盆结构跟鸟类的骨盆结构很相似。

恐龙（2010年）

到今天，又成了四脚着地的……

这些是根据实际观念建模的3D模型：这些恐龙基本上都是四足着地移动的，尾巴起平衡作用（Poser 5-8软件/DAZ影音工作室）。

古生物学形象演变各阶段，以禽龙为例（禽龙于1822年发现）

（亦见本书第288页—右上图为吉迪恩·曼特尔创作的一幅旧图；左上图是霍金斯制作的一座实物大小的恐龙模型，为迎接在水晶宫举办的一场古生物学家晚宴而制。）

---

① 本杰明·沃特豪斯·霍金斯（Benjamin Waterhouse Hawkins，1807—1894），英国雕塑家，古生物艺术家。
② 尼夫·帕克（Neave Parker，1910—1961），英国古生物艺术家，擅长画恐龙，创作过许多面向大众的科普作品。作品多以黑白形式存世。

## < 附录 >

**灵感** 亚当斯、奥杜邦、奥斯特、街头艺术家blu、博尔赫斯、布鲁诺、夸美纽斯、库切、达尔文、道金斯、德柏盟、丹内特、戴尔蒙德、福特、福斯特、艾柯、霍金、胡克、拉鲁斯、洛特雷阿蒙、莱姆、马尔、马古利斯、马托提、宫崎骏、莫里斯、村上春树、穆斯图里、奥维德、珀蒂邦、爱伦坡、品钦、拉伯雷、舒格尔、斯凯普、塞巴、舒宾、斯特鲁加茨基、凡尔纳、瓦尔、沃尔维顿

**音乐** bell, clark, ellison, fsol, funk, james, jelinec, jenkinson, jenssen, jerome, kozalla, lippok, oceanclub, patterson, peel, plaid, sandison, vibert, warp

**鸣谢** ACBD, AS-BD, BBC, BD-FIL, CNBDI, CRS, CS14, CSV, FIBD, FIQ, GBS, GEO, HMS, KHB, MPG, NAFÖG, NSLM, SMNK, VFMK, VG B+K, ZLB

**引用** 德·拉·贝什、博斯、波提切利、布鲁盖尔、布里安、布施、克拉纳赫、迪斯尼、多雷、丢勒、恩斯特、弗拉马里翁、福特梅耶、贾科梅蒂、梵高、戈雅、格兰威尔、格吕内瓦尔德、古尔什、海克尔、哈利特、霍金斯、亨德森、埃尔热、北斋、老霍尔拜因、利希滕思坦、马格努斯、马格利特、迈凯、麦克吉尔、马利安、米开朗基罗、皮萨内洛、拉斐尔、西比克、田中、特隆赫姆、达芬奇、魏格纳、伍德林等

**致意** alex, andra, andreas, anna, anne, auge, augusto, ayelet, barbara, bastién, benjamin, cecile, chiqui, christian, claudia, conny, constanze, cuno, cristo, detlef, diez, dino, dirk, einat, emmanuel, evelyn, ferdinand, fernanda, fil, frederik, gabi, grit, guido, gianco, gottfried, gregor, hannes, hans, henni, hennink, henrik, henry, hülia, iliana, jan, joachim, john, josé, josepha, kairam, karsten, katharina, kati, klaus, konrad, lara, lars, laureline, leó, leoni, liane, line, lothar, lucie, manuele, marc, marcel, mario, marion, martin, matthias, mawil, max, micha, mimi, myriam, nanne, naomi, niki, norbert, okko, opp, pascal, paul, pedro, peter, pia, pierre, ralf, reinhard, reinhold, roberto, roland, sabine, schyda, sebastian, sébastien, serge, stephan, stephen, stéphanie, thaís, thierry, thomas, tim, tine, titus, tom, tomi, uli, valis, verena, vicki, viola, xoan

篇幅有限,若有疏漏,在此一并谢过。

还要感谢我的家人,特别是我亲爱的弗兰奇斯卡(franziska)和我们的孩子夏洛特(charlotte)、马泰奥(matteo)。

# < 附录 >

## 图像出处

弗朗切斯科·阿尔巴尼 第226页左上 《鹭》学术刊物 第243页左上 中世纪炼金术手稿Aurora consurgens（《初升的曙光》）第77页第二排右图 卡尔·巴克斯 第198页最下 / 第288页最下 亨利·托马·德·拉·贝什 第271页最下 戴维·贝尔根 第289页左下 明登的伯特伦大师 第178页最下 希尔德加德·冯·宾根修女 第80页中间 希罗尼穆斯·博斯 第172页第二排左 + 右 / 179页右上+第二排左 / 227页右上 桑德罗·波提切利 第150页第二排左 / 176页左上 罗宾·鲍特尔 第216页上 威廉·布施 第329页第二排右 / 332页第二排左 林堡兄弟 第320页第三排左 老布鲁盖尔 第230页中右 泽兹德涅克·布里安 第134页右上 / 165页 / 168-169页 / 185页上 / 187页下 / 190页下 / 193页 / 194页下 / 195页左上 + 中左 / 196页 / 199页上中 / 202页 / 210页下 / 211页中 / 214页右上 / 219页 / 221页左下 / 222-223页 / 224上 / 225右下 / 229第二排 / 230页下 / 231页 / 238页下 / 239页右上 / 240页右下 / 241页中 + 下 / 243页下 / 247页 / 248页左下 / 249页下中 / 250页左下 / 251页右下 / 253页上 + 下 / 256页左上 / 258页第二排右 + 下 / 259页左上 + 第四排右 / 263页 / 265页第三排左 / 268-269页 / 272页第三排右 / 275页 / 283页 / 288页第三排 / 289页第三排左 / 292页 / 294页右下 / 296页左上 / 297页中 / 303页 / 306页中 / 307页 / 309页右上 / 310页第二排左 + 下 / 334页及本书封面若干引用图 特奥多雷·德·布里 第175页第二排 米凯兰杰洛·卡埃塔尼 第127页左上 施诺尔·冯·卡洛尔斯菲尔德 第90页第二排右 卡伦·卡尔 第291页上 / 332页下 阿尼巴尔·卡拉齐 第175页左上 安德烈亚斯·塞拉里乌斯 第57页中左 / 61页中左 让-卢·沙尔梅 第261页左上 赵阔、邢立达 第274页上中 老克拉纳赫 第305页右上 达尔文 第308页第二排右 《宇宙之球》第156页第三排中 古斯塔夫·多雷 第252页左下 / 297页右上 / 304页左下 约翰·S·杜蒙 第321页右下 / 325页右下 阿尔布雷特·丢勒 第277页上中 / 281页上中 / 310页左下 枫丹白露画派 第309页右下 马克思·恩斯特 第179页左上 / 226页第二排 欧弗洛尼奥斯陶瓶 第175页右上 卡斯帕·大卫·弗里德里希 第285页第二排左 贝特霍尔德·福特梅耶 第148页右上 贾科梅蒂 第179页中右 梵高 第285页中 格哈德·格罗斯曼 第287页第二排左 戈雅 第175页中 格兰威尔 第65页中 / 第69页中 马蒂亚斯·吕内瓦尔德 第258页左上 约翰·古尔什 第172页下 / 213页 / 240页上 / 270页右上+中 / 276页第二排+右下 恩斯特·海克尔 第176页下 / 第80页上中 + 中左 + 中中 马克·哈利特 第266页下 本杰明·沃特豪斯·霍金斯 第261页右上 + 第三排左 / 288页左上 格哈德·海尔曼 第289页左上 道格·亨德森 第251页上 埃尔热 第209页中下 小恩斯特·霍德尔 第328页下 / 329页上 北斋 第82页右下 / 92页下 / 99页右上 老霍尔拜因 第261页下 威廉·霍尔曼·亨特 第320页第三排中 开普勒 第35页上 / 39页左下 基尔歇神父 第79页中 史蒂夫·柯克 第258页第三排 / 第259页右上 / 290页左下 查尔斯·S·奈特 第309页第二排右 弗拉德·康斯坦丁诺夫 第289页右下 罗伊·利希滕思坦 第298页右下 奥劳斯·马格努斯 第211页上 / 287页第二排右 勒内·马格利特 第76页中左 曼塞尔 / 《时代》公司 第299页第二排左 吉迪恩·曼特尔 第288页右上 劳尔·马丁 第267页下 杰伊·马特内斯 第321页左上+第二排左 温莎·迈凯 第265页第三排右 理查德·麦奎尔 第290页第二排中 米夏埃尔·迈尔 第261页中右 玛利亚·西比拉·马利安 第237页下 / 286页下 米开朗基罗 第76页左上 柯林·纽曼 第229页第三排 / 231页第二排 爱德华·纽曼 第254页右下 俄罗斯新闻社图片库 第332页第二排右 肯·奥利弗 第242页第三排左 / 第290页第二排 牛津科学电影有限公司 第251页左下+第三排 / 274页左上+右上 / 288页右下 格雷戈里·S·保罗 第270页右下 / 294页上 / 300页第三排左 汤姆·斯廷普森 第260页上 安东尼奥·皮萨内洛 第243页右下 普里亚莫·德拉·哥其亚 第127页上中+右 拉斐尔 第226页左上 托马斯·拉特格贝尔 第294页中 小卢德格尔·汤姆·林 第319页中下 朱利奥·罗马诺 第232页中上 哈特曼·舍德尔 第103页上 凡斯顿 第125页上 科学图片库 第291页右下 约翰·锡比克 第175页下 / 209页上+中左 / 212页下 / 217页上 / 229页下 / 235页 / 238页右上 / 242页下 / 243第三排 / 255页下 / 256页左下 / 266页上 / 271页右上 / 272页第三排左 / 276页右上 / 278页下 / 279页上 / 288页第二排 / 300页中右 / 309页右下 / 325页上 扬·索伐克 第320页下 田中政志 第257页下 贝叶挂毯 第67页右下 约翰·坦尼尔 第308页第二排左 刘易斯·特隆赫姆 第239页下 达芬奇 第90页第三排右 / 第92页上 约翰·魏赫特林 第174页中 阿尔弗雷德·魏格纳 第280页第二排 吉姆·伍德林 第180页第二排右

亦包括下列电影场景：

《月球旅行记》第85页右下及BBC的三段式纪录片 《虫虫特工队》第237页第四排中 《幻想曲》第265页左下 《哥斯拉》第295页第二排 《侏罗纪公园》第264页第二排 / 290页第二排右 《白鲸记》第315页左下 《月球旅行记》第85页右下及BBC的三段式纪录片 《与野兽同行》第297页左下 / 306页上 / 309页第三排左 / 310页第二排右 / 314页右上+中左 / 315页左上+右上 / 330页中上+右上 / 331页上 《与恐龙同行》第250页上+第二排 / 252页第二排 / 255中左+下 / 257页第三排+下 / 259页第二排 / 270页左下 / 272页左下+右 / 278页下 / 284页右下 / 289页上 / 290页右下 / 291页中+左下 / 295页上+第三排+下 / 297页左上+左下 《与古兽同行》第190页上 / 208页中+下 / 209页中右 / 226页第四排中 / 227页左下+右 / 228页上 / 240页中 / 241页上 / 242页左上+第二排 / 248页左下 / 249页上+右

某些画面的灵感取材于土著、因纽特、赛尔特和斯拉夫传说；非洲、印度、波利尼西亚和斯堪的纳维亚神话；埃及、日耳曼、古希腊罗马和波斯神灵；以及佛教、基督教、道教、印度教、伊斯兰教、犹太教、图式论、神道教以及石器时代的狩猎文化等等。

# 〈 附录 〉

作者向本书所引用和模仿的各位插画家、画家、漫画家、摄影师、电影工作者和雕塑家表示感谢。

本书所借鉴的约翰·锡比克艺术主题主要出自下列著作：

《恐龙演化及灭绝史》 戴维·法佐夫斯基 戴维·魏沙贝尔 著
©剑桥大学出版社1996年

《翼龙插图大百科》 彼得·韦尔恩霍费尔 著
©Crescent出版社1991年

特别鸣谢泽兹德涅克·布里安的著作权所有人允许我使用大量布里安当年使用过的艺术主题。本书中灵感源自布里安作品的图画主要集中在《古生代》《中生代》《新生代》几个章节，涉及到的著作如下：

《原始时代的动物》 约瑟夫·奥古斯塔 泽兹德涅克·布里安 著
©布拉格Artia出版社1960年

《原始时代的生命》 泽兹德涅克·斯匹纳尔 泽兹德涅克·布里安 著
Werner Dausien Hanau出版社，©布拉格Artia出版社1973年

《已灭绝动物的世界》 博日沃伊·扎鲁巴 泽兹德涅克·布里安 著
©布拉格Artia出版社1982年

《原始人及其先祖》 弗拉季斯拉夫·马扎克 泽兹德涅克·布里安 著
©布拉格Artia出版社1982年

# < 附录 >

**致爱较真的读者：**
这本书里的内容，无论是事实还是画面，都不是我虚构的。为了用图像的形式表现人类史，我借用了化石的形象，也借用了三万年人类文明史中部分成员创造的丰厚视觉遗产——从新石器时代的原始壁画到古希腊马赛克镶嵌画，从中世纪的祭坛装饰屏到现代银版摄影，从太空望远镜拍摄的图像到3D数码形象，不一而足。

**致有信仰的读者：**
本系列三部曲不是为了向大众传道——虽说本书无可避免地会带有我的无神论世界观痕迹，但我并无意教化他人。我觉得比较有趣的是跟这样的读者沟通：他们有的人具有一种基于客观事实的科学世界观，有的人能够在自己的信仰和对进化论的了解之间达成一种和解。然而，我们人类每学会一样新知识，随之而来的不仅仅是新的科学疑问，也伴随着神学上的思考，这些思考深深地影响着对人类对自身形象的观照。

# < 附录 >

**致日漫爱好者：**

《万物》一书到手，您是不是习惯性地首先翻开了这一页？请按这个方向继续读下去吧。您即将用一种全新的方式来体验本书所呈现的地球演化史，这将是一场前所未有的视觉盛宴。阅读的时候，请注意遵照日本漫画的阅读方法，每页按从右向左，从下往上的顺序阅读。

**致科学家读者：**

本书无意强加给读者某种特定的世界和生命演化观。本书仅仅尝试去呈现地球发展史，因此，全书叙事采用现在时态。相关各种理论及知识体系形成时间都早于本书成书，因此无法保证它们代表了最新的科研成果。这些理论与知识体系都经过我个人主观的选择，我认为它们是最可信的，在视觉表现力上也是最有潜力可挖的。

< 附录 >

# 出版后记

《万物：创世》这部书，讲的是开天辟地，宇宙诞生的故事。

这也是后浪出版公司的第一部漫画。

延斯·哈德生于1970年的东德，1996至2003年间在柏林白湖艺术学院学习平面设计，是著名德国漫画家。从小对恐龙的热爱让他发现了著名捷克古生物画家兹德涅克·布里安的古生物绘画。《万物：创世》这本书可以看作延斯·哈德对布里安的一次宏大的致敬，这本书也是作者野心勃勃的三部曲的开篇，从大爆炸一直讲到人类诞生前夕。

用漫画讲历史并非作者的首创，这本书奇就奇在它汲取了历史上众多前人绘画的灵感，从十九世纪的古生物画家到米开朗基罗的《创世纪》，从中世纪晦涩难解的耶罗尼米斯·博斯到埃尔热笔下的《丁丁历险记》，从神秘的炼金术图谱到现代英国数学家发明的《生命游戏》；在读这本书的过程中只要睁大眼睛寻找，每一寸画都是有出处的，每一个格子都闪耀着前人的智慧。漫画这种叙事手法也非常适合表现历史的线性感；作者还独具匠心地在画面中插入了各种各样的小彩蛋，供细心的读者在阅读中去——发现。

这也是一本谦虚、务实的书。它力求以客观、真实的视角去展示人类历史，不管是原始宗教还是现代科学，都以一视同仁的态度去表现。

最后，我们希望对本书的译者之一陈亮老师，致以特别的感谢。在陈亮老师的帮助下，本书附录中德国生物学家恩斯特·海克尔（Ernst Haeckel，1834-1919）编制的这两幅繁复、美丽的生命之树首次被译成了中文，与读者见面。

一本书的诞生就好比一个宇宙的创生。现在，我们有幸将这个刚刚诞生的微型宇宙交到读者手中。至于以后它将如何演化，就请等待下一部《万物：文明》给出答案吧。

服务热线：133-6631-2326　188-1142-1266
服务邮箱：reader@hinabook.com

后浪出版公司
2015年1月

图书在版编目（CIP）数据

万物：创世 /（德）哈德著；王遥路, 陈亮译. -- 北京：北京联合出版公司，2015.5（2024.4重印）

ISBN 978-7-5502-4327-9

Ⅰ. ①万… Ⅱ. ①哈… ②王… ③陈… Ⅲ. ①科学知识—普及读物 ②地球—普及读物
Ⅳ. ① Z228 ② P183-49

中国版本图书馆 CIP 数据核字 (2014) 第 298233 号

Original title: Alpha...directions by Jens Harder
Alpha...directins est le premier livre d'une trilogie en quatre volumes composant Le Grand Récit.
Nouvelle édition corrigée et augmentée
© Actes Sud, France 2014
Current Chinese translation rights arranged through Divas International, Paris 巴黎迪法国际
（www.divas-books.com）
Simplified Chinese edition copyright:
© 2015 POST WAVE PUBLISHING CONSULTING (Beijing) Co., Ltd.
本书中文简体版权归属于后浪出版咨询(北京)有限责任公司

## 万物：创世

著　　者：［德］延斯·哈德
译　　者：王遥路　陈　亮
出 品 人：赵红仕
选题策划：后浪出版公司
出版统筹：吴兴元
特约编辑：孟　蕊
责任编辑：管　文
营销推广：ONEBOOK
装帧制造：墨白空间

北京联合出版公司出版
（北京市西城区德外大街83号楼9层　100088）
天津裕同印刷有限公司印刷　新华书店经销
字数130千字　720毫米×1030毫米　1/12　31印张
2015年5月第1版　2024年4月第12次印刷
ISBN 978-7-5502-4327-9
定价：188.00元

后浪出版咨询(北京)有限责任公司　版权所有，侵权必究
投诉信箱：editor@hinabook.com　fawu@hinabook.com
未经书面许可，不得以任何方式转载、复制、翻印本书部分或全部内容
本书若有印、装质量问题，请与本公司联系调换，电话010-64072833